사랑할 때
우리가 속삭이는 말들

이 도서의 국립중앙도서관 출판예정도서목록(CIP)은
서지정보유통지원시스템 홈페이지(http://soeji.nl.go.kr)와
국가자료공동목록시스템(http://www.nl.go.kr/kolisnet)에서 이용하실 수 있습니다.
(CIP제어번호: CIP2016016935)

사랑할 때 우리가 속삭이는 말들

Promises Lovers Make When It Gets Late

연인들의 언어에 숨겨진 심리학

대리언 리더 지음 | 구계원 옮김

문학동네

들어가며

최근 쏟아져나오는 자기계발서는 한마디로 '남성에게 미래에 대한 약속을 받아내기 전에는 왜 절대 섹스해서는 안 되는가'에 관한 것이라 할 수 있다. 하지만 일단 남성에게 약속을 받아낸다면, 그건 실제로 어떤 의미일까? 다른 사람에게 약속을 요구하는 것은 본인 스스로 의심하고 있다는 증거인데, 그렇다면 약속을 못 믿을 경우 무엇을 믿어야 할까? 만약 말로 결정적인 확신을 할 수 없다면, 말 대신 무엇이 남녀의 삶에서 정신적 지주로 기능할까? 이 책에서는 말이 제 기능을 못할 때 다른 무언가가 그 자리를 차지한다는 것과 우리가 부지불식간에 늘 실제 배우자보다 이 대상에 더욱 굳게 헌신한다는 것에 대해 살펴보려 한다.

약속은 미래에 대한 선언이자 미래와 현재의 관계를 나타낸다. 그리고 여타 감정들과는 반대로, 사랑은 얼마나 오래가느냐에 따라 진심인지 환상에 불과한지가 판명된다. 어떤 남성이 아침식사를 할 때는 여성에게 사랑한다고 말했으면서 티타임에는 그녀를 까맣게 잊었다면 보통 그 감정의 진정성을 의심하게 된다. 장 콕토가 지적했듯이, '사랑하다'라는 동사는 좀체 활용이 어렵다. 과거형은 단순하지 않고, 현재형은 직설적이지 않은데다, 미래형은 조건에 크게 좌우된다.

사랑에 대해 이야기할 때 우리는 이러한 시간이라는 관점을 떠올린다. 또한 관계를 맺을 때, 아무리 그 순간 시간이 멈추기를 간절히 바란대도 몸짓 하나하나가 미래에 대한 신호로 비칠 수 있다. H. G. 웰스가 레베카 웨스트에게 첫 키스를 했을 때•, 그녀는 그 키스가 무슨 의미인지, 무엇을 약속하는지 알고 싶어했다. 웰스가 아무리 순수하게 동물적 본능에 충실하려 한대도, 레베카의 우려로 미뤄볼 때 그의 바람대로 흘러가기란 불가능하다는 사실을 알 수 있다. 키스 한 번, 애무 한 번, 신체 접촉 한 번은 하나의 감각이자 미래에 대한 신호다. 약속이라는 주제를 탐구하다보면 자연스럽게 기대감에 대해서도 다루게 된다. 왜 우리는 희망적으로 미래를 전망하는가, 어떻게 우리는 과거를 잊어버리는가, 그리고 마지막으로 오래된 연인이란 성적으로, 사회적으로 어떤 의미인가?

이 책에는 다수의 정신분석학 이론이 등장한다. 대부분 프로이트

• H. G 웰스는 소설, 역사학, 사회비평 등 다양한 분야에서 활동한 문필가로 『우주 전쟁』 『투명인간』 등의 작품으로 공상과학소설의 아버지로 불린다. 여성 편력으로도 유명해 소설가 겸 평론가인 레베카 웨스트는 그의 사생아를 갖기도 했다.

와 라캉의 이론이지만, 지금 읽어도 독창성과 통찰력이 돋보이는 저서를 쓴 프로이트의 제자 테오도어 라이크의 관찰도 소개했다. 또한 헬레네 도이치와 에드먼드 버글러의 연구도 비중 있게 다루었다. 이들의 논문과 저서에는 최근 정신분석학 문헌의 필수 요소와도 같은 신조어는 등장하지 않지만, 정신분석에 관심이 있다면 누구든 이들의 글을 유익하게 읽을 것이며 프로이트 제자들의 연구는 과거의 모든 오류가 담긴 저장소에 불과하다는 보편화된 견해를 버리게 될지도 모른다. 많은 사람들의 생각과 달리 인간의 마음은 아직 상당 부분 베일에 싸여 있으며, 축제의 운세 부스에서나 이야기할 법한 내용인데도 마음의 작용에 대한 것이라며 미디어에 소개되는 일도 부지기수다. 프로이트의 생각들을 발전시키고 개선한 라캉의 연구는 많은 것을 함축할 뿐만 아니라 논리적으로도 설득력이 있어 좋은 연구 주제가 되어준다. 물론 정신분석을 통해 밝혀낸 사실들을 진지하게 받아들이기보다는 전부 무시해버리기가 훨씬 쉬우며, 안타깝지만 그런대도 어쩔 도리가 없다. 레베카 웨스트는 "정신분석을 옹호하는 것은 분명 무척이나 어리석지만, 정신분석에 반대하는 사람은 그보다 더 어리석게 보인다"라고 말하기도 했다. 누구도 바보처럼 보이고 싶지는 않을 테니 정신분석 반대자들도 이 책을 웨스트와 같은 태도로 읽으면서, 잠시나마 '프랑스에서 수입된 것'에 대한 멸시를 접어두기 바란다.●

● 저자는 영국인이라 이처럼 표현한 것이다.

이 책을 집필하면서 많은 친구와 동료들의 도움을 받았다. 특히 이졸데 바커밀, 알랭 드 보통, 마리로르 브롬리대븐포트, 버나드 버고인, 헬렌 챌로너, 데이비드 코필드, 주디 그로브스, 앨리슨 홀, 디고리 켄릭, 시몬 민첸, 그레텔 미첼, 마리아 올슨, 조 오닐, 에스터 팔라시오스, 제니퍼 스캔런, 샐리 싱어, 비키 스미스, 실비아 텐들러즈, 슈테파니 테오발트, 나타샤 월터, 크리스틴 베르트하임에게 감사를 전하고 싶다. 이 책에서 마거릿 포스터와 주디스 쿡이 집필한 대프니 듀 모리에의 전기를 자주 인용했으며, 발터 부르케르트의 고대 문명에 대한 연구에서도 많은 것을 배웠다. 주느비에브 모렐의 여성성에 대한 연구는 특히 많은 깨달음을 주었는데, 이렇게 까다롭고도 민감한 연구 영역에서 그토록 많은 영감을 제시해준 모렐에게 그저 고마울 뿐이다. 리즈 메트로폴리탄 대학교의 사이먼 건과 에릭 로퍼의 지원도 빼놓을 수 없다. 파버 출판사의 줄리언 루스가 해준 세심한 비평도 언제나처럼 큰 도움이 되었으며, 심프슨 폭스 어소시에이츠의 조르지나 카펠이 보여준 열정과 격려가 무엇보다 큰 힘이 되었다. 언급한 모든 분들의 도움과 기여가 이 책에 잘 담겨 있기를 바라 마지않는다.

Promises Lovers Make **차례** When It Gets Late

일러두기

1. 주석은 모두 옮긴이 주이다.
2. 본문 중 고딕체는 원서에서 이탤릭체로 강조한 부분이다.

1장

여자에겐 은밀한 약속이 있다

...

공포영화 속 등장인물들은 "금방 돌아올게"라고 자주 말하지만 보통 이를 지키지 못한다. 침대에서 연인들은 "영원히 당신을 사랑할거야" "항상 당신만 바라볼 거야"라고 말하지만, 이 말 역시 대부분 지켜지지 않는다. 그들이 어떻게, 왜 이런 약속을 못 지키느냐가 바로 이 책의 주제 중 하나다. 단순히 우리가 왜 사랑에 빠지는지를 화두로 삼기보다는 왜 늘 사랑은 영원하지 못할까 질문을 던지고자 한다. 사랑은 서서히 시작되기도 하지만 갑작스레 파국으로 치닫기도 하며, 한때 가장 끌렸던 상대방의 특징이 가장 경멸스러워지기도 한다. 만약 사랑이 무관심보다 미움으로 비뚤어진다면, 왜 사랑과 미움이 종이 한 장 차이일 뿐인 걸까? 왜 사랑을 기대할 때에는 미움이 등장하고, 미워하려는 순간 사랑이 솟아나는 걸까?

연인들 사이의 약속은 이러한 질문들과 각자의 미래에 대한 이견에 대해 어느 정도 실마리를 던져준다. 대다수에게 삶이 앞날에 대한 기대로 구성된다면 약속은 축복 같겠지만, 지평선 너머에는 함께하는 미래보다 이별이 기다리고 있는 경우가 많다.

갈대 같은 자신의 애정에 대해 한 여성이 이런 이야기를 들려줬다. 그녀는 오래된 연인의 곁을 떠나 어린 시절에 살던 도시로 여행을 떠났다. 며칠 지나지 않아 그녀는 다른 남자와 동거를 하게 되고, 그가 청혼하자 아무 조건 없이 이를 수락했다. 하지만 그녀는 그래도 먼젓번 연인에게 이 결정에 대해 직접 이야기해야 한다고 생각했다. 금요일, 그녀는 전 연인이 사는 곳에 도착해 그 다음주 월요일 아침까지 그의 침대에서 머무르며 이 남자야말로 절대 헤어질 수 없는 사람이라는 걸 깨닫는다. 하지만 그녀는 두번째 남자에게로 되돌아갔는데, 그 이유는 아주 간단했다. 그와 결혼을 약속했으니 그 약속을 지켜야 한다는 것이었다. 결혼식을 마친 후, 그녀는 안도하며 이제 이혼해도 되겠다고 생각했다. 죄책감은 사라졌고 더이상 자신의 맹세에 대한 의무감에 얽매일 필요가 없었다. 애초에 청혼을 한 것은 두번째 남성이었기에 그녀가 자발적으로 나서서 한 약속도 아니었다. 관계의 시작에 대해서는 남자들이 약속이나 요구를 자주 한다는 사실을 이런 디테일이 보여준다. 반면 여자들은 주로 관계의 종결에 대해 약속하는 경향이 있다. 그녀는 첫번째 연인을 택하면서도 자신이 두번째 남자와의 약속을 지키기 위해 그와 결혼하리라는 사실을 알았지만, 내심 혼자만의 약속도 했다. 약혼자가 일단 남편이 되면 그와 헤어지겠다고. 남성이 여성에게 관계의 시작에 대한 약속을 요구했다면, 이제 관계의 종결에 대한 약속을 하는 것은 여성이었다. 남성에게 한 게 아니라 자기 자신에게 한 약속이지만 말이다.

이 사례에서 흥미로운 점은, 이혼으로 인해 죄책감이 커지기는커녕 사라졌다는 사실이다. 그리고 비록 그녀는 남편을 어느 정도 좋아한다고 인정은 했지만 그를 떠나는 것에 대해서는 아무런 거리낌도 없었다. 반대로 남성이 사랑을 고백했을 때 여성이 이를 받아들일 수도 그를 사랑할 수도 없다면, 그후 여성이 죄책감을 느끼며 이상하게 해당 남성을 신경쓰는 경우도 드물지 않다. 분명히 그 여성은 남성을 거절했지만 왠지 그에게 이끌리는 것이다. 혹자는 여성이 자신에 대한 남성의 사랑을 자기 탓으로 여겨 그에 대해 책임을 느끼고 그 결과를 감내해야 한다고 생각해서일지도 모른다고 설명한다. 만약 그녀가 아니었다면 남성이 사랑에 빠지지 않았을 테니 말이다. 또한 실제로 그 남성에게 상당한 욕망을 품었음에도 이를 부정하면 죄책감을 느끼거나 그의 상황과 관계없이 부적절한 관계라고 여기기도 한다. 그러나 어떤 남자의 구애를 거절한 또다른 여성은 거절당한 구혼자의 모습이 뇌리에서 떠나지 않기 때문에 차버린 남성에게 집착하는 거라고 말한다. 그를 생각할 때마다 그 모습이 떠오르는 것이다. 또한 어린 시절에 어떤 식으로든 소외감을 느꼈던 일에 대해 회상할 때마다 거절당한 남성이 자신과 다를 바 없다는 사실을 절감하게 된다. 남성의 구애를 거절하면서 그에게 동질감이 생겼다면, 이제 그가 자기 자신인 양 그에게 이끌리는 것이다.

여성들이 연애를 시작할 때 선불리 무언가를 약속하지 않는다면, 이런 신중한 태도에는 그만한 이유가 있을 것이다. 『한여름 밤의 꿈』에서 허미아는 "이제까지 남자들이 깨뜨리기만 했던, 여자들의 맹세보다 훨씬 많이 한 그 모든 맹세에 걸고" 약속 장소에 나가겠다고 약속한다. 남성은 섹스를 하고자 사랑을 약속한다는 통념이 있지만 요즘에는 섹스 전, 섹스 도중, 그리고 섹스 후에 그러기도 한다. 오래전이라면 남성의 이러한 약속으로 결혼 계약이 성립됐겠지만, 섹스와 결혼이 직결되지 않는 오늘날에도 왜 남성들은 그토록 자주 약속을 입에 올리는 걸까. 남성들의 이러한 약속이 여성의 사랑과 헌신에 대한 호소라면 섹스와의 관계는 더욱 복잡해지는데, 사랑과 섹스가 반드시 일치하지는 않기 때문이다. 사랑과 섹스의 차이는 위스키와 탄산음료의 차이와 비슷하다는 테오도어 라이크의 말에는 유머 못지않게 진실도 담겨 있다. 이 둘을 혼동할 때는 과음했을 때뿐이다. 일단 깨고 나면 양쪽의 차이는 매우 극명해지는데, 문제는 남녀가 일어나고 잠자리에 드는 시간이 제각각이라는 사실이다. 남성은 밤늦게 자기 방에 혼자 누워서 여성에게 전화를 거는 경우가 많지만, 여성은 아침에 같은 식으로 남성을 떠올리고 그의 일정에 자신과 함께하는 시간이 포함될까 궁금해할 것이다. 사랑, 섹스, 시간에 대한 남녀 간의 태도도 다르다. 시인들은 사랑을 꿈에 비유하곤 하는데, 여기에는 언젠가 끝나는 꿈처럼 연애도 마찬가지라는 의미가 내포되어 있다. 물론 끝이 있으면 시작이 있다는 말이니 사랑이 종지부를 찍는 방식이 어떻게 사랑이 시작되는 방식에 반영되는지도 앞으로 살필 것이다. 연애 초기에 연인끼리 주고받는 약속은 연애 말기에 일어날 일들에 대한 일종의 암시가 될지도 모른다. 결국 가장 중요한 약속은 관계를 시작할 때와 자포자기하며 관계를 끝낼 때 이뤄지기 때문이다.

어떤 여성은 남성이 자신을 사랑한다고 맹세하지 않으면 그때마다 상처받는다고 불평하면서도 남성이 사랑한다고 맹세하면 더 불안해진다고 덧붙였다. 남성의 침묵에 대한 의혹은 일단 그가 말로 꺼내면 몇 배로 커질 뿐이다. 결국 약속은 결별의 가능성을 내포하고 있으니, 애초에 약속이 없었다면 헤어질 가능성도 없었을 것이다. 이러한 가능성 때문에 환상이 깨질 수 있다면, 본인이 약속을 지킬 수 있을지 어차피 확신하지 못하기 때문에, 연애를 시작할 때 약속을 하는 게 아닐까?

수많은 자기계발서가 인생의 동반자 또는 잠자리를 함께할 사람에게서 하나의 약속만이 아니라 수많은 약속을 받아내라고 독자에게 충고한다. 어떤 베스트셀러에서는 서로 애무할 때가 아니라 대낮에 이러한 약속을 받아내야 한다고 얘기하는데, 이는 아마도 왕정 복고 시대의 희극에서 빈번히 일어나는 상황, 그러니까 상황을 제대로 파악하지 못한 등장인물이 상대방의 정체를 제대로 알지 못한 채 백년가약을 맺는 경우를 피하기 위해서일 것이다. 영국 극작가 애프라 벤의 희곡 『행운의 기회』에서, 비어제스트라는 남자는 상속녀 다이애나와 결혼한다고 생각하지만 어두운 조명 때문에 하녀와 맺어진다. 만약 비어제스트가 현대의 자기계발서를 접했더라면 상속녀와 결혼했을 수도 있지만, 과연 책에 실린 조언이나 밝은 전깃불이 열정으로 인한 그의 실수를 막았을지는 의심스럽다. 대낮에 한 약속이든 아니든, 자기계발서에서 강조하는 약속들은 연인 사이의 문제에 대한 해결책이 아니다. 앞으로 살펴보겠지만, 약속을 하는 것은 갖가지 불편함의 원인이자 징후가 되기도 한다. 연인과의 관계에 자기계발서의 조언을 적용하려 한다면, 섣불리 사랑에 대해 약속하기보다는 많은 연인들이 그래 왔듯이 상대방을 달래주고 자기계발서의 내용을 소리 내어 서로에게 읽어주는 편이 낫다. 이렇게 하면 자기계발서에 담긴 내용보다 책을 읽어주는 행위가 의사소통의 한 형태가 되며, 약속을 하기보다 약속에 대해 자유롭게 이야기하게 될 것이다.

자기계발이란 좀 우스꽝스런 발상이다. 대부분의 경우 이 말은 여러분이 똑같은 실수를 수차례 저질렀을 때 기분이 나아지게 해줄 뿐이다. 기껏해야 다소간의 최면 효과만 얻는다. 자신을 새로운 방식으로 바라보게 되거나 몇 가지 새로운 원칙을 따르게 될지도 모르지만, 이런 방식으로 얻은 지식이 무언가를 변화시키는 힘을 갖는 경우는 드물다. 잘 알려져 있듯이 통찰 효과가 실제로 발생하는 일도 지극히 드물다. 프랑스의 신학자 말브랑슈는 파리의 한 서점에서 초기 자기계발 베스트셀러인 데카르트의 『방법서설』을 손에 넣고는 흥분한 나머지 책을 읽다가 몇 줄에 한 번씩 멈추고 심호흡을 해야 했다. 실제로 이 책의 영향력이 얼마나 컸던지, 데카르트의 한 제자는 스승의 부고를 믿지 않았으며 그가 정말 죽었다면 무언가 실수를 해서일 거라고 주장했다.

물론 이러한 상황은 오늘날에는 상상하기 힘들지만, 여전히 많은 사람들이 자기계발서를 구입한다. 자기계발서를 읽은 후 유행하는 다른 자기계발서를 또 구입하게 되거나 달라지고 싶어할 수는 있으나 여러분이 일상을 살아가는 전반적인 태도는 아마 변하지 않을 것이다. 오히려 이러한 책들이 여러분의 삶을 더 힘겹게 만들 수도 있다. 『더 룰스』라는 작은 책자가 출간된 후, 현재 전 세계의 남녀가 이러한 혼란을 겪고 있다. 이 책에서 저자는 여성에게 어떤 남성을 원한다면 그렇지 않은 것처럼 그를 대해야 한다고 주장한다. 물론 이런 논지를 펴는 것은 저자의 자유지만, 진짜 문제는 일부 여성이 여기서 제시하는 '법칙'을 따라서가 아니라 수천 명의 남성들이 이 책을 읽지 않은 여성들까지 모든 여성이 이러한 법칙을 따른다고 제멋대로 믿기에 발생한다. 여성이 자신에게 별 관심을 보이지 않는다는 사실을 오히려 그녀가 자신에게 관심 있다는 반증으로 여겨 여성이 무슨 생각을 하는지 안다며 착각하는 코미디 같은 상황이 발생한다. 즉, 자기계발서는 인간의 본성을 당혹감과 불운함에 휩싸이게 할 수 있으며, 자기계발서에서 제시하는 진정한 법칙들은 다른 사람들이 그 법칙을 따른다며 우리를 설득하려는 시도에 지나지 않는다. 침대를 산다고 거기서 어떻게 자는 건지 알려주는 설명서가 따라오지 않는 것처럼, 연인들도 자신이 어떠한 규칙을 따르는지 설명서를 건네지 않는다. 당연히 차선책은 상대방에게 이야기하는 것이다. 남성이 여성에게 미래에 대한 약속을 요구하는 것도 여성이 지켜야 할 규칙을 제시하기 위해서일지도 모른다. 전자기기의 사용설명서보다 자기계발서가 훨씬 간단하다는 점도 주목할 만하다. 양쪽 독자층이 완전히 별개가 아닌 이상, 인간을 스테레오라디오보다 더 단순하고 관리하기 쉬운 존재로 여긴다는 의미이기 때문이다.

이러한 자기계발서는 왜 남녀관계에서 상대방에게 약속을 하기보다는 약속을 요구하는 게 관건인지를 분명하게 보여준다. 여성은 남성에게 약속을 받아내라는 조언을 들으며, 만약 약속을 해야 한다면 남성이 아니라 자기 자신에게 해야 한다고 배운다. 이는 매우 이상한 균형으로, 이를 설명하기 위해 『왜 여성은 남성보다 자기 자신에게 더 많은 약속을 하는가』라는 책을 기획해보아도 좋다. 자기계발서를 읽든 아니든, 여성이 이러한 침묵의 서약을 하는 경우가 많다고 생각할 만한 몇 가지 이유가 있으나, 여성보다 남성이 상대방에게 무언가를 약속하기를 다그치는 경우가 많은 것도 사실이다. 혹자는 이를 여성에게 책임을 전가하기 위한 은밀한 수작이라고 추정하기도 한다. 무언가가 잘못되는 경우 남성이 약속한 게 아니라 여성이 그랬다며 여성을 손가락질할 수 있으며, 마치 남성이 품은 의구심을 여성의 확실한 결단력 뒤에 숨길 수 있다는 듯이 말이다. 남성은 과연 자신이 원하는 단 한 사람을 찾은 건지 끊임없이 의심하며, '그녀는 내가 원하는 사람이 아니야'라고 남성이 생각하면 여성의 약속이 씌우는 굴레가 오히려 관계를 흔들어놓기도 한다.

물론 그런 심리가 작용하는 경우도 있겠지만, 그렇더라도 애초에 남성은 왜 그렇게 많은 의혹을 품는 걸까라는 의문이 남는다. 남성이 처음 사랑의 열병에 빠졌을 때 친밀함과는 거리가 먼 감정들이 종종 가려지는데, 그 이유도 뒤에서 살펴볼 것이다. 살아 있는 다른 인간을 만났을 때 상대가 자신과 얼마나 다른지, 그리고 어떻게 다른지 의문이 생길 수밖에 없겠지만, 그렇다고 연인들이 약속을 주고받는 이유가 설명되지는 않는다. 다른 사람에 대한 이런 무지가 두 사람의 미래를 불확실하게 만든다고 여길 수도 있지만 이 미래는 심지어 상대방을 만나기 전에 결정됐을 수도 있다.

수많은 사람들이 다시 한번 작은 비극을 재현하기 위해 새로운 상대와 새로운 관계를 시작한다. 미래를 알지 못하기에 대담하게 약속을 한다고도 하나 사실 이는 미래에 대한 무지보다 과거에 대한 무지 때문인 경우가 적지 않다. 예를 들어, 어린 시절의 특정한 경험 패턴이 우리의 의식이 미치지 못하는 범주에서 작용하며 같은 일을 반복하게 만든다. 연애 상대를 두 명씩 두는 파란만장한 연애를 하는 한 여성은 자신을 다른 여자친구들과 비교하며 스스로를 부정적으로 인식했다. '나는 항상 연애 상대를 두 명씩 두는데 친구들은 어떻게 한 남성에게 정착하는 거지?' 물론 그녀도 이상적인 한 사람을 찾기란 힘들다는 사실을 잘 알지만, 그렇다고 적절한 상대를 둘씩 찾는 것도 어리석은 일이다. 결국 그녀는 취향과 기질이 잘 맞지 않는 남성들을 택할 수밖에 없는데, 이러한 연애방식의 고착은 근본적으로 진짜 천생연분을 찾지 못해서가 아니라 과거에 이미 한 명을 선택했기 때문이라고 보아야 한다. 그녀는 어린 시절 아빠와 함께했던 쇼핑을 떠올린다. 원피스 두 벌 중 하나를 선택해야 하는 상황이 되자 아빠는 "두 벌 다 사도 돼"라고 말한다. 아빠의 이런 너그러운 행동은 이후 그녀와 남성들과의 관계에서 공식처럼 자리잡는다. 따라서 그녀와 만나는 남성들의 불확실한 미래는 이미 오래전에 결정되어 있던 셈이다.

이 모든 사실을 고려할 때, 남녀관계에서 지극히 초기에 주고받는 사랑의 약속은 머잖은 파국의 신호인 걸까? 존 던•은 이렇게 썼다. "나는 두 번 바보였소, 알고 있다오, 사랑을 한 것, 그리고 사랑한다고 말한 것." 이를 사랑이라는 진솔한 감정은 언어로 표현하기 어렵다고 해석할 수도 있겠지만, 사랑한다는 말이 사랑 자체와 근본적으로 얼마나 다른지를 나타내는 말이라고 받아들일 수도 있다. 무언가를 말이라는 형태로 전달하는 순간 상황은 변한다. 일종의 경계를 넘어서게 되며, 이를 되돌릴 수는 없다. 말은 주워 담을 수 없으며, 결정적으로 청자는 화자가 모르는 뉘앙스와 함축적인 의미로 그 말을 받아들인다.

캐서린 헵번의 어머니는 목사인 시아버지가 하는 인류의 '엄청난 이기심'에 대한 설교를 듣고 자신을 겨냥한 말이라고 확신했다. 설교 후 그녀가 시아버지에게 항의하자, 그는 사실 그 설교가 20년 전 다른 여성을 염두에 두고 작성했던 것이라고 말한다. 그러나 정작 20년 전 그 여성은 설교가 끝나자 그에게 다가와 좋은 설교였다고 칭찬하면서, 다른 어떤 여성 신도에게 많은 도움이 될 것이라고 덧붙였다고 한다. 이러한 언급 대상의 변환은 말뿐만 아니라 글에서도 발생할 수 있다. 바이런이 장편서사시 「차일드 해럴드」를 발표했을 때 포클랜드 여사는 몇몇 주요 구절이 자신을 지칭한다고 확신했는데, 이러한

• 영국의 시인이자 성직자로 연애시 모음집인 『노래와 소네트』에서 사랑에 대해 다룬 바 있다.

왜곡된 인식은 많은 코미디의 소재로 사용된다. 발자크는 자신의 소설 속 등장인물의 모델을 찾아내려는 독자들 때문에 평생 모르고 살았을 수많은 가정의 비밀을 알게 되었다고 했다. 일단 언어로 표현되면 우리는 좋든 싫든 거기에 어느 정도 우리의 이야기가 포함된다고 여기며, 교회에서의 설교가 효과적인 이유도 전적으로 이 원칙에 기반한다고 할 수 있다.

말로 인해 발생하는 수많은 가능성에 대한 문제는 차치하고, 애초에 왜 말로 내뱉어야 했을까라는 또다른 의문이 생긴다. 누군가 여러분에게 무언가를 말할 때, 그 내용에 대해 생각해보는 것과 왜 그런 말을 했을까 궁금해하는 것은 전혀 다른 문제다. 요셉이 형들과 밭에서 곡식 단을 묶는 꿈을 꾸었다고 가족들에게 이야기했을 때에는 아무도 화내지 않았다. 하지만 자신의 단은 일어섰고 형들의 단은 자신의 단을 둘러 서서 절을 했다고 덧붙였을 때에는 형들에게 미움을 살 위험을 무릅쓴 셈이었다. 해와 달, 별도 마찬가지로 자신에게 절하더라는 두번째 꿈에 대한 이야기는 결정타나 다름없었다. 요셉이 이렇게 지배를 상징하는 거창한 꿈에 대해 털어놓으면서 형들이 자신의 솔직함에 감탄하는 게 아니라 반발하리라고는 예상 못했다고 보기는 힘들다.• 마찬가지로 배우자에게 불륜 사실을 털어놓는 것은 일견 연민 어린 정직함에서 우러나온 행동 같으나, 어찌 보면 순수한 악의 같기도 하다. 라이크는 침묵이 아니라 요령이 금이라고 이야기하기

• 이는 「창세기」 37장 1절~11절의 내용이다.

도 했다. 여기서 요령이란 언제 말을 해야 하고 언제 침묵해야 하는지 아는 것을 의미한다.

따라서 사랑하는 것과 사랑한다고 말하는 것이 단순히 하나로 해석할 수 없는 관계라면, 존 던의 시는 어리석음을 사랑의 한 구성요소로 본다는 의미일 수도 있다. 사랑에 빠진 남성을 두고 바보라고들 하는데, 일단 사랑에 빠진 남성은 하나만 고려하는 것처럼 보이는 반면 여성은 분별력을 유지할 수 있기 때문이다. 하지만 품위가 있든 없든, 영원한 사랑을 맹세하거나 영원한 정절을 요구하는 남성은 실없는 소리를 하고 있을 가능성이 크다. 연인들이 주고받는 어린아이 같은 말투도 보통 그런 식으로 해석된다. 조너선 스위프트가 『스텔라에게 쓴 일기』에서 스텔라에게 "잘 자, 자기야"나 "사랑하는 우리 자기" 같은 말을 쓴 것은 유아들의 말투를 흉내낸 것처럼 보인다. 하지만 다들 알듯이, 진짜 어린아이는 그런 식으로 말하지 않는다. 어린아이 말투는 실제 어린아이들의 말투가 아니라 엄마가 어린아이들에게 하는 말투이며, 이 둘은 엄연히 다르다. 혹자는 어린아이 말투는 연인들 간의 안도감과 편안함을 표현하며, 두 사람만의 상황에 맞게 형성된 고유하고 특별한 언어라고 주장한다. 연인 사이에서만 이해되고 공유되는 단어들이 생겨나 침실의 시계는 '시계군'이, 침대 커버는 '폭신이'가 된다. 따라서 이런 식의 말투는 엄마가 아이를 대하듯이 연인을 대하는 것이라 볼 수도 있으며, 이는 엄마가 아이에게 느끼는 원초적인 기쁨을 상대방이 느끼게 하는 것이 사랑의 진정한 목적이라는 옛날식 사고방식을 떠오르게 한다. 엄마가 여러분을 보고 기뻐했던 것처럼 다른 사람이 여러분을 보고 기뻐하도록 여러분은 애쓰고 있는 것이다.

실제로 어느 날 갑자기 세상 사람들이 자신의 숨겨진 능력을 발견할 것이라고 내심 기대하며 살아가는 사람들이 적지 않다. 평범한 경우라면 상사가 자신의 진짜 능력을 알아줄 것이라고 믿고, 보다 극단적인 경우라면 언젠가 스타로 뜰 것이라고 믿는다. 그렇다면 어린아이 말투는 왜 그렇게 우스꽝스러운 걸까? 연인들은 보통 주변 대상을 독특하게 지칭하곤 한다. 남편의 이름이 앤서니인 어떤 여성은 그의 국부를 '안토니오'라고 부르는데, 이런 식으로 성기에 애칭을 붙이는 경우는 매우 흔하다. 어떤 문학 작품에서는 심지어 생식기가 말도 하는데, 요즘 유행인 말하는 동물들이 등장하는 영화의 근간에도 이러한 발상이 자리잡고 있는 게 틀림없다. 말하는 동물을 보면서도 놀라는데, 자신의 의지에 따르지 않으면서 제멋대로인 생식기 같은 신체 부위가 자기 몸에 있다는 사실을 깨달으면 아이가 얼마나 놀라겠는가. 이러한 충격을 받으면 자연히 그 다음에는 생식기가 말을 할 것이라고 생각하게 된다. 일부 초기 성직자들은 발기를 남성이 원죄를 지었으며 안타깝게도 이제 더이상 자기 몸의 주인이 아니라는 사실을 영원히 상기시키는 현상이라고 받아들였다.

연인들은 우스꽝스럽게 어린아이 말투를 주고받을 뿐만 아니라 수시로 서로에게 엉뚱한 물건을 건넨다. 동물이나 야채 모양 인형, 갖가지 쓸모없는 물건이나 거대한 카드 같은 것들 말이다. 1년 중 이런 행동을 가장 많이 하는 날은 다름아닌 연인들을 위한 날인 밸런타인데이다. 그리고 밸런타인데이는 연인이 여러분에게 선물이나 카드를 보내느냐가 아니라 연인이 그걸 보내기를 잊어버렸느냐 때문에 무엇보다 중요한 날이다. 이를 고려할 때, 단순히 사랑이 아니라 사랑의 증거, 즉 사랑을 구체적인 형태로 표현하는 것이 진정한 관건임을 알 수 있다. 실제로 밸런타인데이 선물은 대부분 이미 관계가 안정된 연인들끼리 교환하니 그 바보 같은 선물들은 누군가가 사랑받고 있다는 증표라기보다는 아직도 사랑받고 있다는 증표로 봐야 한다.

영화 〈은밀한 유혹〉에서 데미 무어는 남편에게 "내가 당신을 사랑한다고 말한 적 있었어?"라고 묻는다. 남편이 "아니"라고 답하자 그녀는 "사랑해"라고 하고, 이에 남편이 "아직도?"라고 응수하자 "언제나"라고 단언한다. 영화에서 몇 차례 반복되는 이 대화는 상당히 인상적이기는 하지만 다소 현실성이 떨어진다. 일반적으로 남성이 "당신 나 사랑해?"라고 묻는다면 여성은 "당신은 아직도 나 사랑해?"라고 되물을 가능성이 높으며, 처음 질문에 대해 대답하면서 동시에 왜 그런 질문을 하는지도 물을 것이다. 밸런타인데이 선물이 '아직도' 사랑한다는 의미를 전달하는 방식이라면 이는 이러한 선물이 남녀에게 갖는 가치가 제각각이라서일 텐데 이 '아직도'라는 말을 어떻게 전달하느냐는 결코 간단치가 않다. 많은 사람들이 꽃과 초콜릿은 그리 좋은 선물이 아닌 것 같다며 불평한다. 무언가 다른 선물을 찾고 싶어하지만, 뭐가 좋을지 확신도 못하는데다 불안해하기까지 한다. 물론 이에 대해 전혀 융통성 없는 남자들도 있다. 비버브룩 경은 크리스마스와 자기 생일이면 버릇처럼 과거의 정부들에게 50파운드

씩 보냈으며, 이런 행동으로 자신이 다른 사람들도 배려한다고 착각했다. 대다수의 밸런타인데이 선물은, 정반대로 선물하는 사람이 상대방을 진심으로 생각하고 있다는 사실을 상대방도 알아주기를 바라기에 문제가 된다. 하지만 여러분이 타인에 대해 더 많이 생각할수록 상대는 더욱 낯설어지고 자신과는 다른 사람처럼 느껴지기 마련이며, 사랑이 무언가 다른 형태의 감정으로 변할 수도 있다. 남녀가 때때로 동거를 택하는 이유도 분명 그래서다. 근본적으로 자신들은 타인이라는 사실을 잊기 위해서 말이다.

그렇다면 사랑을 기억하기 위해 왜 바보 같은 선물을 하는 걸까? 어린아이 말투처럼 이는 형식보다는 일종의 사랑의 구성요소에 해당하며, 연인관계의 중심에는 두려울 정도로 바보 같은 것, 즉 의미를 파악하려면 과거로 거슬러올라가야만 하는 사소한 일이 자리한다는 사실을 보여준다. 예를 들어, 어린 시절 추억 속의 한 장면을 상징하는 아주 작은 신호가 사랑에 빠지는 데 필요한 환경을 조성할 수도 있다. 스탕달은 잘츠부르크의 소금 광산에 떨어진 나뭇가지라는 소박한 기원에서 눈부신 수정 결정체가 생겨나는 일을 사랑의 탄생에 비유했다. 애초에 나뭇가지라는 요소가 없었다면 그 주위를 둘러싸고 수정이 생겨날 수도 없었을 것이다. 그리고 정확히 이 점이 밸런타인데이에 분명해진다. 상징적인 의미가 담긴 꽃이나 책 같은 선물을 할 수도 있지만, 그보다는 '사랑해'라고 새겨진 폭신한 곰 인형을 선택하는 사람도 있다. 엉뚱하고 아무 쓸모도 없는 이런 물건의 생산을 위해 엄청난 규모의 산업이 존재하며, 혹자는 이러한 상품을 생산하는 공장장들은 인생의 의미에 대해 가끔이라도 생각할까 의문을 품을지도 모른다. 어쩌면 이들은 사르트르를 즐겨 읽을 수도 있으며, 무의미한 상품을 생산한다고 전적으로 무의미한 일인 것도 아니다. 밸런타인데이에 인기인 이러한 선물은 사랑이 언제나 이렇게 설명하기 힘들고, 어리석으며, 의외의 영역에 뿌리내린다는 사실을 반증한다. 따라서 연인들의 선물은 최소한 두 가지 형태로 분류할 수 있다. 하나는 수정처럼 아름답고 매혹적인 물건, 다른 하나는 나뭇가지처럼 아무 의미가 없고 바보 같은 물건이다. 밸런타인데이에 무수한 연인들이 주고받는 폭신한 동물 인형이나 채소 인형은 사실 사랑에 대한 매우 의미심장한 사실을 일깨워준다. 비록 사랑이 미움으로 변할 때에만 가끔 이 사소하고 무의미한 디테일의 힘을 깨닫지만 말이다. 한때 다정하게 바라보던 양말은 그의 지저분한 발을 연상시키는 끔찍한 물건이 되고, 아무렇게나 벗어던진 신발은 상대의 칠칠맞은 태도와 도저히 이해할 수 없는 성격을 나타내는 물건이 된다.

앙드레 브르통과 그의 친구이자 문화 평론가인 로제 카이와 간의 의견 충돌도 바로 이 디테일의 중요성 때문이었다. 초현실주의 시인인 브르통은 점핑빈•의 신비한 에너지에 매료됐으나, 카이와는 점핑

• 멕시코산 등대풀과의 식물 씨앗으로, 씨앗 속에 생긴 작은 벌레의 움직임대로 씨앗이 뛰어다니는 것처럼 보인다고 이런 이름이 붙었다.

빈은 어떤 초자연적인 힘 때문이 아니라 거기에 든 벌레나 작은 곤충 때문에 뛰어다니는 거라고 주장했다. 이것은 수정과 나뭇가지, 즉 뛰어난 특성이냐 그 특성을 만들어낸 볼품없는 디테일이냐 하는 문제와 다름없었다. 그리고 이 점핑빈을 해부하여, 어떤 의미로는 점핑빈의 틀이 비어 있지만 어떤 의미로는 작은 물체가 머무는 장소로 역할한다는 사실을 보여주는 게 정신분석가의 일이다. 영화 〈밀회〉에서 앨릭과 로라는 처음 만났을 때, 로라의 눈에 들어간 작은 티끌을 꺼내는 일에 관해 대화를 나눈다. 첫 만남에서의 이 작은 디테일로 두 사람은 로맨스를 꽃피우고, 결국 앨릭이 로라에게 "내 마음과 영혼을 다 바쳐 당신을 사랑해"라고 말하기에 이른다.

티끌 하나를 계기로 수정이 생겨난다면, 이 변화의 과정에 대해 도대체 어떻게 티끌이 수정으로 변하는가라는 의문도 생겨난다. 〈밀회〉에서 앨릭이 로라에게 분진 흡입으로 인한 폐섬유종을 전문적으로 다루는 예방의학에 종사한다고 말한 것도 우연이 아니다. 이 작은 디테일이 '여성의 몸에서 미세한 무언가를 꺼낸다'라는 그의 판타지와 기막히게 맞아떨어졌기에 그토록 중요한 역할을 했던 것이다. 사랑이 나뭇가지와 수정, 로맨스와 티끌 중 어느 쪽으로도 나타날 수 있다면, 한쪽을 나머지 한쪽으로 변모시키는 이 원칙은 매우 중요해진다. 게다가 이 원칙은 남녀마다 각자 다른 양상을 띤다.

수정이냐 폭신한 곰 인형이냐라는 선택은 매우 중요한 결정으로, 밸런타인데이가 다가옴에 따라 커져가는 결정장애나 불안감에는 또 다른 의문이 감춰져 있다. 바로 어떤 연인을 고를 것이냐보다 어떤 선물을 고를 것이냐를 걱정하는가라는 문제다. 올해 밸런타인데이와 내년 밸런타인데이 사이의 무수한 날 동안에는 전자를 걱정하기 마련이다. 그리고 이러한 의문은 밸런타인데이 카드가 갖는 또하나의 놀라운 특징, 즉 익명성에 대한 단서를 제공해주는 듯하다. 연인 사이의 불꽃이 꺼지고 일상만 남았을 때, 잠시나마 서로를 낯선 사람으로 바꾸는 전략을 사용해볼 수 있다. 새로운 체위, 침실에서 입는 새로운 의상 같은 것들은 아는 사람을 모르는 사람인 양 바꿔놓는다. 연인을 재발견하기 위해서는 우선 연인을 잃어야 한다(어떤 사람들에겐 이것이 불륜의 형태로 나타난다). 이름을 적지 않고 '익명'으로 보내온 밸런타인데이 선물이 도착하면 아무리 그 너머에 매일 보는 배우자가 자리한대도 낯선 사람이 보낸 선물처럼 느끼기 마련이다. 아마도 그렇기 때문에 아직 약간의 거리가 있고 관계가 확실히 정립되지 않은 연인들보다는 이미 관계가 안정된 연인들끼리 밸런타인데이 선물을 더 많이 주고받는 걸지도 모른다.

밸런타인데이에 오가는 일부 카드는 익명성이라는 특징도 갖지만 그 크기가 어마어마하다는 특징도 가지고 있다. 생일 카드나 크리스마스 카드에서는 좀처럼 보기 힘든 특징이다. 카드가 어마어마하게 커서 좀처럼 숨길 수 없다는 점이 가장 명백한 특징이라 할 수 있다. 고전문학이나 영화에 자주 등장하는, 누군가가 방에 들어오자 애인이 황급히 연애편지를 감추는 장면을 완전히 다시 쓴다고 생각해보자. 아무리 18세기 의상이 풍성하대도 오늘날처럼 커다란 카드를 숨기려고 한다면 우스꽝스러운 장면이 연출될 것이다. 이러한 카드는 감출 수 없는 하나의 징표이자 지속적으로 연인의 애정을 보여주는 신호이긴 하나 그 거대함 때문에 밸런타인데이 이후에는 어딘가에 보관하기가 힘들다. 일반적인 형태의 편지와 달리, 이렇게 거대한 카드는 아마 틀림없이 쓰레기통에 처박힐 것이다. 거대한 카드, 그리고 그만큼이나 밸런타인데이에 많이 주고받는 품목인 꽃 사이의 유사성은 우연으로 보기 어렵다. 꽃 선물의 상징적인 특성, 그러니까 어떤 색깔과 품종을 선택하느냐에 따라 의미가 달라진다는 특성도 꽃의 명백한 본질을 숨길 수는 없다. 금세 시든다는 점 말이다. 꽃의 운명은 사랑의 가장 보편적인 화두, 즉 언젠가 끝난다는 사실을 반영하기 때문에 연인에게 이상적인 선물이다.

여기서 약속 그리고 연인들 간의 이 약속이 어떻게 분류되느냐라는 문제에 대해 다시 생각해보자. 약속은 꽃 같은 부류인가, 아니면 바보 같은 선물 혹은 수정 같은 부류인가? 어떤 의미에서, 어느 쪽으로 분류되든 걱정스럽다. 꽃은 오래가지 않으며, 바보 같은 선물은 실제 연인과는 거의 관계없는, 사랑이라는 열정적인 말로는 형언하기 힘든 본질을 강조하며, 수정은 자신을 탄생시킨 존재를 빛바래게 함으로써만 눈부시게 빛나기 때문이다. 어떻든 미래에 대한 전망은 별로 밝지 않은 셈이다.

이러한 미래에 대한 전망 때문에 성관계가 시작되기도 전에 끝나버리기도 한다. 여성이 전희 도중 자신의 볼품없는 면을 깨닫고 갑자기 성관계에 흥미를 잃는 일은 드물지 않다. 옷에 묻은 얼룩이나 특유의 냄새 때문에 흥분이 가실 수도 있지만, 상대 남성은 전혀 파악하지 못한다. 그가 보기엔 상대 여성의 성적 흥분이 가라앉은 것처럼 보일 뿐이다. 이 흥미로운 현상은 시간의 영향을 크게 받는다. 여성은 무의식적으로 자신을 상대 남성과 동일시하기에 자신의 문제되는 면에 대한 남성의 혐오감을 상상하여 성욕이 꺾인다. 따라서 사랑에 빠진 여성이 남성의 몸보다 자신의 몸에 더 집착하는 듯한 경우도 많다. 남성이 혐오하리라 짐작되는 면에 여성도 혐오감을 느끼는 것이다. 즉 여성은 남성의 입장에서 욕망하는 셈이다. 그리고 사랑도 이와 비슷하게 억제될 수 있다. 라파예트 부인의 소설『클레브 공작부인』에서 한 남자가 아내에게 이렇게 말한다. “나는 결코 당신이 나를 사랑하도록 만들 수 없었소. 그리고 이제는 당신이 다른 사람을 사랑하기를 두려워한다는 걸 알겠소.” 이런 두려움은 진짜 로맨스의 시작을 예고하는 것처럼 보일 수도 있지만, 확실한 것은 아니다. 정반대로 무슨 수를 써서든 남성을 피하려 한다는 의미일 수도 있다. 또한 여성이 남성을 사랑하기 두려워해서 남성과 어떤 관계도 맺지 않으려는 경우는 있지만, 남성이 같은 이유로 여성을 피한다는 이야기는 거의 없다. 남성은 여성과의 성관계를 두려워할 수는 있어도, 사랑하기를 두려워하지는 않는다. 왜 그럴까?

여성의 경우 사랑에 빠지는 것과 자기 자신을 완전히 내주는 것을 동일시하기도 한다는 데서 이에 대한 명확한 답을 찾을 수 있다. 자기 자신을 완전히 내준다는 것은 철저하게 거부당할 수도 있다는 의미이므로 매우 위험하다. 한 사람의 정체성이 위태로워지며, 그렇기 때문에 연애가 끝날 즈음 여성은 전혀 다른 사람이 된 듯해지기도 한다. 거절당한 과거의 자신은 사라졌다. 이는 결과적으로 왜 남성이 약속을 하는 쪽인가에 대한 설명이 되기도 한다. 남성이 사랑을 두려워하지 않는다면, 연인 간의 대화로 마땅하다고 생각하는 말은 뭐든 할 수 있다. 반대로 만약 여성이 자기 자신을 다 내주기를 두려워한다면 침묵을 지킬 수도 있다. 역설적이게도 사랑에 빠지는 것에 대한 이러한 두려움은 사랑 자체의 형태를 숨긴다. 대프니 듀 모리에의 『자메이카 여인숙』에서 여주인공은 최근 만난 남자가 거의 장점이 없는 사람이라고 판단한다. 다정하지 않을 뿐만 아니라 잔인하고 무례하며, 거짓말쟁이인데다 도둑이다. 하지만 그렇더라도 "그녀는 그를 사랑할 수 있다는 사실을 알았다". 이 '할 수 있다'는 그녀의 마음이 이미 열정으로 가득함을 보여주며, 여성의 사랑은 '나는 저 남자를 사랑할 수 있어'나 '저 남자를 사랑하기가 두려워'라는 생각에서 시작될 수 있는 반면 남성의 사랑은 '나는 저 여자를 사랑해'라고 말할 때 시작되는 경우가 많음을 보여준다. 그리고 이는 결과적으로 남성의 곁을 떠나는 것이 어떻게 그에게 속하는 최선의 방법인지를 보여준다.

이 같은 논지로 여성이 연애를 시작할 때 하는, 남성의 약속보다 훨씬 더 은밀하게 이루어지는 여성의 약속에 대한 단서를 얻을 수 있다. 여성은 연인이 아닌 자기 자신과 약속하는 경우가 많다. 절대로 아무 남자나 사랑하지 않겠다는 약속이 바로 이런 경우다. 이는 매우 기이한 균형으로 이어진다. 남성이 하는 사랑의 약속은 그가 미래를 확신하지 못한다는 증거이자 그리 좋은 징후가 아니지만, 사랑을 하지 않겠다는 여성의 약속은 사랑 자체보다 훨씬 더 강력한 표현일 수도 있다. 어쩌면 여성의 이러한 약속은 다짐이라고 하는 편이 적확할 수도 있다. 약속은 크게 소리내어 말하나, 다짐은 조용히 결심하니 말이다. 여성은 늘 말이 많다는 통념은 바뀌어야 하며, 아프로디테 같은 그리스 여신들이 성정뿐만 아니라 침묵 때문에도 찬양받았음 또한 유념해야 한다. 찰스 1세가 반대파 수장들을 잡고자 나섰을 때 왕비가 이 정보를 함구하지 못하고 칼라일 부인에게 비밀을 털어놨을 수도 있지만, 이러한 위험한 수다의 이면에는 늘 여성이 절대 말하지 않는 무언가가 있기 마련이다.

마찬가지로 남성은 자신에게 중요한 일에 대해서는 비교적 과묵하나 여성은 가장 사적인 일도 술술 털어놓는다는 인식 역시 진지하게 의심해볼 만하다. 언뜻 볼 때는 충분히 설득력 있어 보이는 말 같다. 여성은 감정, 고통, 욕망 같은 큰 것들에 대해 이야기하는 반면, 남성의 대화는 다음과 같은 세 가지 문제로 압축된다.

무슨 술을 마셨는가.
얼마나 마셨는가.
술을 마시며 무엇을 했는가.

어렸을 때는 오줌발이 얼마나 멀리 가는지를 겨뤘다면 이제 어른이 된 남성들은 얼마나 술을 많이 마셨는지로 겨룬다. 연속극 속 남성들이 그렇게나 매력적인 이유도 이 때문일지 모른다. 인기 연속극은 술집 안이나 그 주변에서 이야기가 진행되어도 남성들은 거기서 술보다는 자신의 걱정거리와 기쁨, 절망에 대해 진솔하게 털어놓는다. 남성이 다른 남성들과는 그런 이야기를 할 리가 없다고 생각할지도 모르겠지만, 분명 오늘날의 남성은 배우자에게 무언가를, 아니 모든 것을 말하려 한다. 말이라는 주제는 과거와 비교해볼 때 놀라울 정도로 확장된 듯하다. 오르가슴의 신비를 밝히는 데 헌신했던 저명한 성性과학자 해블록 엘리스조차 당시에는 서면으로만 정보를 받았고 도저히 용기가 나지 않아 자신의 연구 분야에 대해 대화를 못한 반면, 오늘날의 남성들은 강박적일 정도로 솔직하게 그 문제를 입에 올린다. 또한 지난 세기의 남성들은 항상 어딘가 길을 떠나고 사라졌지만, 현대 드라마 속 남성들은 이와 정반대로 좀체 모습을 감추지 않는다. 과거의 영웅은 언제나 참전하거나 모험을 떠나지만, 오늘날 여성들을 설레게 하는 남성들은 집에 머물면서 유의미한 이야기를 한다. 게다가 과묵하기는커녕, 때때로 말을 너무 많이 하기도 한다. 심지어는 사랑에 대해서도.

그러나 성별에 따라 살펴보면 양쪽의 차이가 분명해진다. 언어학자들은 남성의 말에는 경쟁의 의미가 내포되는 반면 여성의 말에는 합의가 깔린다고 본다. 남성은 서로의 발언을 반박하거나 아예 무시하지만, 여성은 서로의 발언을 인정하고 이를 토대로 대화를 전개해

간다. 여성은 대화를 계속하기 위해 질문을 활용하지만, 남성은 질문을 그저 정보에 대한 요청이라고 해석한다. 두 남성이 걸어가면서 상대를 쳐다보지 않고 대화하는 경우는 많지만, 두 여성 사이에서 이는 사실상 불가능하다. 또한 남성이 사랑받고 있다는 느낌을 중시한다면 여성은 그것을 말로 듣고 싶어할 가능성이 크다는 사실에서 말에 대한 모든 흥미로운 문제가 생긴다는 사실도 무엇보다 중요하다. 도대체 왜 많은 남녀관계에서 말의 가치가 다른 것일까? 이에 대한 단서를 한 단어가 누락된 소설로 유명한 대프니 듀 모리에의 『레베카』에서 찾을 수 있다. 세심하게 구성된 이 연애소설은 '듀 모리에는 왜 주요 등장인물인 화자의 이름을 정하지 않았는가?' 하는 의문 때문에 문학계의 수수께끼로 떠올랐다.

듀 모리에는 그저 적절한 이름이 생각나지 않아서라고 주장했지만, 히치콕이 이 작품을 영화화하면서 그녀에게 '대프니 드 윈터'라는 이름을 붙이자 요점을 놓쳐버렸다. 『레베카』는 드 윈터라는 남성을 만나 결혼하여 함께 살게 되는 한 젊은 여성의 이야기로, 드 윈터는 소설 제목과 동일한 이름의 레베카라는 죽은 전처의 환영에 시달리고 있다. 젊은 여성의 이야기를 통해 독자는 그녀가 남편의 전처에게 집착한다는 사실을 알게 된다. 또한 이야기의 중심에는 화자가 다른 여성의 자리를 대신하면서 겪는 어려움이 놓인다. 적극적이고 과감하며 활기찼던 레베카와 달리 화자는 소설의 어느 시점까지, 그러니까 자신은 레베카를 사랑한 적이 없으며 심지어 자신이 그녀를 죽였다고 남편이 털어놓기 전까지는 소심하고 수줍음이 많으며 무능한 모습으로 그려진다. 그후 화자는 재치를 발휘하며 자주적이며 현명한 모습을 보이므로, 『레베카』는 다른 여성과의 관계를 통해 자신의 정체성을 찾는 여성의 이야기임을 알 수 있다. 자신의 정체성이 불분명한 상황에서, 이 여성은 전처의 이미지 그리고 남편과 전처의 관계를 통해 마침내 자신이 속한 세계에 자리잡게 된다. 따라서 듀 모리에가 화자의 이름을 정하지 않은 것은 결코 우연이 아니다. 이름의 부재는 정체성의 부재를 나타낸다. 수전 힐은 『레베카』의 속편을 집필하면서 원작자인 듀 모리에의 의도에 충실하게 『드 윈터 부인』이라고 제목을 붙였다. 여기서도 여주인공의 정체성은 늘 다른 사람들의 정체성을 통해 형성된다고 암시했다. 원작에서는 죽은 아내의 정체성이 이야기의 중심에 놓인다면, 속편에서는 현재 아내로서의 정체성이 그 자리를 대신한다.

두 경우 모두 다른 여성이 먼저 자리를 차지했다는 비슷한 전개다. 그리고 다른 여성이 차지하던 자리는 남성의 욕망이 집중된다는 사실 때문에 높게 평가된다. 즉 남성은 그 여성의 어떤 점을 사랑했고, 나의 무엇을 사랑하는가를 보는 셈이다. 그렇지 않다면 〈시애틀의 잠 못 이루는 밤〉에서 톰 행크스가 받은 그 수많은 편지와 소포가 어떻게 설명되겠는가? 아들이 라디오 방송 프로에 전화를 걸어 외로운 아빠에 대해 소개한다. 그 뒤 아빠인 톰 행크스가 너무나 사랑했던 죽은 아내의 아름다움에 대해서, 그리고 아내와 어떻게 처음 손을 잡았는지에 대해 털어놓는다. 이 사연을 들은 멕 라이언을 비롯한 미국 전역의 수천 명의 여성들은 당연히 눈물 흘렸고, 남편에게 지극히 사랑받았던 이 죽은 여성의 자리를 차지하고 싶다는 꿈을 제각각 꾸게 되었다. 그녀들은 톰 행크스보다 그와 죽은 아내 사이의 관계에 매혹된 것이다. 여기서 죽은 아내는 레베카와 마찬가지로 남성에게 사랑받는 여성의 자리를 상징한다. 우여곡절 끝에 마침내 동경하던 남성을 만난 멕 라이언은 그가 묘사했던 죽은 아내의 몸짓과 똑같이 그의 손에 자신의 손을 올려놓는다. 그녀는 그가 자신을 사랑해주길 바랐을지 모르지만, 그녀를 사로잡은 조건들은 다른 여성이 차지했던 자리를 기반으로 하고 있다.

이러한 우선순위는 성서 연구에서 큰 논란이 되어온 한 가지 문제에 명쾌한 해결책을 제시해준다. 이브가 최초의 여성이었다면, 그보다 먼저 그 자리를 차지했던 것으로 보이는 릴리스•에 대한 갖가지 언급은 어떻게 설명할 것이냐라는 문제다. 『레베카』의 논리에 따르면 이브에 앞서 누군가가 있어야만 한다. 첫번째가 되기 위해서는 그 전에 반드시 누군가가 있어야만 하는 것이다. 정체성은 다른 여성의 그림자에 따라 구축되며, 남성과 앞서 그 자리를 차지했던 여성 간의 관계라는 문제도 중요하다. 이브에겐 사과와 관련한 몇 가지 근심거리도 있었겠지만, 동시에 분명 아담과 릴리스의 관계를 그리면서 괴로워했을 것이다. 아마 이브는 그들이 다정하게 대화를 나누는 모습을 상상했을 테고, 그랬다면 뱀은 무슨 말을 속삭이면 이브가 작은 죄를 저지르게 부추길 수 있을지 틀림없이 알았을 것이다. 릴리스의

• 유대 신화에 등장하는 아담의 첫 아내.

신체적 특징의 일부나 그녀의 활발한 성격을 은근히 환기하면 됐을 테니 말이다. 이것은 왜 남녀에게 말의 가치가 다른가라는 의문에 대한 첫번째 대답이 되어준다. 정체성이 불확실하다면, '누군가'로 사랑받는 것이 존재의 기준이 될 수 있다.

자신이 사랑받는 이유를 듣는 것은 불만족스러울 수 있으나, 한 여성이 누군가를 대신해 차지하게 되는 자리와 그 자리의 의미에 대해 규정함으로써 하나의 정체성이 마련될 수 있다. 그렇기 때문에 실연 이후 여성들은 머리 모양과 옷, 이미지를 바꾸어 '과거의 자신'을 잃고 말 그대로 '새로운 사람'으로 거듭나는 것처럼 보이기도 한다. 출산 후 엄마가 된 여성들이 인생의 그 어느 시기보다 머리 모양을 많이 바꾼다는 사실로 보건대 이는 정형화된 과정은 아니다. 엄마가 되는 것은 새로운 정체성의 조짐 같지만 미용사들에게는 다행스럽게도, 이 정체성은 결코 고정되지 않으며 새로운 이미지를 향한 여정이 시작되기 마련이다.

듀 모리에의 작품에서 화자는 말 그대로 레베카의 이미지를 계승한다. 교활한 가정부 댄버스 부인의 계략에 빠져 그녀는 맨덜리 저택에 걸린 한 초상화 속 드레스를 야회복으로 고른다. 저택의 계단 맨 위에서 나설 준비를 하던 그녀는 일찍 도착한 손님들이 자신을 보고 경악하자 무슨 일이 일어났는지 단번에 이해한다. 레베카가 죽기 전 열었던 마지막 무도회에서 입었던 것과 똑같은 드레스를 입었던 것이다. 레베카가 초상화 속 여인의 드레스를 계승했다면, 이 이름 없는 화자는 이제 레베카의 자리로 들어선 셈이었다. 그녀에게 레베카의 드레스를 입는 것은 레베카의 이미지를 입는 것과 마찬가지였다. 타블로이드 신문 〈뉴스 오브 더 월드〉는 배우 휴 그랜트가 디바인 브라운과 자동차에서 성행위를 하다가 체포되었을 때 이러한 구조를 재빨리 파악했다. 이 소식에 대중은 처음엔 그렇게나 아름답고 매력적인 엘리자베스 헐리를 애인으로 둔 사람이 누가 보더라도 예쁘지도, 매력적이지도 않은 여성과 어떻게 관계를 맺을 수 있는 걸까 의아해했다. 모든 것을 가진 남자가 도대체 왜 아무것도 없는 사람인 양 행동했던 것일까? 그랜트와 헐리의 관계가 영화 프리미어 행사에서 처음 공식화됐을 때 그녀는 근사한 베르사체 드레스를 입고 있었다. 안전핀 모양의 장식으로 멋스럽게 고정된 이 드레스는 그야말로 센세이션을 불러일으켰다. 그랜트가 체포되고 그의 방종한 행동에 대해 떠들썩한 보도가 이어진 뒤, 〈뉴스 오브 더 월드〉는 헐리와 똑같은 베르사체 드레스를 입은 디바인 브라운의 사진을 1면에 싣고는 '그 드레스를 입은 창녀'라는 헤드라인을 달았다. 이 드레스가 처음에는 헐리를 규정하는 특징이었다면 이제는 브라운을 규정하는 특징으로 바뀐 셈이며, 『레베카』 속 드레스와 마찬가지로 각각의 여성이 그 이미지를 입은 것이다.

이 보도는 이렇게 여성을 대체하더라도 틀만 똑같이 유지된다면 한 여성이 다른 여성의 자리를 대신하여 남성의 사랑을 받을 수 있는 것처럼 표현했다는 점에서 무례했다. 요컨대 정체성을 고유한 특성이 아니라 쉽게 갈아입을 수 있는 드레스와 같다고 봤다. 그 남성에게 그 드레스는 매우 중요한 특징이며, 그 드레스를 입은 여성이라면 누구든 돌연 매력적으로 여긴다고 암시했다. 사실 남성에게 이런 일은 드물지 않다. 드레스의 특징이든, 언뜻 들은 얘기든 남성들은 사소한 디테일 하나만으로도 즉시 달아오르기도 한다. 그것이 안전핀이든 아니면 그 여성을 다른 남성이 좋아한다는 사실이든 말이다.

그러나 신문사 측에서 건네주기 전까지는 그녀가 그 드레스를 입지 않았다는 사실은 짚고 넘어가야 한다. 두 여성에게 공통점이 있는지는 당사자들만 알겠지만, 오히려 두 여성의 차이점이 휴 그랜트의 마음을 끌었을 가능성도 상당히 높다. 이 사례는, 이상적인 여성은 사랑받지만 욕망의 대상은 되지 않으며, 타락한 여성은 욕망의 대상은 되지만 사랑받지는 않는다는 프로이트의 주장을 잘 보여준다. 여성은 일련의 연결고리로 어머니와 연관되는데, 남성은 어머니의 이미지가 성적인 이미지로 오염되는 것을 못 견디기에 이상적인 여성과 성적으로 욕망하는 여성은 명확하게 양분된다. 따라서 사랑과 성욕은 별개이며, 각각의 경향은 이상적인 여성과 타락한 여성이라는 대상을 가진다. 하지만 만약 〈뉴스 오브 더 월드〉에서 사용한 비유가 허구가 아니었다면, 즉 두 여성이 같은 드레스를 입고서 마주쳤다면 어떤 일이 일어났을까?

많은 여성들이 다른 여성의 드레스를 입는 게 아니라 같은 드레스를 입은 여성과 파티에서 맞닥뜨리는 것을 악몽처럼 여긴다. 『레베카』의 화자는 남편과 손님들의 경악한 시선을 통해 이중적인 그녀를 만났지만, 또다른 레베카는 디테일 하나까지 동일한 물건을 지닌 살아 있는 상대와 마주쳐버렸다. 레베카 웨스트의 남편은 부인과 정부에게 똑같은 고가 핸드백을 사주었고, 두 여성은 각자 새로 받은 선물을 들고서 정면으로 마주쳤다. 하지만 레베카는 자신의 연적을 모욕하는 대신, "어머나 세상에! 우리 둘이 똑같은 것을 갖고 있네요"라고 감탄하며 혼란스러워하는 발레 선생을 맞이한다. 여기서 '것'이라는 대명사는 핸드백과 남편이라는 중의적인 의미를 갖는 기가 막힌 선택이었다. 물론 전체 문장은 두 여성의 생각과 정확히 반대되는 의미였지만 말이다. 같은 핸드백을 가졌다는 것은 차이점이 아니라 동일함의 증거이며, 그보다 더 중요한 사실은 남성에게는 똑같아 보인다는 점으로 이는 여성들이 바라는 차별화와는 정면으로 대치된다. 스파이스 걸스가 전 세계적으로 성공한 것도 이 때문이다. 재능 있는 그녀들은 '스파이스'라는 이름으로 모였지만 각각의 개성을 지녔다는 사실이 무엇보다 주효했다. 남성은 '하나의 남자'로 인정받기를 원하는 경우가 많다면, 여성은 여자라는 집단의 한 구성원으로서는 물론이고 '자기 자신'으로도 사랑받기를 지향하는 경우가 많다. 스파이스 걸스 멤버들은 그룹의 구성원이면서도 모두 제각각이다. 모두 스파이스라는 이름을 붙였지만 베이비 스파이스, 포시 스파이스, 스캐리 스파이스처럼 제각각이었다. 다른 그룹들은 모두 똑같은 옷을 입고 비슷한 머리 모양을 했다면, 스파이스 걸스는 다른 멤버와 구분되면서도 각자 하나의 정체성을 공유했다. 하나로 묶이면서 동시에 개성이 빛났던 것이다. 이러한 조건을 충족시키지 못했기에 『윈저의 즐거운 아낙네들』에서 폴스태프는 무척이나 난처한 상황에 처했다. 페이지 부인과 포드 부인은 둘 다 '즐거운 아낙네들'일지 모르지만, 폴스태프가 두 사람에게 똑같은 내용의 연애편지를 보내자 이들은 그를 엄청나게 못살게 굴었다. 두 여성을 똑같이 취급함으로써 그는 가장 기본적인 원칙, 즉 여성은 모두 다르다는 사실을 무시한 대가를 톡톡히 치렀다. 결정적으로 여성은 각자 자신의 특징을 다른 여성과 일일이 비교할 수 있는데, 그때마다 불균형한 비교 결과가 발생한다. '그 여자는 웃는 모습이 사랑스럽지만 눈은 내가 더 예뻐. 그 여자는 머릿결이 좋지만 나는 목선이 더 우아해……' 같은 식으로 말이다.

『레베카』는 그야말로 비교에 대한 책이다. 화자는 끊임없이 스스로를 남편의 죽은 전처와 비교할 뿐만 아니라 남편 역시 그렇게 하리라 짐작한다. 그녀는 남편에게 이렇게 말한다. "당신이 내 몸에 손을 댈 때마다 나와 레베카를 비교한다고 생각했어요. 내게 말을 할 때나, 나를 바라볼 때나, 정원에서 나와 함께 걸을 때나, 저녁 식탁에 앉았을 때나 당신이 마음속으로 '레베카와도 이걸 했었지, 저것도, 그리고 그것도'라고 생각한다고 여겼어요." 혹자는 어머니상을 동원해 이렇게 끊임없이 비교하는 여성들의 특징에 대해 설명한다. 딸에게는 자신이 부모와 어떻게 다른가가 매우 중요하다고 보는 것이다. 그리고 실제로 많은 정신분석가들이 모녀관계에서의 문제점은 유사성을 원하는 인력引力과 차이점을 추구하는 반발력反撥力이 결합되기에 발생한다고 본다. 딸은 엄마 같은 사람이 되어야만 하지만, 절대 엄마가 되어서는 안 된다. 딸이 엄마 같은 사람이 된다는 것은 아빠의 사랑을 받는 위치에 선다는 의미이며, 이렇게 되면 아무리 아빠의 사랑이 딸에게 중요하대도 엄마는 딸의 라이벌, 즉 없애야 하는 존재가 된다. 이 같은 역학 때문에 딸은 엄마에게 가까워지면서 동시에 멀어지는 것이다.

하지만 이것만으로 『레베카』에 나오는 첫번째 여성의 존재감이 설명될까? 화자는 죽은 전처라는 다른 여성 때문에 위축되는 듯하지만, 듀 모리에의 자서전에는 어머니에 대한 언급이 거의 보이지 않는다. 소설 속에서는 다른 여성의 거대한 그림자가 드리워지는 반면, 작가의 일생에서는 이에 비견할 만한 다른 여성의 존재를 찾기 힘들다. 따라서 어머니가 딸에게 여성의 이미지를 제시하지 못했기에 듀 모리에는 다른 여성들의 이미지를 이상화하게 되었고, 그래서 레베카라는 압도적인 존재가 탄생했다고 주장할 수 있다. 하지만 단순히 어머니가 여성의 이미지를 제시하지 못해서가 아니라 딸이 그렇게 못하게 막았을지도 모른다고 반박할 수도 있다. 문서를 검열할 때 가장 핵심 부분을 빼버리는 것처럼 듀 모리에가 자서전에서 어머니의 이야기를 빼버렸다고 말이다. 요컨대 어머니와의 라이벌 관계 때문에 어머니를 배제시켰다고도 할 수 있다.

이것은 도라● 어머니의 역할에 관한 첨예한 논쟁을 연상시킨다. 프로이트의 이 유명한 임상 사례는 끊임없이 비판받는데, 여기서 도라 어머니는 거의 등장하지 않기 때문에 많은 비평가들은 틀림없이 어머니가 중요한 의미를 지닌다고 여겼다. 단순히 왜 무언가가 포함

● 프로이트의 정신분석 사례 중 하나로, 히스테리 환자로 알려져 있다.

되었는지 살피는 게 아니라 왜 무언가가 빠졌는가에 의문을 품고 누락을 토대로 논거를 세우는 방식 자체는 합리적이지만, 도라의 사례와 듀 모리에의 삶은 다소 차이가 있다. 정신분석학자 주느비에브 모렐이 지적했듯이, 프로이트의 유명한 임상 사례들에서 어머니는 매우 명확한 방식으로 괄시받는다. 즉 아버지가 다른 여성을 좋아함으로 어머니를 무시하는 것이다. 예를 들면 도라의 아버지는 K 부인과 바람을 피우고 있었고, 또다른 임상 사례인 쥐인간의 아버지는 과거의 여성을 잊지 못하면서도 돈만 보고 다른 여성과 결혼했다. 아버지가 어머니에게 가족 내에서 특정한 지위를 부여하지 않을 때 문제가 발생하는데, 여기서 특정한 지위란 아버지의 욕망을 불러일으키는 대상을 의미한다. 당연한 이야기 같겠지만 여기서 핵심은 사랑과 욕망의 구별이다. 남편이 아내를 너무나 사랑한 나머지 욕망의 대상으로 삼지 않을 때에도 문제는 발생한다. 그리고 아내가 더이상 남편의 욕망을 불러일으키는 역할을 하지 않게 되면 딸은 아마도 어머니처럼 되려 하지 않을 것이다. 이것은 『레베카』 속 여성의 존재감에 대한 또하나의 설명에 부합하는 결론처럼 보인다. 듀 모리에의 어머니는 분명 끊임없이 외도하는 아버지 때문에 소외당하는 여성이었을 것이다. 그렇더라도 아버지가 진심으로 어머니를 욕망했을 가능성은 완전히 배제되지 않으며, 이와 관련된 논리는 좀더 다듬어져야 한다. 한 가지 민담으로 이러한 문제들을 명확히 정리해보자.

왕비가 세상을 떠나자 왕은 그녀만큼 훌륭한 여성이 아니면 결혼하지 않겠다고 결심한다. 하지만 대체 누가 죽은 아내만큼이나 훌륭하겠는가? 단 한 사람, 딸뿐이다. 이를 이해한 딸은 먼길을 떠날 뿐 아니라 자신의 손까지 잘라버린다. 평론가들은 이렇게 괴상하면서도 놀라울 정도로 공통적인 모티브를 다양한 방식으로 설명한다. (손이 있었던) 어머니와 딸을 차별화시켜 왕과의 결혼에는 부적합하게 만들기 위해서라고도, 딸의 손이 아버지에게 특히 매력적이었기 때문에 그랬다고도 해석한다. 이처럼 딸은 자신의 가장 아름다운 부분을 아버지에게 주고, 훗날 (손이 없음에도 불구하고) 자신을 사랑해주는 남자(다른 왕)를 만나게 되곤 한다. 패션지는 끊임없이 여성에게 중요한 것들을 소개한다. 그렇대도 이런 유의 잡지에서 손이 없다는 모티브에 대해 다룰 가능성은 적지만, 잡지에 소개된 예를 통해 앞서 소개한 민담에서 딸이 부모와의 관계에 대해 느끼는 몇 가지 본질적인 문제를 도출해볼 수 있다.

어머니의 죽음 그리고 그녀의 자리를 대신한다는 문제.
비교의 문제, 다른 사람만큼 괜찮은 사람이 되는 문제.
신체 일부를 포기하는 것.
부족함에도 불구하고, 혹은 부족하기에 사랑받는 것.
자신을 어머니와 차별화하는 문제.
먼길을 떠난다는 생각, 아버지의 사랑과 연계된 고독.

이 이야기는 오이디푸스 이야기와 어느 정도 유사하다. 그러니까 오이디푸스가 발에 문제가 있는 남성에 대한 이야기라면(오이디푸스=부은 발), 이 민담은 손에 문제가 있는 여성에 대한 이야기다. 여러 가지 버전에서, 그녀는 아버지의 시선이 닿지 않는 곳에서 자란다. 그러고 어느 날 갑자기, 왕의 눈앞에 아름답게 성장한 딸이 엄마를 빼닮은 모습으로 등장해 왕은 마음을 빼앗기고, 딸의 모습에서 죽은 아내를 떠올린다는 흔한 로맨스의 모티브가 등장한다. 여성이 주인공인 이야기지만, 이 마지막 장치에는 남성 오이디푸스 이야기의 구조가 완벽하게 함축되어 있다. 남성은 어머니와의 '동일성' 때문에 여성을 사랑하게 된다. 그러나 여성은 그들의 어머니와 비교당하면 분노를 표출하는 경우가 많다. 남성이 어머니 역할을 해줄 여성을 찾고자 한다면, 상대 여성에게 어머니 같다고 말하는 것은 큰 실수다. 아무리 그게 로맨스의 발단이었대도 명확하게 말로 표현하는 순간 로맨스는 끝날 수 있다.

이런 옛날이야기들은 한 여성이 어머니의 자리를 대체하면서 촉발된 갈등을 다루는데, 일반적으로 여성이 의식적으로 다른 여성의 자리를 대체할 때는 어머니와 어느 정도는 구분되는 제삼의 여성이 되기 마련이다. 이런 이유로 많은 여자아이들이 사춘기 전에는 어머니를 그대로 모방하다가 그후 매우 단호하게 어머니의 이미지를 거부하고 다른 여성의 이미지를 이상형으로 삼는다. 그리고 잘 알려진 바대로, 임신을 하면 어머니의 이미지를 다시 맹렬히 떠올리기 마련이다.

이 대리인 문제는 여성에게 심리적으로 중심 역할을 하지만, 살펴본 바대로 이는 사실 딸이 어머니를 대리하게 되느냐의 문제는 아니다. 누군가를 대리하는 것과 다른 사람이 되는 것은 별개의 문제다. 그렇기에 『레베카』에서 흥미로운 점은, 어떤 여성에게는 다른 사람의 자리를 대리하는 문제처럼 보이나 또다른 여성에게는 처음부터 그런 문제 자체가 존재할 수 없다는 사실이다. 가정부 댄버스 부인은 '한 여성은 결코 다른 여성을 대리할 수 없다'는 원칙을 상징하는 존재다. 그토록 아끼던 레베카가 죽었음에도, 댄버스 부인은 누구도 레베카를 그 자리에서 몰아낼 수 없는 것처럼 행동하며 전처의 이미지에 신의를 지킨다.

이를 통해 정신분석가 헬레네 도이치가 제기한 문제에 대한 단서를 얻을 수 있다. 오랫동안 가부장 사회였고 여성은 남성들의 교환 대상이었음을 고려할 때, 왜 그토록 많은 여성들이 무자비한 남성이 아니라 여성 때문에 인신매매로 팔려간다고 상상할까? 왜 여성이 배신행위의 대리자처럼 여겨질까? 남성들의 담론에 맞서서 여성의 독립을 주장하지 못했기 때문에 이 대리자 역할을 하는 여성을 무자비하고 사악한 어머니와 연관짓는 것일까? 아니면 처음부터 딸이 교환 대상이 되도록 내버려둔 어머니의 냉혹함 때문일까? 딸이 집안에서 사라지기를 바라기 때문에 딸을 남성들의 손에 넘겨버린다는 식으로 말이다. 하지만 댄버스 부인의 이미지는 이러한 개념과 미묘하게 다르다. 댄버스 부인은 교환 가능한 여성과 그렇지 않은 여성 두 부류를 구분한다. 드 윈터의 죽은 아내 레베카는 교환 가능한 집단에 속하지 않았기에 댄버스 부인의 입장에서는 대리자를 찾을 수 없는 존재였다. 두번째 아내는 다른 여성으로 대체 가능하지만, 첫번째 아내를 대리할 수 있는 여성은 없다. 그렇더라도 댄버스 부인이 어머니를 대표한다는 의미는 아니며, 그보다 그녀의 존재는 교환의 법칙을 따르는 부류와 그렇지 않은 부류 사이의 분열을 보여준다고 할 수 있다. 헬레네 도이치가 제기한 상상 속에서 여성 인신매매자의 태도는 시종일관 악의적이고 침착해 매매 대상이 되는 여성들의 태도와 대조되는데, 이는 여성이라는 성이 교환 행위 그리고 이를 거부하는 행위 모두와 관련됨을 시사한다. 이를 통해 우리는 댄버스 부인이라는 이상한 인물을 이해하는 데 필요한 실마리를 얻게 된다. 혹자는 댄버스 부인이 듀 모리에의 머릿속에서 가장 큰 존재감을 가진 동시에 가장 철저하게 숨겨진 존재, 즉 일종의 '나쁜 엄마'를 나타낸다고 예단할지도 모르겠지만, 세상을 떠난 과거의 여성에 대한 열정을 고려할 때 댄버스 부인은 오히려 딸의 입장에 선다고 할 수 있다. 여성이 한 남성에게 쏟은 애정은 다른 곳으로 돌릴 수 있다. 하지만 여성이 아무리 일평생 노력해도 절대 잊을 수 없는 굳건하고, 고통스러우며, 결코 바꿀 수 없는 헌신의 대상이 존재한다. 댄버스 부인은 레베카를 대체할 어떤 인물의 수용도 거부함으로써 어머니에 대한 지독한 헌신을 상징하는 셈이다.

『레베카』는 다른 여성의 그림자에 대한 이야기이지만, 그와 동시에 말하지 않는 사람들에 대한 이야기이기도 하다. 화자는 남편의 수상한 과거에 대해 더 많은 진실을 밝혀내면서 점점 그런 일을 입 밖에 꺼내지 못하고, 마찬가지로 남편인 드 윈터도 첫번째 부인에게 실제로 무슨 일이 일어났는지를 좀처럼 말하지 못한다. 따라서 『레베카』는 서로에게 말하지 못하는 사람들의 이야기인 셈이다. 수전 힐이 쓴 속편에서도 이러한 기조는 계속된다. 불쾌한 협박 계략에 말려든 여주인공은 그 일에 대해 털어놓을 상대가 아무도 없다고 생각한다. 듀 모리에의 원작에서 화자가 레베카의 사촌인 파벨의 등장에 대해 침묵하듯이, 힐의 속편에 등장하는 화자도 댄버스 부인의 끔찍한 방문에 대해 입을 다문다. 그런데 도대체 왜 아내는 남편에게 그냥 말해버리지 않는 것일까?

루이스 캐럴이 『헛소동』을 읽으면서 답답해했던 이유도 바로 이런 수수께끼 같은 침묵 때문에였다. 클라우디오는 결혼식장에서 결백한 헤로가 부정을 저질렀다며 파혼을 선언하는데, 캐럴은 도대체 왜 헤로가 문제의 그날 밤 자기 방에서 자지 않았다고 말하지 않는 건지 이해하지 못한다. 여기서 캐럴은 어떤 사실을 입 밖에 내지 않을 때에는 단순한 정보 이상의 이해관계가 얽혀 있을 가능성이 있다는 사실을 간과한 것이다. 성이 장애물 역할을 하는 데다 성이 비밀이나 침묵을 지키는 것과 특별하게 관련되기 때문에 사람들은 사실을 주고받지 않는다. 영화 〈러브 어페어〉에서 캐리 그랜트와 데버러 커는 반년 뒤 엠파이어스테이트 빌딩 꼭대기에서 만날 약속을 하지만, 이 중대한 만남을 위해 가던 중 사고가 나는 바람에 여주인공은 약속 장소에 나타나지 못한다. 등장인물들이 각자의 삶을 살아가며 이야기가 전개되던 중 한 가지 커다란 의문이 생겨난다. 어째서 여자는 남자에게 왜 약속을 못 지켰는지 말하지 않는 걸까? 전화 한 통이면 해결될 일로 왜 그렇게 많은 고통과 의구심과 오해를 일으킬까?

이와 관련하여 밥 호스킨스가 필사적으로 여자와 통화하려고 애쓰는 브리티시텔레콤 광고를 떠올리는 사람도 있겠지만, 그런 노력이 성공한대도 허구가 순수한 공상으로 바뀔 뿐이다. 영화 후반부에서 여주인공은 상대 남성에게 연락하기 전에 다시 걷게 되고 싶었다고 말하지만, 그녀의 침묵은 좀더 애매한 분위기를 풍긴다. 사소하든 아니든, 드러내지 않는다는 이유만으로도 비밀은 성적 가치를 지니기도 한다. 말하지 않음으로써 무언가 금지된 일, 쉽사리 언어로 전달할 수 없는 일이라고 생각게 한다. 『레베카』와 『드 윈터 부인』의 여주인공은 '내 남편이 살인자인가?'라는 의구심에 시달리지만, 어느 쪽도 그러한 생각을 차마 말로 표현하지는 못한다. 이 장벽은 아마도 듀 모리에의 전반적인 작품에서 반복적으로 제시되는 문제, 즉 여성으로 살아간다는 것은 어떤 의미인가라는 명제와 관련될 것이다. 정신분석학자 캐런 호니는 완벽한 남성 배우자에 대한 자신의 환상을 자세히 묘사한 적이 있는데, 그녀는 자신의 요구를 기가 막히게 예상해서 그 어떤 부탁도 할 필요가 없는 남자가 완벽한 남자라고 말했다. 다시 말해 호니는 말을 하지 않는 여성의 입장이 됐을 뿐만 아니라 아무것도 바라지 않는 여성의 입장이 된 것이다. 여성이 무언가를 필요로 할 때마다 남성이 모든 것을 준비해놓는다면, 여성의 욕구는 제대로 표현될 새도 없이 충족될 것이다. 그리고 이 환상에서 남성은 사랑하는 여성을 이해하는 데 전념하므로, 그가 모든 행동의 주도권을 잡은 듯 보이기에 욕구는 남성에게 쏠린다.

따라서 이 경우에도 『레베카』와 마찬가지로 여성의 정체성은 다른 사람을 통해 드러나게 되지만, 그 결과는 사뭇 다르다. 욕망의 주체를 남성에게로 넘기면, 어떤 형태로든 여성의 자율성이 확보되기보다는 또하나의 보편적인 환상에 등장하는 여성, 즉 위대하고 강력한 힘을 가진 남성에게 굴복하는 여성의 입장에 처하게 된다. 따라서 이 두 가지 시나리오는 똑같은 초기 논리를 따르는데, 여기서 여성이 말을 하지 않는다는 것은 욕망하지 않는다는 의미와 다름없다. 따라서 『레베카』에서 화자가 말하기 시작하면서 기지를 찾게 되고, 동시에 말 그대로 욕망에 가득차 무언가를 행동으로 옮기게 되는 것은 결코 우연이 아니다.

『레베카』가 그렇게나 말이라는 문제에 초점을 맞춘다면, 말 자체와 말의 가치라는 모티브로 되돌아가볼 필요가 있다. 무언가를 말하지 않는다는 모티브는 왜 그토록 매혹적일까? 민담이나 동화에서 딸들은 두 가지 중요한 방식으로 말하지 않는다. 단순히 자발적으로 마음속의 말을 하지 않거나, 어머니, 시어머니, 양어머니처럼 다른 여성에게 제지받아 말을 못한다. 매우 흥미로운 이 방식은 두 가지 가능성 사이의 관계에 대해 의문을 제기한다. 만약 가부장적인 사회가 여성에게 침묵할 것을 요구했기 때문에 여성이 말을 하는 데 어려움을 겪었다면, 이러한 이야기에서 그들을 막는 사람은 왜 다른 여성으로 구현되는 걸까? 이에 남성들이 동화를 만들기 때문이라고 주장하는 건 동화를 들어본 적이 없다는 말이나 다름없다. 물론 남성들이 엮고 수정은 했지만, 기본적으로 동화는 자매애, 어머니 및 어머니의 대리자와의 관계, 출산, 여자들 사이의 갈등처럼 여성과 밀접한 주제를 다룬다. 이것은 어머니의 그림자 때문에 딸이 침묵을 지킨다는 암시로 보일 수도 있다. 어느 유명한 동화에서 말을 타고 지나가던 왕자가 죽은듯이 관 속에 누워 있는 아가씨를 발견한다. 그녀는 되살아나고 두 사람은 결혼하여 아이들을 낳는다. 하지만 아내를 향한 왕자의 헌신에 왕자의 어머니는 분노한다. 왕자의 어머니는 손자들의 머리를 벤 후 며느리의 침대에 이를 놓아둔다. 이 광경을 본 왕자는 어머니의 고발을 듣고는 아내의 손을 자른 뒤 쫓아낸다. 하지만 이 모든 소동이 일어나는 동안 무고한 여성은 침묵한다. 결국 그녀는 손을 되찾고 아이들도 되살아나며, 성으로 돌아가 남편과 재회해 침묵을 깬다. 그러자 왕자는 어머니를 나무통에 넣어 바다에 던져버린다.

교훈적인 이야기지만, 이 역시 남성의 입장에서 쓰인 이야기로 보일 수도 있다. 그렇지 않다면 아들의 애정이 다른 여성에게로 향할 때 왕자의 어머니가 왜 그렇게 화를 내겠는가? 하지만 바로 그 점이 남성의 입장에서 쓰인 이야기가 아님을 드러내준다. 어머니의 질투어린 태도에 대한 감수성, 그리고 이를 이야기의 중심에 두고 매우 극단적으로 표현했다는 사실이 이 이야기가 여성의 관점에 가까움을 보여준다. 우선 한 여성의 침묵 이면에 다른 여성이 있다는 점에, 그 다음에는 이 여성이 잃어버린 신체의 일부를 되찾고서야 다시 말을 할 수 있게 되었다는 점에 주목해볼 수 있다. 마찬가지로 『레베카』에서 화자가 말을 못 꺼내는 것은 드 윈터의 죽은 아내라는 다른 여성의 억압적인 그림자 때문이라고 설명 가능하며, 여기서 욕망과 말은 밀접하게 연관된다는 뉘앙스를 읽어낼 수도 있다. 하지만 침묵은 왜 그렇게나 영향력이 강렬한 걸까? 독자들은 왜 어떤 사실이 말로 표현되거나 마지막에 어떤 메시지가 전달되기를 간절히 바라는 것일까?

수많은 문학 작품과 영화에서 바로 이 문제를 다루는데, 누군가가 필사적으로 메시지를 전달하려 하나 주변의 모든 여건은 어떻게든 이를 받아들이기 거부하는 시나리오에서 이는 무엇보다 명확히 드러난다. 에밀 졸라의 소설 『테레즈 라캥』에서 나이든 부인은 총애하는 자신의 며느리와 그녀의 재혼남이 작당하여 사랑하는 자기 아들을 살해했다는 사실을 알게 된다. 무력한데다 몸이 마비되어 도움을 청할 길도 없는 이 부인은 가족 정례 행사가 된 목요일 밤의 사교 모임을 위해 남은 힘을 전부 아껴둔다. 이 부인이 필사적으로 손가락을 움직이자 자리에 모인 사람들은 그녀가 진행중인 도미노 게임에 참여하고 싶어하는 거라고 받아들이고, 그녀가 탁자 위에 놓인 편지들을 더듬자 더블식스 게임에 찬성하는 동작이라고 해석한다. 부인이 안간힘을 쏟아 살인자들의 이름과 '이 사람들은'이라고 쓰자 신이 난 손님들은 '나에게 정말 잘 해줬어'라고 문장을 마무리해버린다. 따라서 부인의 필사적인 항변은 악의 없는 정보로 뒤바뀌고, 살인자들은 지인들에게 비난 대신 칭찬을 받는다.

이 장면은 아무도 자신의 말에 귀기울이지 않고 메시지를 강제로 빼앗기고 잃는 사람의 모습을 슬로 모션처럼 묘사하기 때문에 길고도 고통스럽다. 그렇기에 이 작품이 진실을 말하고 사회에 메시지를 전달하는 데 열정을 바쳤다고 높게 평가받는 에밀 졸라의 작품인 것이다. 어쩌면 기독교의 중심 교리도 바로 이 문제와 연관된다고 주장할 수도 있다. 누군가에게 인류에게 전달할 메시지가 있다 해도, 인류가 그걸 항상 제대로 듣는 것은 아니다. 이런 의미에서 예수의 이야기는 무언가를 말하려 애쓰는 사람의 이야기라고 할 수 있고, 그렇기에 옛날에는 신의 아들이 일종의 신성한 말을 더듬거리면서 등장한다고 생각했다. 필사적인 소통이라는 모티브는 공상과학소설에도 자주 등장한다. 미래의 인물이 인류를 구원할 중요한 메시지를 가지고 도착하나 아무도 이에 귀기울이지 않는다. 〈터미네이터 2〉와 테리 길리엄 감독의 〈12 몽키스〉에서 등장인물은 미래에 인류가 멸망할 것이라는 메시지를 가지고 오지만 사람들은 이를 믿지 않으며, 두 경우 모두 이들은 억류된다. 물론 현실에서도 마찬가지다. 누군가가 인류에게 전할 메시지가 있다고 확신하는 경우, 일반적으론 그 사람이 미쳤다고 판단한다. 설령 메시지가 사실이래도 그렇다. 예를 들어, 헝가리의 산부인과 의사인 제멜바이스가 망상에 빠진 사람처럼 출산시에는 엄격한 위생 기준을 지켜야 한다고 주장했을 때, 비록 그의 언행은 편집증 환자 같았지만 망상으로 치부되었던 그의 생각은 전적으로 옳았다. 그러나 그는 그런 생각을 해서가 아니라 그걸 사실이라고 확신했기 때문에 미친 사람 취급을 받았다.

이러한 이야기로 메시지 전달의 어려움을 통감하게 되는데, 이야기가 행복하게 끝나려면 주인공이 마침내 자신의 이야기를 믿어줄 사람을 찾아내는 순간이 필요하다. 각자 옆 사람에게 메시지를 전달하는 아이들의 전화 게임처럼 메시지는 반드시 모든 사람을 거쳐야 하며, 이러한 테마를 다룬 여러 문학 작품 및 영화와 이 게임 간의 차이점은 왜 이것이 그토록 큰 힘을 갖는지에 대한 단서를 제공해준다. 한 아이가 다른 아이에게 메시지를 속삭이는 과정에서 메시지는 왜곡되기 마련으로, 애초에 제시된 문장과 맨 마지막 아이가 들은 문장을 비교해보면 그 결과는 놀랍다. 이 게임은, 언어는 왜곡될 수 있으며, 시작할 때의 말이 반드시 마지막 말과 같으리라는 법은 없다는 것, 그리고 어떤 말이 입에서 입을 거치면 처음과 달라진다는 교훈을 전해준다. 전화 게임에서는 항상 메시지가 잘못 전달되지만, 여러 문화권에서 등장하는 메시지를 지닌 사람의 이야기에서는 메시지가 제대로 전달되곤 한다. 메시지가 인식되고, 맨 마지막에 남는 메시지가 맨 처음의 메시지가 된다. 관객들이 이러한 이야기에 그토록 몰입하는 건 아이들이 전화 게임을 재미있어하는 이유와 같다. 즉 언어의 세계로 들어가면 무언가를 잃어버린다는 사실 때문이다. 무언가를 요청할 때에는 반드시 말을 해야 하지만, 말을 시작하면 수많은 다른 고려 사항들이 작용된다. 원래의 요청은 부차적인 문제가 되는데, 상대방이 답변을 하느냐 안 하느냐, 답변에 애정이 담기느냐 아니냐가 중요해지기 때문이다. 누군가가 여러분에게 계속 전화로 무언가를 요청한다면, 틀림없이 무엇을 요청하는지보다 요청한다는 사실 자체의 의미가 중요하다.

주식중개인들은 고객들의 끈질긴 전화가 최신 시장정보 확보를 주목적으로 하는 게 아니라 무조건적인 요구 때문임을 잘 알고 있다. 그러니까 이러한 고객들의 문의는 재정적인 이익보다는 반복적인 요청이라는 탐욕에 우선순위를 둔 행동이다. 이렇게 본말이 전도된 상황을 다룬 코미디 장르도 있다. 침대에 낯선 사람이 누워 있다거나 다른 사람에게 가야 할 편지를 받는 등 무언가를 요청했을 때 다른 것을 손에 넣게 되는 경우다. 신경증을 가진 사람은 메시지를 직접 전달한다는 까다로운 일 자체를 포기하는 경향이 있다. 편집증이 있는 사람은 메시지를 타인이 전달하는 것을 절대 가만두지 못한다. 메시지 전달은 화자의 임무이지만, 신경증이 있는 사람은 반드시 다른 사람을 통해 메시지를 보내겠다고 고집한다고 보아도 좋다(심지어 다른 사람들을 통해 욕구를 표현하기도 한다). 이 경우, 메시지가 목적지에 다다랐을 때 메시지의 왜곡이 생겨도 다른 누군가가 비난을 받고 메시지를 발신한 사람은 조용히 빠져나갈 수 있다. 연인들이 깊은 밤에 사랑을 속삭일 때에도 똑같은 우려가 수반된다. 그렇게나 친밀한 상황에서 메시지를 전달하고 전달받으면서도 걱정을 한다. 미래에서 온 구원자가 자신의 이야기를 들어줄 사람을 찾는 것처럼, 약속을 하는 사람도 자신에게 귀기울여줄 사람을 노린다. 이렇게 되면 상대방의 개별성보다는 약속을 하는 사람의 개별성으로 초점이 옮겨진다. 중요한 것은 사랑하는 사람의 존재가 아니라 말하는 사람을 인정해주고, 상대방의 말을 잘 듣고 있다고 확인해주고, 진심으로 귀기울여주는 사람을 찾는 것이다. 다르게 표현하자면 말로는 해낼 수 없는 일을 해주는 사람을 찾는다는 의미다.

라캉은 이러한 주제에 대해 상술하면서 메시지 보내기와 말의 진실성이라는 문제를 중점적으로 다룬 몰리에르의 『아내들의 학교』라는 희곡을 언급했다. 순결하고 순진한 소녀인 아녜스는 아르놀프의 엄격한 교육 방침에 따라 수녀원에서 성장한다. 초라한 외형의 그는 아녜스를 순종적인 아내로 삼으려 하지만, 역시 그녀를 마음에 둔 젊은 남자친구 오라스 때문에 계획에 차질이 생긴다. 『아내들의 학교』는 두 남자 중 한쪽을 선택하는 여성의 이야기이지만, 라캉의 해석에 따르면 두 가지 말의 형태 또는 두 가지 담론 사이에서의 선택에 더 가깝다. 아르놀프의 말투는 교육적이고 생각건대 명료하다고 추정되는 반면, 오라스의 말투는 교활하면서도 모호하다. 이 희곡은 아녜스가 아르놀프에게 가르침을 받는 대상에서 실제로 말을 하는 존재, 즉 자신에게 주입된 담론을 그대로 입에 담는 사람이 아니라 자신의 생각을 말할 수 있는 사람으로 변모하는 과정을 보여주면서 말의 세계로 향하는 아녜스의 모험을 그린다.

이 희곡에 대해 평론가들은 늘 순진하게 보이는 이 젊은 여성이 과연 실제로도 그랬을까 의문을 제기한다. 아녜스가 결국 자신의 후견인을 속인 것은 악의적이고 단호한 의지 때문인가, 아니면 그저 상황에 따른 어쩔 수 없는 행동인가? 아녜스가 실제로 문제를 일으키려고 의도한 것일까, 아니면 그냥 일이 그렇게 흘러간 것이었을까? 달리 말하면 평론가들은 아녜스의 주체성, 즉 아녜스가 보이는 행동의 핵심에는 '진정으로' 무엇이 자리잡고 있었느냐에 대해 논쟁한다. 그러나 라캉의 관점은 달랐다. 라캉은 아녜스가 하는 말의 배경에 자리한 소위 주체성보다는 말을 하는 과정에서 아네스의 욕구가 항상 손에 닿지 않고 붙잡을 수 없으며 명시적인 수준의 요구와는 달라진다는 점을 중요시했다. 따라서 아네스가 아르놀프에게 진실을 이야기할 때에도, 아네스가 좋아하든 아니든 그녀의 말은 무언가 다른 의미를 지닌다. 아르놀프가 아네스에게 창문 너머로 돌을 던져 접근해오는 오라스를 쫓아내라고 말하자 그녀는 그의 지시에 따르면서도, 돌에 메시지를 묶어서 던지고는 이를 언급하지 않는다. 여기서 핵심은, 명백히 교활한 아네스의 행동이 행위 그 자체보다는 말로 이해된다는 점이다. 화자가 무슨 말을 하든, 말을 하고 있기 때문에 무언가 다른 것, 즉 표면적인 메시지 이상의 의미가 전달된다. 이는 아네스가 던진 돌이 돌 이상의 의미를 지녔던 것과 마찬가지다. 많은 평론가들이 상정하듯이 아네스는 의도 때문에 '가짜'가 되었다기보다, 말을 했다는 사실 때문에, 〈티파니에서 아침을〉에 등장하는 홀리 골라이틀리의 표현을 빌자면, '진실한 가짜'가 된 것이다. 이는 가식적인 가짜와는 전혀 다르다.

꾸미기 좋아하고, 산만하고, 관습에 얽매이지 않는 쾌활한 여성 홀리 골라이틀리는 진지하고 진솔하며 믿음직한 작가 폴 버젝을 만난다. 그러나 초반부터 돈을 받고 성을 파는 쪽은 남자이며, 여자 쪽은 의사를 밝히지 않으면서 암시만 흘린다. 폴의 성실함 이면에는 부유한 여성의 돈으로 살아가는 남성의 계산이 감춰져 있다. 예를 들어 그는 자기 집세를 내주는 여성에게는 일부러 여러 가지를 숨기지만, 홀리는 대조적으로 본인이 하지 않은 약속을 말이 하도록 내버려둔다. 홀리는 폴과 달리 말에는 항상 표면적인 내용 이상의 의미가 담겨 있다고 굳게 믿는데, 언어의 특징 때문에 결국 사회적인 곤경에 처한다. 홀리는 매주 싱싱 교도소를 방문하여 수감중인 마피아 두목과 이야기를 나누고 뉴욕으로 돌아와 그의 변호사에게 '날씨 정보'를 전한다. 홀리는 변호사에게 "팔레르모에 눈이 내려요" 또는 "쿠바에 허리케인이 왔대요"라고만 전하지만, 아녜스가 편지를 묶어서 던진 돌처럼 별 의미 없는 듯한 이 메시지에 더 많은 의미가 담겨 있었던 탓에 홀리는 큰 곤경에 처한다. 홀리가 가식적인 가짜가 아니라 진실한 가짜인 이유는 홀리의 대리인이 말하듯이, '자신이 믿는다는 그 모든 말도 안 되는 일들을 실제로 믿기' 때문이다. 홀리의 애정은 진실하며, 어떤 의미에서 그녀가 가면을 썼다고 볼 수도 있지만 그 너머에는 또다른 가면들이 존재할 뿐이다. 그와 반대로 폴의 가면 뒤에는 야심의 숨겨진 장치가 자리한다. 폴은 자신이 품은 탐욕의 상징들을 좀처럼 인정하지 않지만, 홀리는 돈이나 명예에 대한 소망을 전혀 감추지 않는다. 따라서 홀리가 진실한 가짜라면 폴은 가식적인 가짜다. 몰리에르의 아녜스와 홀리 사이에는 수세기가 가로놓여 있지만, 두 사람은 말이라는 행위로 연대한다.

이러한 가상인물 외에 실존인물이지만 허구에 둘러싸여 살았던 한 여성을 더 소개해보겠다. 시인 하이네는 슈아쇨 거리에 위치한 어느 가게에 들어갔다가 마틸드라는 여성에게 한눈에 반해 그녀와 결혼하고 열렬히 사랑했다. 하이네 연구자들은 항상 그녀의 존재에 대해 진저리쳤고, 그녀를 '천박하고' '머리가 텅 비었으며' '부주의하고'

'사치스럽고' '살림도 못하며' '요리 실력은 더욱 형편없고' '경박한데다' '말괄량이이고' '로맨스와는 거리가 먼 인물'이라고 문헌에서 묘사했다. 하지만 그런 학자들도 마틸드가 꾸밈없이 살았다는 점에는 모두 동의한다. 마틸드는 피레네 산맥의 숲속에서 아끼는 앵무새 코코트를 잃어버리자 프랑스 군인들을 설득하여 수색에 나서게 할 수 있었다. 또한 남편의 주치의가 그에게 좀더 세심한 보살핌이 필요하다고 말하자 이를 엿듣고는 방 바깥에서 의사를 기다렸다가 눈가에 멍이 들도록 때리기도 했다. 마틸드는 20년간 하이네와 함께 살았으며, 굳게 정절을 지키다가 그가 세상을 떠나고 27년 되던 해의 기일에 스패니얼, 카나리아, 앵무새에 둘러싸여 죽음을 택했다. 하이네와 그 동료들이 남긴 시어에 대해서는 지금까지도 숨겨진 비유와 잠재적인 의미를 파헤치는 작업이 이어지나, 마틸드는 만사를 말 그대로 거침없이 입에 담았기에 하이네의 문인 친구들을 경악케 했다. 홀리와 마찬가지로 마틸드의 직설 어법은 당황스럽게 받아들여졌고, 말에 아무런 의미도 숨겨져 있지 않은 듯하다는 사실이 남부끄럽다고 여겨졌다. 하지만 말에 숨겨진 의미가 전혀 없다는 것이 과연 가능할까? 여기서 우리는 다시 한번 진실을 말한다는 것은 어떤 의미인가 그리고 무엇보다 '말을 한다'라는 것이 어떤 의미인가라는 문제로 돌아가게 된다.

2장

의도적인 거짓말은 진실일 수도 있다

...

언제 인간이 진정으로 말을 한다고 할 수 있을까? 소리를 모사하고 심지어 적절한 순간에 재생도 가능한 기계를 만들 수는 있다. 그러나 모사 및 단순한 발화는 말과는 엄연히 다르다. 말에는 무언가가 더 필요하며, 이 문제에 관심을 갖는 많은 학자들은 그 무언가의 존재에 의견을 같이한다. 바로 거짓말이다. 어린아이는 언어적 환경을 통해 특정한 신호가 특정한 효과로 이어진다는 사실을 배운다. 예를 들어 자기가 울면 부모님이 무언가를 먹여주는데, 애초에 배가 고파서 기분이 나빠졌던 게 아니었대도 마찬가지다. 프랑스의 작가 마르셀 파뇰은 갓난아기인 사촌이 아무 의미 없이 까르륵거리자, 아이의 어머니가 '아이가 뭔가 똑똑한 말을 했다고 우리가 믿게끔 제대로 된 말로 응답'하는 괴로운 광경에 대해 묘사하기도 했다. 아이의 어머니가 말로 받은 이 까르륵거림에는 이제 의미가 부여되었지만, 이는 아기가 부여한 것이 아니라 그와 관계없이 부여된 것이다.

그리고 라캉이 지적했듯이, 언어를 배워가면서 아이는 더 빈번하게 주변 어른들이 자신의 생각을 알고 있다고 느낀다. 어른들이 아이의 생각을 아는 이유는 간단하다. 언어로 이뤄진 아이의 생각은 어른들에게서 나왔기 때문이다. 태어났을 때부터 언어의 세계에서 살아가는 아이의 입장에서 보면 생각들이 눈앞에 놓인 것이나 마찬가지다. 이런 의미에서 아이의 생각은 사실 다른 사람들의 소유물이라 할 수 있다. 이러한 생각들을 부모와 분리하는 게 가능해진 단계가 아이에겐 중요한데, 이 시기부터 아이는 무언가를 공개하지 않음으로써 자신과 자기의 말은 별개라는 사실을 보여준다. 그 분기점이 첫번째 거짓말로, 거짓말은 누군가가 하는 말과 그가 자신의 말과 어떻게 다른지를 가르는 장벽이다. 마찬가지로 거짓말은 사실이 아닌 것을 창조해내는 말의 가능성을 탐색하는 형태일 수도 있다. 아이들이 종종 만들어내는 '상상 속의 친구들'은 아이와 신체 이미지의 관계라는 측면에서 설명되기도 한다. 하지만 상상 속의 친구는 무엇보다도 말의 산물이며, 오직 말을 통해서만 가능한 무언가를 만들어내는 방식이다. 말을 통해 가족의 새 구성원이 탄생하는 셈이다. 따라서 거짓말, 상상 속의 친구, 그리고 약속은 서로 공통점을 가진다. 모두 말의 가능성에 의존하며, 말만으로 무언가를 존재하게 만든다.

만약 상상 속의 친구가 말로 존재할 수 있다면, 같은 방식으로 늑대도 나타나게 할 수 있지 않을까? "늑대다!"라고 외쳤던 소년에 대한 유명한 이야기에서, 그게 그 아이가 내뱉은 첫번째 말이었는지 확실치는 않았다. 만약 이것이 첫번째 발화였다면 아이는 거짓말로 입을 뗀 셈이지만, 사실 이는 말을 배우는 다른 아이들과 크게 다를 바 없다. 아이들은 어떤 동물을 보고 특정한 단어를 꺼낼 수 있고, 실제로 "음매가 있어" "야옹이가 있어"처럼 그 동물이 낼 법한 소리로 지칭하기도 한다. 그러나 말은 단순히 소리를 맹목적으로 따라하는 것 이상을 의미한다. 소리를 서로 결합하고 분리하고 이리저리 옮겨서 배치하고 대체해야 한다. 그렇지 않으면 그것은 말이 아니다. 그렇기에 소를 보고 "저기 음매가 있어"라고 하는 아이를 두고 그가 말을 한다고 보기는 힘들다. 소가 아니라 오리를 보았을 때에도 그에 적합한 말을 함으로써 언어의 요소들을 응용할 줄 알아야 비로소 말을 할 수 있다고 본다. 어머니들은 대략 20개월쯤 된 아기가 똑같은 단어를 다양한 대상에 적용하는 경우를 자주 접한다. 오리부터 소, 전화기까지 모든 것이 '음매'가 된다. 어쩌면 "늑대다!"라고 소리쳤던 아이도 이 또래였을지 모르며, 부모가 보인 쌀쌀맞은 반응은 현대 언어학에 대한 무지를 드러냄과 다름아니다. 아이는 실제로 늑대가 있다고 말하려던 것이 아니라 그저 언어를 통해 주변 상황을 체계화하며 그 동네 다른 착한 아이들과 같은 방식으로 말을 배우고 있었던 걸지도 모른다.

그러나 전통적으로 이 이야기는 부모의 사랑을 갈구하지만 좌절당하는 아이의 비극적인 역사로 이해됐다. 부모에게 방치당한 아이가 스스로 만든 환상 속에서 살 수밖에 없었다고 말이다. "늑대다!"라는 아이의 외침은 다른 모든 노력이 수포로 돌아간 후 부모의 관심을 끌어보려는 필사적인 시도였다. 안타깝게도 진짜 늑대가 나타날 때즈음엔 아무도 아이의 말을 믿지 않아 아이는 늑대의 먹잇감이 되는데, 이는 거짓된 상황으로 주변에 경고를 하려는 모든 아이들에게 교훈을 주기 위함인지도 모른다. 만약 "늑대다!"라는 아이의 외침을 그가 한 첫번째 진담으로 이해할 수 있다면, 청자 그러니까 아이의 주변 어른들의 심리는 어땠을까? 과연 아이가 거짓말을 반복했기 때문에 청자들은 귀를 닫아버린 것일까? 스코틀랜드의 철학자 흄은 누군가가 약속을 어긴다면 그를 절대 다시는 신뢰해서 안 된다고 말했지만, 이는 분명 틀린 말이다. 실제로는 바로 이 특성이 누군가를 매력적으로 보이게 하는 데 결정적인 역할을 한다. 만약 어떤 남자가 계속해서 약속 장소에 나타나지 않거나 노골적으로 한 번에 여러 여자와 사귀는 일을 반복한다면, 그에게는 어떤 예외도 없기 때문에 여성은 오히려 그에게 특별한 존재가 되는 것을, 그가 속여온 다른 여성들과 차별되는 존재가 되는 것을 목표로 삼기도 한다. 만약 어떤 남자가 약속을 밥먹듯이 어기면서 여러 여자친구를 뒀다는 사실이 밝혀지면, 무언가 특별한 방식으로 그와 인연을 맺고, 그가 진심으로 아끼는 사람, 거짓이 아닌 약속을 받는 사람이 되고 싶어지기도 한다. 상대방의 거짓말이 드러났다고 반드시 사랑이 끝난다는 법은 없으며, 오히려 바로 그 자리에 사랑이 자리잡게 되기도 한다.

1950년대 영화 〈물방울〉의 첫 장면에서 스티브 맥퀸은 근처 관광지에서 여자친구와 데이트를 한다. 유성이 두 사람의 머리 위로 지나가도 그가 침착하자 여자친구는 깜짝 놀라나 그는 그리 드물지 않은 광경이라고 답한다. 이에 여자친구는 얼마나 많은 여자들과 여기 왔기에 그렇게 잘 아느냐고 화내며 묻는다. 여자들의 심리보다 천체 현상을 잘 아는 듯한 그는 아니라고 답하는데, 그가 이 노골적인 거짓말을 내뱉는 그 순간부터 외계에서 온 물방울의 이야기가 본격적으로 전개된다. 영화 속에서 이 불쾌한 물질은 절대 '물방울'로 묘사되지 않으며, 그저 '계속 커지는 것'으로 표현된다. 젊은 커플들이 사랑을 나누지 못할수록 물방울이 더 커진다는 남근적인 의미로 받아들여진다. 작은 마을에서의 성적 억압에 대한 영화라고 볼 수도 있지만, 피노키오의 코처럼 주인공이 거짓말을 하면 계속해서 커지는 물방울의 이야기라고 볼 수도 있다. 이것은 첫번째 거짓말을 하고 그 거짓말이 물방울을 만들어낸다면, 각각의 화자는 점점 커지는 무언가를 가지고 있음을 암시한다. 이 모든 것이 첫번째 거짓말에서 시작되었기 때문에 여자친구는 그의 기만을 알면서도 영화에서 줄곧 그의 곁을 떠나지 않는다.

이렇게 자신의 말을 지키지 않는 남성들이 확실히 매력적이라고 치자. 하지만 진실을 이야기하지 않는 여성은 어떨까. 어떤 남성들은 여성이 너무 자주 사실을 말하면 걱정하곤 하는데, 이는 아마 여성이 무언가를 숨기고 있다고 믿고 싶어해서일 것이다. 드 소메리 부인•의 연인은 부적절한 순간에 방문해 자신의 정부가 다른 남성의 품에 안겨 있는 모습을 보게 된다. 이에 소메리 부인은 뻔뻔하게 모든 것을

• 18세기 초 프랑스의 소설가이자 수필가.

부정하며 이렇게 외친다. “당신은 더이상 저를 사랑하지 않는군요. 내 말보다는 당신의 눈을 더 믿다니!” 이 흥미로운 일화는 눈으로 본 것보다 말에 우선순위를 두는 모습과 사람을 눈멀게 하는 마음의 역할을 보여주기 때문에 감각의 인식과 이해의 문제를 연구하는 철학자들에게 좋은 단초가 되어줄 수도 있다. 이 일화에서는 부적절한 때 찾아온 연인이 “늑대다!”라고 외치지만 그 역시 늑대 일화에 등장하는 불쌍한 아이처럼 바라던 인정을 얻지 못한다. 실제로 거기 늑대가 존재하는데도 이 자신감 넘치는 여성은 자기를 유일한 늑대 비슷한 존재로 만들기 위해 사랑을 들먹이면서 늑대의 존재를 부정한다. 연인에게 눈으로 본 것이 아니라 자신의 말을 믿으라고 호소할 때, 이 우아한 여성은 세련되게 차려입은 늑대가 되며, 그녀의 연인은 결과를 고려하지 않고 내뱉은 그 모든 사랑의 말들의 희생양이 된다. 그는 소중한 맹세로 사랑이라는 숭고한 구조물을 쌓아올리나 이제 자신의 정부에게 했던 말을 되돌려 받는다. ‘만약 말이 중요하다면 눈으로 본 것보다 말을 믿으세요.’

만약 거짓말이 언어의 범주에 들어간다는 의미라면, 말을 하지 않고도 주변을 속이는 듯한 생명체들은 어떨까? 만약 늑대가 거짓말을 할 수 있다면, 언어와 거짓말이 생각만큼 밀접한 관계가 아니라는 반증이 되지 않을까? 하지만 실제로는 그렇지 않다. 만약 어떤 암컷 반딧불이가 다른 종의 암컷이 교미에 앞서 보이는 빛의 패턴을 모방하여 그 종의 수컷을 끌어들인 후 잡아먹는다면, 또는 어떤 생명체가 서식지의 환경과 비슷한 색으로 변신하거나 흔적을 숨길 수 있다면, 과연 이것을 거짓말이라고 볼 수 있을까? 분명 속임수 사례이긴 하지만, 속임수와 거짓말은 어느 한쪽이 실제 언어의 영역에 속한다는 점에서 다르다. 라캉의 주장대로 이 둘은 속임수와 이중 속임수의 구분처럼 다르다. 101마리의 달마티안들은 납치범에게서 도망치면서 눈으로 자신들의 흔적을 감추지만, 쫓기는 사람이라면 자신의 흔적을 그대로 남겨두어 추적자들을 잘못된 길로 이끌 수도 있다. 추적자들이 이 흔적을 보고는 자신들을 속이기 위한 함정이라고 여길 수도 있기 때문이다. 이중 속임수는 속임수를 계획할 때 추적자의 주체성을 고려한다는 특징을 갖는다. 보다 정확하게 말하자면, 추적자가 말을 할 뿐만 아니라 신호가 통하는 세계의 사람임을 고려하는 것이다. 상대가 자신을 속이려 한다고 예상하는 사람이자 신호가 언제나 하나 이상의 의미를 가질 수 있음을 파악하는 사람이라고 추적자의 존재를 상정하는데, 이는 단순히 속아넘어가는 사람과는 다르다. 정신분석학자 어니스트 존스는 「자기 자신으로 위장하여 꿈에 나타나는 사람들」이라는 논문을 쓴 바 있으나, 동물의 경우 이렇게 다층적으로 구성된 의식을 갖기가 거의 불가능하다. 이러한 차이점은 단순히 지적 호기심의 대상을 넘어서 국가 차원의 안건이 될 수도 있다. 1940년 1월, 독일 항공기가 벨기에에 동체 착륙했을 때, 탑승중이던 독일 관료가 독일군의 연합군 공격 작전을 모두 가지고 있다고 알려졌다. 그는 필사적으로 문서를 불태우려 했지만 그전에 체포돼버린다. 하지만 이렇게 성공적으로 가로챈 정보도 신호에 대한 이론 때문에 무용지물이 되어버렸다. 문서상의 지도가 액면 그대로일 수도,

정반대일 수도 있다고 생각한 연합군 정보요원들은 최종적으로 이를 독일군의 교묘한 속임수라고 판단했고, 연합군의 전략을 전혀 수정하지 않기로 결정했다. 독일군이 연합군을 속여 벨기에를 통한 공격을 계획중이라고 믿게 한다는 게 이상하긴 했지만, 무언가 속임수가 있다는 가정이 군사 지식보다 영향력이 강했다. 유명한 말장난을 빌자면, 만약 이 속임수를 이중 속임수로 격상시켰다면 연합군의 대응은 보다 적절했을 것이다. '진짜 목표물은 벨기에이지만 벨기에를 노린다고 말함으로 실제로는 다른 곳이 목표라고 믿게 하는 건 아닌가?'

거짓말은 주체성의 형성과 연관될 뿐만 아니라 타인과의 관계에서도 일익을 담당하며, 라캉은 심지어 거짓말을 '상호주체성의 특징'이라고 부르기도 했다. 상호주체성은 다른 사람과의 연계를 암시하는 반면 거짓말은 공개되지 않은 정보를 자기 마음속에만 담아두는 것임을 고려할 때, 이는 앞뒤가 맞지 않는 말처럼 보인다. 하지만 실제로 라캉의 이 말은 상호주체성의 진짜 의미를 보여준다. 만약 대화 상대가 여러분을 속일 수 있다고 상정한다면, 이는 여러분이 단순히 혼잣말을 하는 게 아니라는 의미다. 이는 여러분이 실제로 모르는 사람과 이야기한다는 걸 보여주며, 이로써 혼자서 하는 상호주체적인 대화와 타인과의 상호주체적인 연계를 구별할 수 있다. 예컨대 어떤 남성이 저녁 내내 어떤 여성에게 자신의 자동차에 대해서만 떠든다면, 이는 상호주체적인 관계로 볼 수 없다. 비록 여성이 무언가에 대해 열정적으로 이야기하는 남성의 보기 드문 모습에 매혹돼 아무 불평도 없었대도, 그는 혼자서 이야기하는 셈이었다. 라캉은 상호주체성을 과학이라는 분야와 구분 지을 때도 같은 논리를 적용했다. 라캉은 우리가 연구하는 현상의 배경에 그것을 이용하는 누군가가 있다고 가정하지 않는다는 점이 자연과학의 핵심 요소라고도 했다. 신의 손으로 그러한 것들이 창조됐을지 모르나, 적어도 그러한 현상들은 의도적으로 우리를 속이지는 않는다. 중요한 실험 전에 원자들끼리 모여서 그들의 의도대로 착각하게 하려면 어떻게 행동해야 할지 정하지는 않는다. 물론 실제로 그럴지도 모르나, 과학을 연구하려면 그러한 가능성을 배제해야 한다. 실험을 실시하면 이 원자들이 '자체적인' 데이터를 생성하거나 '자체적인' 현실을 만들어낸다는 점을 얼마나 믿느냐와 관계없이, 여기에는 기본적으로 신념에 입각한 행위가 자리잡는다. 실험 결과가 과학 프로그램의 복잡한 양상에 따라 어느 정도 달라진대도 우리는 해당 대상에 주체성을 부여하지 않으며 대상에게 속이려는 의지가 있다고 가정하지 않는다.

라캉은 과학과 편집증이 종이 한 장 차이라고 주장했다. 과학적 프로그램의 고안은 세상에 아직 밝혀지지 않은 지식, 즉 이례적인 현상을 설명해줄 자연법칙이 있다고 상정한다는 의미다. 예를 들어 원자가 특정한 방식으로 움직인다면 이러한 움직임을 지배하는 법칙을 만들어냄으로 하나의 지식은 도출 가능하겠지만, 그렇더라도 인식주체를 만들어내지는 않는다. 편집증 역시 세상에는 이런 종류의 지식이 있다고 가정하지만, 여기에 인식자라는 존재가 추가된다. 구름이 특정한 패턴으로 움직이고 차량들이 특정한 형태로 이동한다면,

편집증은 이 현상을 관찰한 후 어떤 주체의 작용 때문에 이런 질서가 생겨난다고 생각한다. 이런 사물들이 이리저리 움직이는 것은 사악한 천재의 의도 때문이라고 말이다. 초기 기독교와 그노시스교●의 차이점도 바로 이 주체의 상정 여부다. 둘 다 악의 존재를 인정했지만, 기독교에서는 악에 주체가 있다고 상정하기를 회피했다. 그노시스교는 이 세상에 존재하는 선과 악에서 좋은 신과 나쁜 신이라는 두 가지 신의 존재를 추론해낸 반면, 일신론을 굳게 믿는 기독교는 이를 용납하지 못했다. 하나의 신을 섬겨야 했기에, 악의 존재를 설명하기 위해서 에덴 동산 이야기가 생긴 것이다.

언어가 진실과 거짓 사이의 구별을 만들어낸다지만, 사람들이 말을 시작하는 순간 이 두 가지 특성은 복잡해진다. 무지가 지식과 같아질 수 있듯이 거짓말도 진실과 같아질 수 있다. 『추문 패거리』라는 희곡에서 조지프 서피스는 후견인인 피터 티즐 경이 찾아오자 유혹 중이던 피터 경의 아내를 재빨리 가리개로 숨긴다. 피터 경은 자신의 아내에 대한 의혹을 털어놓는데, 그의 대사에서 언급 대상이 바뀌기 때문에 이 장면에서 웃음이 터져나온다. 피터 경이 아내에게 흑심을 품은 '그 사람'에 대해 이야기할 때, 관객들은 그게 조지프 서피스를

● 초기 기독교 시대의 신비주의적 이단 기독교.

지칭함을 알지만 정작 피터 경은 이를 조지프의 동생 찰스라고 여긴다. 찰스의 입장에서는 거짓이라도 조지프의 입장에서는 사실일 수도 있으며, 피터 경의 '그 사람'에 대한 말을 진지하게 고려해보면 어떤 차원에서는 진실이고 어떤 차원에서는 거짓이다. 사실상 피터 경은 진실을 말하고 있지만, 누구에 대해 이야기하고 있는지를 모를 뿐이다.

이러한 상황은 코미디에서 자주 연출되지만 무대 밖에서도 심심찮게 벌어진다. 특히 무언가에 대해 잘못 알고 있을 때뿐만 아니라 의도적인 거짓말을 들었을 때에도 이러한 상황은 드물지 않게 발생한다. 여러분이 누군가를 속이고자 이야기를 만들어낸대도 틀림없이 거기에는 무의식적으로 진실이 담기기 마련이다. 십대 남자아이에게 부모가 전날 밤 행적을 추궁하자 여자와 같이 있었다고 털어놓는 상황을 생각해보자. 그는 여자아이의 이름을 밝히지 않으려 의식적으로 이름을 지어내 부모의 질문에 자세히 대답하는데, 그러다가 그 가짜 이름이 엄마의 가운데 이름임을 깨닫고 곤란해한다. 이렇듯 무의식적인 욕구는 무언가를 억지로 만들어냄으로써 생겨난 틈새를 파고들기 마련이다.

헝가리의 정신분석학자 마이클 발린트에게 자신의 일생에 대해 길고도 복잡한 이야기를 털어놓은 환자가 있었다. 첫번째 상담이 끝날 때 즈음, 발린트는 그 환자의 사례를 제대로 파악하려면 좀더 많은 시간이 필요하겠다면서 다시 한번 상담 시간을 잡았다. 다음 상담 시간에 발린트는 계속 이야기를 이어가는 환자의 말을 가로막고는 여전히 갈피를 못 잡겠다고 털어놓는다. 발린트의 말에 따르자면, 그 환자는 크게 심호흡을 하더니 이렇게 말했다. "드디어, 진실한 사람을 만났군요." 그 환자는 자신의 이름부터 여러 가지 신경증까지 모두 지어냈으며, 자신의 비밀을 믿고 털어놓을 만한 사람을 찾느라 그랬다고 말했다. 이전에 만났던 다른 전문가들은 하나같이 섣불리 증상을 파악하고는 조언과 처방을 내렸다고 했다. 발린트는 그렇게 테스트하면 돈도 과하게 들고 성가시지 않느냐고 지적했다. 하지만 사실 정신분석 연구에서는 이렇게 만들어낸 이야기에 무의식적으로 어느 정도 중요한 진실이 담겼을 가능성이 크다고 본다. 계속 이런 식으로 이야기하다보면 화자와 그의 말 사이에 추가적인 문제가 발생하겠지만, 환자가 자신과 이야기 사이에 거리를 둔 것은 아마도 일종의 변명일 것이다. 의도적인 거짓말은 진실과 동일할 수도 있다. 소포클레스의 『트라키스 여인들』에서 헤라클레스의 아내는 사랑의 묘약이라고 믿는 액체에 외투를 담근 뒤 외도중인 남편에게 이를 보낸다. 아내는 남편의 애정을 되찾기 위한 이런 노력을 감추면서, 그가 무사히 고향으로 돌아오면 근사하게 차려입고 신에게 제물을 바치게끔 그 외투를 만들었다고 거짓말을 한다. 그러나 헤라클레스의 아내는 그 사랑의 묘약이 사실 독약이었음을 몰랐고, 헤라클레스는 그 외투를 입고 아내가 거짓으로 암시한 것과는 매우 다른 방식으로 자신을 신에게 바친다. 스스로 제물이 된 것이다. 따라서 아내의 거짓말은 진실을 말하고 있었다. 형식상 이 거짓말은 진실과 동일했으며, 아내의 의식적인 생각과 뒤섞였다고 볼 수도 있다. 남편의 불륜을 접한 그녀는 헤라클레스에게 명백히 적대적인 사람이 이 외투를 줬음에도 불구하고 그게 사랑을 되찾아오는 힘을 가졌다고 철석같이 믿었다. 아내는 의식 어딘가에서 이 사랑의 묘약이 사실 독약이며, 자신의 키스는 남편의 죽음에 대한 바람임을 너무 잘 알았기에 그렇게 행동했을 것이다. 그녀의 말은 스스로의 생각보다 훨씬 다양한 방식으로 진실을 말했다.

임상 상담을 계속하다보면 화자와 그의 말 사이의 이러한 관계를 보다 명확히 밝힐 수 있다. 어떤 환자는 같은 날 꿨던 두 가지 꿈에 대해 이야기했다. 첫번째 꿈에서 그는 슈퍼마켓에 가서 작은 케이크 조각을 입에 슬쩍 밀어넣고는 아무렇지도 않게 매장을 떠나려 한다. 매니저가 거리에서 그를 멈춰 세우고, 두 사람은 도난당한 차를 찾기 위해 함께 나서는데, 그는 그 자동차가 어디에 주차되어 있는지 너무나 잘 알고 있다. 거짓 수색이 계속되는 가운데 그는 도저히 불안을 견디지 못하고 도망치려 하지만 마음처럼 빨리 뛸 수가 없다. 두번째 꿈은 '나는 나무 도둑이다'라는 독특한 하나의 문장 형태를 취한다. 이 간단한 문장은 즉시 뭔가를 훔쳤다고 고용주에게 의심받는다는 일화로 이어져 꿈의 구성 요소의 일부가 된다. 그가 매일 저녁 일하는 공장을 떠나려는 순간 사람들이 그의 손수레를 샅샅이 뒤진다. 거기서 아무것도 발견되지 않지만 결국 그가 훔치려던 게 그 손수레였음이 밝혀진다. 그는 이 두 가지 꿈을 묘사하면서 첫번째 꿈의 매니저와 공장 일화 속 고용주를 같은 단어로 표현했다. 그 모든 연관관계의 자세한 의미를 살피지 않더라도 두 가지 꿈에서 두 가지 종류의 도난이 등장한다는 사실에 눈길이 간다. 우선 둘 다 도둑맞은 물건의 수색 장면이 나오는데, 첫번째 꿈에서는 자동차, 두번째 꿈에서는 손수레에 든 물건이다. 그러고는 진짜 도둑질이 등장하는데, 첫번째 꿈에서는 케이크를 입에 넣는 모습으로, 두번째 꿈에서는 손수레로 구현된다. 두번째 일화에서는 손수레가 거기에 숨겨진 물건의 집합을 나타나는 이름이 아니라 집합 그 자체임이 밝혀지는 순간이 중요하다. 여러 물건으로 구성된 가상의 집합을 W라고 부른다면, 후자는 W 집합의 집합이라고 할 수 있다. 그리고 손수레는 처음부터 비어 있었다는 사실이 밝혀지는 그 순간, 손수레는 빈 집합의 집합이 된다. 이전까지는 계산에 넣지 않았던 손수레가 갑자기 물건 그 자체로 간주된다. 두번째 꿈에서 그는 다른 사람들이 손수레 자체가 아닌 손수레 안을 들여다보게 하려고 애쓰며, 이는 첫번째 꿈에서 그가 매니저를 설득하여 훨씬 정곡을 찌르는 도난품인 케이크보다는 도난 차량의 수색으로 주의를 돌리려는 것과 마찬가지다. 이것은 임상적 중요성이 떨어지는 추상적인 분석처럼 보일지 모르지만, 분석이라는 과정의 핵심 요소, 즉 말의 역할을 잘 보여준다.

이 환자는 말이 많으며 다양한 연상과 자기 인생에서 일어난 일들에 대한 심리적인 설명을 서슴없이 들려줬다. 그는 많은 문제와 불안감에 대해 불평했지만, 딱 하나 말에는 자신 있어했다. 그는 언제든 말에 의지할 수 있다고 믿었고, 특히 어린 시절에는 말을 통해 어머니와 중요한 교감을 형성했던 기억이 있었다. 남자가 수차례 거듭 말했듯이, 말 덕분에 그는 "케이크를 손에 넣을 수 있었다". 그리고 첫번째 꿈에서 나타난 것처럼, 이 케이크는 단순히 그의 입에 들어간 것이 아니라 훔친 것이었다. 꿈속에서 나타난 두 가지 별개의 논리 계층을 구별해보면 이것이 말과 어떻게 연관되는지 파악할 수 있다. 그는 충실한 환자가 되고자 가장 불쾌한 일들에 대해서도 언급했지만, 말의 내용보다는 말 자체라는 형태에 대한 의문 제기는 심리 분석에 포함되지 않게끔 했다. 말에는 여러 가지 의미가 있지만 소통 수단으로서의 의미가 가장 중요하며, 이는 두번째 꿈에서 손수레에 담긴 물건을 찾기보다 손수레 자체가 중요했던 것과 일맥상통한다. 따라서 '나는 나무 도둑이다'라는 문장은 '나는 말 도둑이다'라고 바꾸어 표현해야 하는데, 여기서 말은 마땅한 대가를 지불하지 않고 그가 아버지에게서 빼앗고 싶어했던 대상이다. 그의 설명에 따르면 이 손수레는 나무 손수레였는데 그의 아버지는 스스로를 '나무토막'에 빗댔다고 한다. 꿈 이야기를 하고 얼마 뒤 그는 상담 시간에 나타나서는 자기가 그날은 왔으니까 그전날 상담 시간에 나타나지 않았음을 눈치채지 못할 것이라는 이상한 생각에 사로잡혀 있었다. 이번 상담 시간에 온 것이 마치 자신의 알리바이인 양 말이다. 그의 그런 솔직한 말은 전날 일어난 일에 대한 죄책감을 감추고 있었는데, 이는 함께 이야기를 나누었던 꿈의 내용과 마찬가지였다. 그의 말과 손수레는 그 형태는 무시하고 내부를 들여다본다는 점에서 논리적 구조가 동일했다. 이런 논리적 구조는 우선 정신분석 상담을 받아봐야겠다는 결정과도 연관됐다. 환자도 잘 알듯이, 정신분석은 말로 이루어지지만, 상담과정에서 말과의 관계가 중요한 문제점으로 드러났다. 그는 줄곧 자신의 언변을 믿고 거기에 기댈 수 있다고 생각해왔고, 특히 정신분석의 관건은 말이기 때문에 정신분석 상담과정에서는 전보다 더 말에 기댈 수 있다고 판단하고 있었다. 사실 정신분석 상담이란 말을 통한 치료다. 하지만 고통을 덜고 싶다는 요구와 그러기 위해 선택한 방법이 고통을 야기하는 역학에 아무런 영향도 못 미쳤다는 사실 사이에서 갈등이 생겼다. 그리고 치료과정에서 결정적인 순간은, 바로 이 말의 힘이 붕괴되는 순간, 즉 남을 설득하는 그의 기술이 효과를 발휘하지 못하고 그가 어떤 인정도 못 받을 때 찾아왔다. 그에게는 말의 효력이 사라진다는 위협이 무엇보다도 큰 위협이었다. 이러한 순간에 말과의 관계는 분명해졌다. 환자가 이야기하는 내용이 근거를 잃고 가치를 잃는다면 그에게는 말이라는 형태만 남을 뿐이며, 이 형태의 공백은 그 이면의 무력함을 되살려낸다. 따라서 그가 하는 말의 의미보다는 말을 한다는 문제에 우선순위가 있으며, 여기서 이 말이라는 것은 어린 시절 그가 걱정을 참을 수 없을 때 거기에 대응하는 특별한 방법으로서의 가치를 지닌다. 말은 환자가 보유했던 것으로의 가치를 지니며, 말에 대해 의문을 제기하면 그의 인생 기반에 깔린 상실감과 좌절감이라는 모든 문제가 터져나온다.

이 임상 일화는 라캉의 유명한 임상분석 사례인 신선한 뇌 요리를 갈망하는 남자의 사례와 비견할 만하다. 이 환자는 1930년대 초 멜라니 클라인의 딸인 멜리타 슈미데베르크에게 정신분석을 받은 바 있고, 에른스트 크리스 역시 이 환자에 대한 소견을 1948년에 밝힌 바 있다. 라캉은 세미나 도중 수차례 이 사례를 언급했는데, 매번 특별히 흥미로운 한 장면에 초점을 맞추었다. 이 환자는 학계에서 꽤 괜찮은 평가를 받는 젊은 과학자였지만, 자신의 연구를 발표하는 데 어려움을 겪어 더이상 발전하지 못하고 있었다. 그는 자신이 표절자라는 생각에 시달렸으며, 이러한 걱정 때문에 경력이 전적으로 방해받고 있었다. 그가 활용하기를 부담스러워한 아이디어들은 그의 친구의 친한 친구이자 근처 연구실 학자의 아이디어인 경우가 많았는데, 두 사람은 매일같이 긴 대화를 나누는 사이였다. 어느 날, 눈에 띄게 흥분해서 크리스의 진료실에 나타난 그는 요즘 발표를 준비중인 논문의 근저가 되는 내용이 담긴 고서를 방금 도서관에서 찾았다고 말했다. 크리스는 신중하게 이런저런 질문을 던지고는 그는 표절자가 아니며, 학계의 연구 관행을 고려할 때 준비중인 논문은 온전히 그의 것이라고 안심시켜주었다. 사실, 진짜 표절자는 환자의 아이디어를 제대로 출처 표기도 하지 않고 도용했던 그 학자의 친구였다. 크리스는 환자에게 남의 것을 빼앗거나 훔치고 싶어하는 그의 바람에 대해 계속해서 이야기했고, 이것이 아이디어의 세계와 연결된다고 언급했다. 크리스는 환자가 다른 사람들의 아이디어들, 빼앗을 수 있는 아이디어들만 진심으로 흥미로워하므로 아이디어를 가로챘다고 여기는 것이라고 조언했다. 이렇게 긴 해석을 들은 후, 환자는 잠시 침묵하더니 크리스에게 매번 상담이 끝나면 진료실 근처에 위치한 좁은 거리를 걸어가면서 자신이 가장 좋아하는 음식을 찾는다고 말했다. 그건 다름아닌 신선한 뇌 요리였다.

이러한 정보를 어떻게 이해할 수 있을까? 분석과정에서 밝혀지는 모든 놀라운 사실과 마찬가지로, 그 의미에 대한 의문은 그 시기에 대한 의문과 분리시킬 수 없다. 왜 그는 그 순간에 크리스에게 그 얘기를 하기로 결심했을까? 라캉의 주장처럼 환자의 말은 정신분석가의 해석에 대해 자기 나름대로 응답한 것이나 도대체 여기에 어떤 메시지가 담긴 걸까? 같은 환자가 멜리타 슈미데베르크에게 정신분석을 받을 때에는 사춘기 시절 사탕이나 책을 훔쳤다고 이야기했는데 슈미데베르크는 표절에 대한 그의 걱정이 억제를 통해 훔치고 싶은 욕구를 떨치려는 방식이라고 설명했다. 만약 그 환자가 진정으로 무언가를 훔치고자 한다면, 자신이 표절하고 있다는 생각으로 욕구를 행동에 옮기지 못하게 함으로써 그 위험한 충동에서 자신을 보호하는 셈이다. 슈미데베르크는 훔치고자 하는 욕구가 무언가를 입에 넣어 삼키려는 구강의 충동에서 기인한다고 생각했다. 슈미데베르크는 임상 자료를 거의 남기지 않았지만, 크리스는 여러 가지 세부사항을 추가해두었다. 이 환자의 할아버지는 지적 능력이 뛰어나 존경받았지만 아버지는 학문과는 먼 듯했다. 그는 아버지와의 낚시 여행에 대해서 누가 제일 큰 물고기를 잡는지 겨룬 장면을 중심으로 물고기를 교환하거나 비교했던 추억에 대해 매우 구체적으로 떠올렸다. 이 사례에 대해 정신분석학자 버나드 버고인은 물고기의 특징을 묘사할 때 사용된 '크다gross'는 형용사를 라캉이 '할아버지Grossvater'의 접두사와 연결지었다고 지적했다. 따라서 학문 분야에서 이 남자가 주저하는 모습을 아버지와의 동일시라는 관점으로 해석하는 게 당연할 수도 있다. 아버지는 할아버지와의 경쟁에서 물러나고 아이디어의 세계에서 물러선 사람이었기 때문이다. 하지만 이것이 유일한 해석은 아니다.

라캉은 무엇보다도 욕망의 문제 때문에 이 사례를 흥미로워했다. 크리스가 환자에게 "이봐요, 당신은 표절자가 아닙니다"라고 말하자 그는 신선한 뇌 요리 이야기로 응수했다. 따라서 이 정보는 분석가의 말을 바로잡기 위한 것인 듯하며 '표절자인 것'과 현실은 아무 관련이 없음을 알려주고 있다. 크리스의 해석은 학계의 관행과 문제시되는 두 논문의 실제 내용에 대한 정보를 근거했지만, 환자는 자신의 문제가 '공유된 현실'의 관점이 아니라는 메시지를 보내왔다. 누군가가 표절자인가 아닌가라는 문제는 담론, 즉 언어라는 관점에 자리잡고 있었다. 그리고 그 자료에서도 분명히 알 수 있듯이, 환자가 표절에 대한 두려움을 토로하는 것은 표절자가 되고 싶은 욕망을 숨기는 장치와 마찬가지였다. 여기서 언급해두어야 할 점은, 이 사례에 대해 논평한 수많은 전문가들이 대부분 연구중인 자료와 관련하여 같은 행동을 반복했다는 것이다. 크리스는 환자와의 상담과정에서 '현실'을 역설했지만, 표절의 원본이라고 알려진 책을 처음부터 끝까지 읽었다고는 말하지 않았다. 그는 그저 정신분석에 앞서 '포괄적으로 철저히 검토'했다고만 언급했으며, 이는 여러 가지 질문을 상세히 던져 이뤄졌을 수도 있다. 거의 모든 전문가들이 크리스가 이 책을 직접 읽었으리라고 추정했다는 사실은 흥미롭다. 사실이 아닐 뿐만 아니라 곡해를 불러일으켜 크리스가 이 사례의 표절 문제와 관련된 인물들을 상당히 잘 안다는 인상을 주기 때문이다. 크리스는 환자를 진단하는 방식에 있어서 '의식하지 못한 사이에' 헬레네 도이치의 선례를 따랐다고 주석에서 밝힘으로써 참고인 목록에 또하나의 이름을 보탰다. 만약 크리스가 헬레네 도이치가 아닌 교황 그레고리오 7세의 선례를 따랐다면, 책을 읽지 않는 건 물론이고 그걸 제대로 폐기하는 데에도 신경썼을 것이다. 그레고리오 7세는 자신이 가장 좋아하는 학자인 아우구스티누스가 로마의 학자 바로의 연구를 자유롭게 써먹었다는 사실을 알게 되자, 통탄스럽게도 바티칸 도서관에 소장되어 있던 수많은 고전 필사본을 폐기해버렸다. 교황은 자신이 숭배해 마지않는 교부가 표절 판정을 받는 모습을 보느니 이 로마 학자의 저작들을 없애버린 것이다. 만약 크리스가 그러려고 했다면 문제가 된 그 책을 훔칠 수도 있었겠지만, 표절자가 되고 싶어 그렇게 안달하는 이였으니 틀림없이 다른 책들을 찾아냈을 것이기에 그의 정신분석가는 부득이 전 세계의 도서관을 파괴해야 했을지도 모른다. 물론 교양인인 크리스가 그런 짓을 할 리 없으며, 설사 그런 생각을 품었대도 과거 그런 일을 시도한 사람들이 남긴 교훈을 너무나 잘 알고 있었을 것이다. 책을 태우기보다는 작가를 없애버리는 게 훨씬 수월하다는 사실을 말이다.

라캉은 1년 남짓 후 다소 다른 관점에서 이 사례를 다시 언급했다. 이번에는 신선한 뇌를 '증상의 부활'로 표현했다. 표절이 아이디어를 집어삼킨다는 의미라면, 이제는 뇌를 먹어치우는 문제가 되었다는 요지였다. 뇌가 아이디어를 대체했을 뿐 증상의 기본 구조는 변하지 않았다. 하지만 라캉은 이 사례에서 상징과 아이디어가 어느 누구의 소유도 아님을 이해하는 게 핵심이라고 덧붙였다. 언어 세계에서는 상징을 소유할 수 없으며, 이것은 이 환자의 임상 자료를 새로운 시각에서 바라보게 해주는 통찰력이다. 이제 관건은 소위 훔쳤다는 아이디어의 내용과 아이디어라는 분야 자체의 구분이다. 크리스는 이중 첫번째 부분에 초점을 맞추어 환자가 쓴 논문의 실제 내용이라는 측면에서 표절 여부를 판단했지만, 여기서 손수레 자체, 즉 이 환자가 사용하는 말이라는 형태를 간과했다고 볼 수 있다. 따라서 라캉은 이 사례에 대해 다시 논의하면서 크리스의 주장대로 환자는 아무것도 훔치지 않은 게 아니라 무無를 훔쳤다고 봐야 한다고 진단을 내렸다. 그리하여 라캉은 이 환자에게 음식에 대한 거부가 아니라 아이디어, 보다 정확히 말하자면 아이디어에 대한 욕망을 거부하는 정신적 거식증이라는 분석을 내렸다. 크리스는 다른 사람들이 쓴 글의 의미에서 도둑질의 대상을 찾았지만, 진짜 표절이 대상의 형태 자체이며 그에겐 다른 누군가가 소유한 것만 가치 있다는 사실을 깨닫지는 못했다.

그렇기 때문에 이 환자는 항상 의식적으로 자신을 가짜라고 여긴다. 그리고 아이디어가 항상 누군가 다른 사람의 것이라면, 크리스의 환자가 그랬던 것처럼 아이디어를 거부하거나 의도적으로 속이지 않고서 어떻게 아이디어의 세계에서 한자리를 차지하겠는가. 따라서 거식증이라는 진단이 이상하게 보일 수 있지만 상징적인 거부라는 관점에서 이해한다면 지극히 논리적인 진단이라 할 수 있다. 아이가 음식을 거부할 때 그 행위는 음식 자체의 질이나 종류와는 무관한 경우가 많다. 이는 음식을 먹이려는 부모의 반응이라는 맥락에서 의미를 갖는 상징적인 행동이다. 아이는 누군가를 만족시키기 위해 먹는다고들 말하지만, 누군가의 심기를 거스르기 위해 먹지 않는 경우도 있다고 덧붙일 수 있다. 그 누군가가 엄마라면 효과는 확실하다. 아이의 먹지 않는 모습을 지켜보는 것보다 엄마에게 더 괴로운 일은 드무니 말이다. 아이가 구체화한 결핍은 엄마의 마음 가장 깊은 곳에 영향을 미쳐 자신의 아이를 만족시키지 못한다는 현실과 맞닥뜨리게 한다. 하지만 크리스의 자료는 그보다 더 구체적인 것을 시사하며, 다른 사람이 소유한 것에 가치를 부여하더라도 자신의 입장은 전혀 수월해지지 않음을 보여준다. 이 경우 환자는 무언가를 소유할 수 없었다. 그리고 자료에서 알 수 있듯 환자는 이를 무의식적으로 즐기고 있었다. 그는 자신의 소유인 무언가를 필사적으로 갖지 않으려 했다. 물론 문제는 이러한 입장을 유지하면서 실은 무언가를 소유하고 있다는 아이디어를 품었다는 점이다. 이 환자는 거부라는 형태로 발현되는 주체성으로 만족한다. 아이디어를 소유하는 것을 목표로 삼기보다는 아이디어가 없는 사람이 되는 것을 즐겼다. 크리스가 환자에게 당신은 아무것도 훔치지 않았다고 이야기한 것은 '소유하지 않음'에 대한 환자의 집착을 와해시키려는 목적에서였다고 라캉은 주장했다. 따라서 다른 남성의 소유 대상(해밀턴 부인)에 매우 흥미를 느꼈던 넬슨이 어렸을 때 교장 선생님의 과수원에서 무언가(배 몇 개)를 훔쳐놓고 그 과일을 직접 먹지 않고 다른 소년들에게 나누어주었던 것은 단순한 역설 그 이상이다. 분명 넬슨은 과일을 훔치고 그걸 손에 넣었지만, 진정으로 그 과일을 소유하려 하지는 않았다. 그렇기에 넬슨은 연애할 때 항상 두 명 이상과 엮였던 것이다. 정부인 에마 해밀턴에게는 남편 윌리엄 경이 있었고, 에마와 사적으로 서신을 주고받으면서도 넬슨은 가상의 제삼자를 만들어 관련자의 수를 다시 한 번 늘렸다. 가진 것이 적은 사람일수록, 자신의 영역에 들일 사람이든, 아무것도 없다는 사실을 보여주어야 하는 사람이든 주변에 많은 사람을 두려 하기 마련이다.

문학사에서 가장 위대한 거짓말쟁이인 오디세우스의 괴이한 행동을 연구하는 학자들은 속임수의 의도 때문에 종종 당혹스러워한다. 모험 도중 오디세우스는 상대를 속이느라 수차례 이야기를 꾸며냈는데, 대부분 정보를 얻거나 곤경에서 빠져나오기 위함이었다. 그러나 가끔 그의 거짓말은 더욱 이상한 형태로 나타났다. 오디세우스가 이타카로 돌아왔을 때, 아내 페넬로페에게는 정절을 시험하고자 신분을 속였다 치더라도, 늙은 아버지 라에르테스에게는 도대체 왜 정체를 숨겼던 걸까? 오디세우스의 이 행동이 어찌나 이상했던지, 몇몇 고대인들은 『오디세이』를 이러한 속임수가 등장하기 전인 23권에서 끝내고 싶어했다. 이 그리스 영웅의 거짓말은 실제로 거짓말쟁이 크레타인이라는 유명한 역설의 바탕이 되는지도 모른다. 만약 어떤 크레타 사람이 "모든 크레타인은 거짓말쟁이다"라고 말한다면, 그 말을 거짓말로 간주해야 할까? 분명 이 역설은 상당히 복잡하며 철학자들은 이 주제에 대해 많은 논의를 벌여왔지만, 그 기원은 아직 불분명하다. 하지만 『오디세이』에 나타난 오디세우스의 여러 가지 대담한 거짓말 중에는 에우마이오스에게 자신이 크레타 섬에서 왔다고 밝히는 부분이 있다. 이를 통해 거짓말쟁이와 크레타인 사이의 연관성이 어디서 유래했는지에 대한 단서를 얻을 수 있지만, 동시에 문제가 더욱 복잡해진다. 이전까지는 이 역설이 거짓말을 하는 크레타인들을 비난하는 문제였다면, 이제 크레타인이라고 주장하는 거짓말쟁이라는 국면이 새롭게 추가된 셈이다. 크레타인이라서 거짓말쟁이인 것이 아니라 자신이 크레타인이라고 말했기 때문에 거짓말쟁이가 되는 것이다. 따라서 어떤 사람이 크레타 출신이라고 주장하면서 "모든 크레타인들은 거짓말쟁이다"라고 말한다면, 거짓말에 또 거짓말을 덧붙인 셈이다. 크레타인 유전자가 확인되어 본인이 크레타인이라고 주장할 필요가 없어질 때까지, 철학자들은 이 수수께끼를 탐구하며 크레타인이라고 맹세하는 것은 무슨 의미인지 추가적으로 연구할지도 모른다.

. 그렇다면 오디세우스가 라에르테스에게 한 거짓말은 오디세우스의 교활함을 보여주는 또하나의 예라기보다 일련의 거짓말 중 마지막에 위치하기에 본질적으로 중요한 것이라고 보아야 할지도 모른다. 오디세우스는 아테네, 에우마이오스, 안티노오스, 페넬로페를 비롯한 모든 사람에게 거짓말을 했지만, 마지막 거짓말은 아버지에게 했다. 오디세우스의 이야기는 집으로 돌아오는 여정에 대한 이야기

이자 떠났다가 귀환하는 이야기이니, 이는 마지막 거짓말이 사실은 첫번째 거짓말과 똑같다는 의미가 아닐까? 오디세우스는 부모의 혈통부터 근본적으로 거짓말쟁이 성향을 지녔다. 산파는 오디세우스를 할아버지인 아우톨리코스의 무릎에 올려두며 '기도의 아이'라는 의미의 이름을 제안하나, 아우톨리코스는 '증오받는 자'라는 이름을 고른다. 아우톨리코스는 거짓과 기만으로 악명 높았는데, 그가 택한 손자의 이름이 이러한 악의를 잘 보여준다. 아우톨리코스는 평생 손자가 이 두 가지 이름 사이에서 갈팡질팡하게 선고했던 것이다. 누군가 다른 사람이 되고 싶어하는 오디세우스의 열망은 외눈박이 거인 폴리페무스를 속이는 유명한 장면에서 잘 드러나는데, 여기서 그는 자신을 '아무도 아닌 자'라고 지칭했다. 상처 입은 거인이 도움을 요청할 때 누가 그를 상처 입혔느냐고 묻자 그는 '아무도 아닌 자'라고 답한다. 이에 다른 거인들은 별일 아니라고 여겨 결국 오디세우스와 그의 무리는 탈출할 수 있었다. 하지만 이 '아무도 아닌 자'를 오디세우스가 탈출을 계획하는 과정에서 교묘하게 고안해낸 답변이 아니라 대화중 무심코 진실을 드러낸 일종의 말실수로 이해하면 어떨까? 거인의 눈은 하나뿐이었을지 모르지만 오디세우스의 이름은 늘 하나 이상이었다. 그리고 하나 이상의 이름을 가졌다는 것은 아예 이름이 없는 것이나 다름없다.

라캉은 이 정체성 문제를 바탕으로 신경증에 대해 이름 없는 사람이라는 독특한 정의를 내렸다. 신경증이 있는 사람은 자신의 장점에 심취하여 자기 자신의 이름만 믿는 사람이라는 일반적인 견해와는 반대로, 라캉은 미친 사람만이 진정으로 하나의 이름을 갖는다고 주장했다. 나폴레옹은 자신이 나폴레옹인지 100퍼센트 확신하지 못했으며, 과연 이름에 걸맞게 살고 있는 건지 끊임없이 걱정했다. 또한 어떤 사람을 지향해야 하는가에 대해 듣고자 했으며, 자신의 가문을 주변 정치인들의 가문과 비교했다는 단순한 이유로 보건대 미친 사람이라고 할 수 없다. 이런 불확실성이 없었다면, 바르샤바에서 열린 파티에서 나폴레옹 장군이 레모네이드 한 잔을 부탁했을 때 프랑스의 정치가이자 외교관인 탈레랑은 절대 팔에 냅킨을 두르는 위험을 무릅쓰지 않았을 것이다. 그는 귀족 출신이었지만 웨이터 흉내를 냄으로써 일시적으로 자신의 혈통을 내려놓았고, 이는 불안해하는 나폴레옹에게는 매우 흡족한 행동이었다. 반면 진짜로 미친 사람에게서 볼 수 있는 굳건한 확신은 '100퍼센트 확신하지 못하는' 신경증의 특징과 대비되는데, 그 미친 사람은 온 세상에 자신이 예수라고 떠들어대면서도 이를 추호도 의심하지 않을 것이다. 따라서 사실 그 사람이 예수가 아니라고 설득하려 해봐야 아무 소용이 없는 것이다.

하지만 그렇다면 왜 신경증이 있는 사람은 이름 없는 사람인 걸까? 라캉은 신경증이 있는 사람에게 이름이 없는 이유는 소위 '강한 자아' 때문이라고 주장했는데, 이는 강한 자아를 신경증의 초기 문제가 아닌 목표로 여기는 많은 정신분석가들에게 일침을 가하기 위해 쓴 역설적인 표현이었다. 자아가 강하면 정체성이 강하다는 의미이며, 이는 자신이 어떤 사람인가에 대해 분명한 확신을 가졌다는 의미라고 여길 수도 있다. 그러나 이 구절 역시 오해의 소지가 있다. 자아는 고정된 정체성이 아니며, 항상 누군가 다른 사람과 관련되거나 타인에게서 이미지를 빌려온다. 아니면 엄마의 욕망을 반영하기도 하는데, 아이는 엄마가 관심을 가질 거라 믿는 이미지를 가장하기 때문이다. 따라서 자아가 강하다는 것은 타인의 욕망에 강하게 연연한다는 의미다. 여기서 타인의 욕망에 연연한다는 것은 독립적인 정체성의 결여를 의미하며, 한 앵글로색슨인 저자는 이를 '분리 장애'라고 부르기도 했다. 이것이 많은 고통을 야기한다는 데에는 모든 사람이 의견을 같이한다. 영국 배우인 피터 셀러스는 〈파킨슨 쇼〉 출연 당시 독일군 의상을 입고서야 첫 등장을 할 수 있었다. '자기 자신'으로 등장해달라고 요청받자 그는 다시 '다른 캐릭터'로 나타날 수밖에 없었다. 변장에 대한 이런 집착은 단순히 방청객들을 즐겁게 해주기 위한 장치라기보다 그의 개인사와 관련지어 다르게 해석될 수도 있다. 어린 시절, 셀러스의 어머니는 자기 몸에 슬라이드를 비추어 플로렌스 나이팅게일부터 빅토리아 여왕, 자유의 여신상에 이르기까지 다양한 대상으로 변신하곤 했다. 1인 다역의 전문가였던 그녀의 아들이 어찌나 능수능란하고 기막히게 변장을 했던지, 심지어 그의 최측근들도 그를 못 알아볼 때가 많았다. 셀러스도 알았지만, 이렇게 다양한 정체성을 가졌다는 것은 정체성이 전혀 없다는 것과 마찬가지다. 『롤리타』 속 퀼티•와 마찬가지로 그는 누구라도 될 수 있으면서 동시에 아무도 아니었으며, 변장의 달인이었지만 변장하지 않을 때

• 피터 셀러스는 1960년대 영화 〈롤리타〉에서 이 역을 맡았다.

에는 또다른 가면에 손을 뻗을 수밖에 없었다. 따라서 이 1인 다역의 전문가와 그가 영화 〈찬스〉에서 맡았던 외로운 정원사 역은 결코 동떨어지지 않았다. 어머니에게 결여된 부분을 대신하여 항상 거기 있다는 것은 모든 곳에 있는 것과 다름아니다.

이와 반대로 에드먼드 고스의 빅토리아 시대를 배경으로 한 회고록 『아버지와 아들』에서는 거기 있어주지 않은 누군가의 사례와 한계를 부여한다는 개념을 찾을 수 있다. 고스는 마제파•처럼 손발이 말에 묶인 채 일종의 무한한 공간을 달려가는 꿈에 대해 묘사했다. 엄청난 힘이 자신을 채찍질하는 듯했지만, 고스는 절대 멀리 떨어진 목표물까지 도달하지 못할 것임을 알고 있었다. 그 목표물은 다홍색 글씨로 '암적색'이라고 쓰인 이상한 물건이었다. 고스는 자신의 아버지가 수채화를 즐겨 그렸는데, 물감 중에서 강렬한 진홍색을 애지중지했고 이 암적색은 아버지만 사용할 수 있었다고 설명했다. 유명한 코사크 사람 마제파는 유부녀와 바람을 피우다가 그 남편에게 붙잡혀 야생마에 묶여 황량한 스텝 지대로 쫓겨나는 벌을 받았는데 다들 그가 거기서 숨을 거두리라고 예상했다. 이 꿈에는 기혼 여성과 그 남편, 그리고 여성을 차지하려는 도전자가 등장하므로 오이디푸스 콤플렉스의 의미가 담겼음을 알 수 있다. 이 꿈은 상징적 기조가 너무나 분명하기에 흥미롭다. 암적색은 가장 갈구하는 것을 상징하며, 그가 도달할 수 없는 한계점과 금지를 나타내는 표식이다. 이 꿈

• 우크라이나의 영웅으로 말에 묶인 채 황야로 추방된다.

은 상징적인 차원에서 오이디푸스의 장벽을 굳건히 함을 드러낸다. 어머니와 연관된 즐거움의 포기가 순수한 언어의 형태로 구현된 것이 바로 고스 자신의 배제를 나타내는 진홍색 글자다.

여러 입회식에서는 입회자에게 새로운 이름을 부여하는데, 그 전에 의례적으로 매질을 하는 경우도 적잖다. 예를 들어 어떤 청소년은 한 줄로 선 남성들 사이를 달려가면서 곤봉으로 맞아야 했다. 그러고 나면 그 신입회원은 이름을 부여받는다. 이와 반대로 신경증 환자는 이름이 없기 때문에 평생을 곤봉으로 맞으며 이름의 부여라는 상징적인 행위가 이뤄지는 긴 줄의 끝에 절대 도달하지 못한다. 신경증 환자는 자신에게 이름이 없다는 사실을 사랑하며, 아무리 많은 고통을 겪더라도 이를 포기하지 않는다. 크리스의 환자였던 신선한 뇌 요리를 갈망하는 남자는 표절이라는 개념에 너무 열중한 나머지 다른 이름을 자신의 이름보다 앞에 두었다. 항상 자기보다 다른 이름이 먼저 존재했던 것이다. 환자는 이런 생각에 집착했으며 이를 크리스에게 보여주려고 했다. 자신의 정신분석가가 뭐래도 그는 자신이 표절자라는 생각, 즉 다른 말로 하면 이름 없는 사람이라는 생각을 포기하고 싶지 않았다. 이 '실패'라는 개념이 그에게는 너무나 친숙했던 것이다. '당신은 무無를 훔치고 있다'는 라캉의 해석은 이러한 그의 집착에 의문을 제기하기 위함이었을 것이다. 어떤 측면에서는 환자가 주장하는 표절의 무가치성을 암시하며, 또다른 측면에서는 무, 상상 속에 존재하는 다양한 대상의 이면에 자리한 부재, 그가 잡고 싶어했던 커다란 물고기를 환기시킨다. 이 환자는 자신의 이름 없음을 마음껏 누리며 무언가를 소유하지 않았다는 자신의 위치를 분명히 즐겼지만, 이러한 해석은 정말로 이름 없는 영역, 정말로 훔칠 것이 하나도 없는 영역, 상상 속의 대상(큰 물고기)으로서가 아니라 상징적인 대상(커다란 부재)으로서의 남근을 겨냥했다.

가지고 싶어하는 것과 가질 수 없는 것 사이의 이러한 차이는 약속과 속임수, 정체성의 문제 사이의 연관성에 대해 몇 가지 단서를 제공해준다. 에드먼드 고스가 절대 자신이 가질 수 없음을 보여주는 상징적인 한계에 직면했다면, 신선한 뇌 요리를 갈망하는 남자는 무언가를 손에 넣는 것을 좀더 흥미로워했다. 실제로 무언가를 소유하는 데 성공하지 못했기에 그는 차선책을 택했고, 방향을 전환해 무언가를 소유하지 않는다는 생각에서 기쁨을 찾았다. 문제는 이러한 작용에 서로 다른 영역들이 관여한다는 점이다. 원하는 만큼 많은 물건을 손에 넣을 수는 있지만, 무언가를 찾아나서게 한 진짜 원인은 이러한 방식으로는 '소유'할 수 없는 물건이다. 그렇기에 쇼핑은 불안감을 일시적으로 해결해줄 뿐이다. 물건은 결핍의 충족이라는 환상을 줄 수 있지만, 이는 고스의 꿈에서 자세하게 설명되었던 상징적 한계 받아들이기와는 다르다. 마찬가지로 아이가 엄마에게 많은 것을 주려고 노력할 수는 있겠지만, 머잖아 아이는 모든 것을 줄 수는 없음을 깨닫는다. 엄마가 아이 외의 다른 대상에게 관심을 두는 양하고 자리를 비우는 식으로 이를 드러낸다면, 아이는 엄마를 속이기 위해 여러 가지 게임이나 그림, 장난, 속임수를 고안해 그녀를 잡아 두려고 애쓴다. 어딘가에 숨었다가 다시 나타나서 엄마가 자신의 행방이나 안전을 걱정하게 한다든지, 애교 넘치게 말하거나 엄마가 한시도 쉬지 못하게 행동하기도 한다. 라캉에 의하면, 아이는 자신에게 무적의 무기가 없음을 알기에 다양한 이미지와 환상을 동원하며, 엄마의 관심을 끌기 위해 다양하게 노력함으로써 엄마에게 특별한 존재가 되려 한다. 그러나 이것은 근본적으로 아이가 엄마에게 즐거움을 주는 유일한 대상이 아님을 전제로 한다. 그렇기 때문에 훗날 남자아이가 성장하여 여성을 유혹할 때 진실만을 입에 담음에도 불구하고 어딘가 자신답지 않다거나, 거짓된 삶을 살고 있다고 느끼게 된다. 헬레네 도이치가 지적했듯이, 지극히 정당한 일을 하면서도 사기꾼이나 가짜가 된 것 같다는 사람이 적지 않다. 그리고 잘 알려져 있듯이 많은 남자들이 유혹의 결과보다는 그 과정에 더 많은 관심을 갖는다. 여성이 '적극적으로 행동'하여 남성에게서 유혹의 과정을 사실상 빼앗는다면, 남성은 여성에게 깊은 적의를 품을지도 모른다. 이 '정복'을 위한 모험이 그날 밤의 정복 자체보다 중요하며, 이는 남성이 엄마와의 첫번째 연애에서 실패했다는 사실을 감쪽같이 속일 능력을 여성에게 증명해야 함을 보여준다. 남자아이는 결국 자신이 아닌 다른 대상에게 엄마가 매료되었음을 깨달았기 때문에 그 마음을 사로잡으려 노력했던 것이다. 남성이 '사랑해요'라는 말보다는 그의 성취를 인정해주는 '당신이 자랑스러워요'라는 말을 선호한다는 주장이 자주 제기되는 것도 그래서다.

사실 많은 남성들은 상대방에게서 어떤 반응을 이끌어낼 수 있다는 사실에서 성관계의 진정한 매력을 찾는다. 이들은 여성에게 쾌락을 주는 데 성공했다는 사실, 다시 말해 여성에게 필요한 존재, 여성을 완성시키는 존재가 되었다는 사실을 중시한다. 여성의 가슴에는 전혀 관심이 없으면서 젖꼭지를 흥분시킬 수 있다는 사실에만 관심을 갖는 남성도 있다. 여성의 특정 신체 부위를 만지지 않고는 여성이 그런 식으로 반응하지 않을 것이기 때문이다. 따라서 남성에게 성행위는 증명의 장이자 하나의 증거이고, 그렇기에 가끔 섹스가 정력 테스트로 묘사되는 것이다. 여기서 핵심은 이런 증거가 실패를 기반으로 하며 사랑을 나누기 전의 유혹은 사실상 속임수임을 이해하는 것이다. 애당초 실패한 유혹 및 무언가 결여되어 있거나 조건을 갖추지 못했다는 기분 때문에 유혹하게 되니 말이다. 그렇기에 많은 남성들이 자신에게 유익하지 않음을 너무나 잘 알면서도 유혹을 한다. 난잡함이 일종의 증상인 셈이다. 최초의 유혹에서 낙심했기 때문에 매번 유혹을 하면서 진실을 말한대도 거짓말이 된다. 시작부터 자기 자신의 부적절함을 전제로 무언가를 약속하기 때문이다.

연애의 근원에는 항상 어린 시절 '조건을 갖추지 못했기 때문에' 실패했던 연애, 제대로 풀리지 않았던 연애가 자리한다. 특정한 사람이 되려다가 혹은 무언가를 소유하려다가 실패한 것이다. 그리고 남성들이 가끔씩 그토록 정신 나간 사람처럼 행동하는 이유도 아마 여기에서 찾을 수 있을 것이다. 일반적으로 남성은 여성이 기만이나 속임수로 보이는 행동을 하면, 주변에서 걱정할 정도로 지나치게 분노한다. 만약 남성이 원래 그 여성을 속이고 있었다면 분노는 더욱 극에 달한다. 한 여성의 애정을 두고 경쟁하는 연적이 있는 상황이라면, 라이크의 지적처럼 남성은 연적의 우월함보다는 사랑하는 여성이 연적을 우월하게 볼지도 모른다고 두려워한다. 달리 말하면 사랑하는 여성이 연적에게 속았을 수 있다는 사실이 정곡을 찌르는 것이다. 만약 사랑하는 여성이 연적에게 속았다면, 처음부터 자신에게도 속았을지 모른다는 의미니 말이다. 따라서 여기서 질투 모티브는 남성 자신의 가치, 남성의 성취가 실상 아무런 근거가 없다는 사실과 연관된다. 물론 남성은 계속해서 여성을 속일 수 있지만, 자신과 비슷한 상황으로 이끄는 제삼자가 관련되는 순간 모든 믿음을 잃는다. 이러한 경우 여성을 향한 적개심은 자신의 위치가 갖는 취약성과 관련되지만, 이 또한 여성과 다른 남성의 관계에서만 그 취약성이 드러날 때뿐이다. 그렇지 않다면 그토록 많은 남성들이 여성에게서 하나의 신호, 즉 남성의 모든 수작에도 불구하고 그의 가식을 간파함을 보여주는 살짝 띤 조소를 찾으려고 한다는 사실이 어떻게 설명되겠는가?

이것이 왜 사랑이 지속되지 않는가에 대한 답일까? 만약 여성과의 관계가 원래의 실패를 기반으로 한다면, 현재 관계를 맺고 있는 여성도 자신을 완전하게 채워줄 수 없다는 사실을 깨달을 때 남성은 상대를 버릴까? 만약 그렇다면 남성은 또다른 여성을 찾아 똑같은 시나리오를 되풀이할지도 모른다. 정신분석학자인 에드먼드 버글러가 언급했듯이, 신경증 환자들은 참석하는 파티마다 같은 레코드판을 가지고 다니는 사람들이나 다름없다. 이들은 새로운 것과의 만남보다는 똑같은 기본 상황의 영구화에 관심을 갖는다. 하지만 실패한 연애를 끊임없이 반복하겠다고 결심한 사람들과 실패한 연애는 한 번으로 족한 사람들은 분명 다르다. 이들이 연애관계에서 추구하는 바도 다소 다를 수 있고, 그렇기에 이러한 사람들끼리 만나는 경우 같은 자기계발서를 읽고 있지 않기를 바랄지도 모른다. 여성이 가진 어떤 이미지에 부응하기 위해 남성이 시도하는 속임수 그리고 다양한 유혹 상황에서 찾을 수 있는 집착에 가까운 정직함은 극명하게 대조된다. 그러나 사실 정직은 큰 문제이며, 어떻게든 사실밖에 말할 수 없는 사람이라면 문제는 더 심각해진다. 석학들이 오디세우스의 거짓말을 설명하는 데 그토록 많은 잉크를 써버렸다면, 왜 어떤 사람들은 가끔이 아니라 거의 강박적으로 진실을 말하는가라는 좀더 까다로운 문제에 대해서 고찰해보아야 할 것이다. 하이네는 장 자크 루소의 소위 고백을 늘 의심했다. 루소가 『고백록』에서 리본을 훔친 다음 하녀에게 덮어씌워 부당하게 해고당하게 했다고 고백하자 이에 회의적인 입장을 보였다. 하이네는 진실을 호소하는 이 고백의 이면에 미처 언급되지 않은 다른 범죄가 있음을 간파했다. 마찬가지로 테레즈 르바쇠르가 낳은 아이들을 비정하게 고아원에 유기했다는 것도 하이네에게는 잔인한 아버지의 고백이라기보다는 처음부터 아버지 역할을 한 적도 없었다는 죄를 숨기기 위한 행동으로 보였다. 루소의 고백은 아직 고백하지 않은 세부사항이 더 많음을 드러냈는데 정신분석 상담에서도 이러한 상황은 자주 발생한다. 환자는 자신의 부끄럽고 마음에 안 드는 모습에 대해 털어놓지만, 다른 무언가로부터 전문가의 주의를 돌리고자 그렇게 고백할 뿐이다. 따라서 정신분석에서 진정한 고백이란 존재하지 않는다. 어떤 사실을 시인할 때마다 무언가 다른 것에 대해 이야기하지 않았다는 점을 일깨우게 된다. 조지 워싱턴이 아버지에게 과일나무를 베어버렸다고 고백했을 때, 틀림없이 그보다 더욱 죄책감을 느끼는 일이 있었기에 그랬을 것이다. 어쩌면 워싱턴은 그다음 조용히 자위를 계속했을지도 모른다. 만약 과일나무에 대해 고백하며 자신을 포함시켰다면, 그 이면에는 무언가 다른 것, 즉 새뮤얼 골드윈의 표현대로 자신을 배제시켜버린, 알려지지 않은 행동이나 욕망이 자리했을 것이다.

속임수가 자신을 제외시킨다면, 정직함은 자신을 포함시키는 것이라고 보일지도 모른다. 고백을 한다는 것은 자신의 말에 책임을 지며 그 말에 자신을 포함시킨다는 의미이나, 거짓말을 할 때 이와 정반대의 상황이 발생한다. 누군가가 거짓말을 할 때는 자기 자신과 자신이 하는 말을 분리시킨다. 즉 말에서 자신을 배제한다. 하지만 지금까지 살펴보았듯이 이는 보기만큼 단순한 문제가 아니다. 의도적인 거짓말이 무의식적으로 진실을 말하기도 한다. 자신을 포함시키는지 아닌지가 진실과 거짓을 판단하는 기준으로 적절치 않다면, 아마도 무언가 다른 것을 가늠하는 척도일 것이다. 예전에는 지능 검사를 할 때 아이가 "저는 삼 형제예요, 폴, 어니스트, 그리고 저요"라고 말하는 경우 점수가 깎였다. 자기 자신을 '형제'라는 개념에 포함시킨다면 지능이 낮다는 의미로 여겼던 것이다. 그러나 라캉은 이 사례에 대한 논의에서, 아이의 이러한 발화는 낮은 지능보다는 언어에 흡수되는 과정을 보여준다고 지적했다. 언어의 세계에서 제 기능을 하려면 개념 차원에서 자신을 셈에 포함시켜야 한다. 그러지 못할 때 문제는 발생한다. 아이들이 하는 게임 중에서 스스로를 셈에 포함시킨다는 개념이 중심인 게임이 적지 않다. 예를 들어 줄넘기는 자기 자신을 무리에 포함시키는 게임으로, 그의 동작은 리듬과 단어로 구성된다. 줄넘기에 참여하는 사람은 제때 깡충거려야 하는데, 안 그러면 리듬이 엇갈려 발이 걸린다. 마찬가지로 특정한 말을 반복해서 외치는 게임들도 있다. 각각의 단어가 한 명씩을 지목하며 종국에는 한 명만 남게 되는 식이다. 예를 들어 "누더기 행주가 둘로 찢어져서 넌 죽었어"라는 구절은 게임에 참가하는 몇몇 아이들을 포함시키면서 동시에 한 명을 '그것'으로 지목한다. 특정 단어를 말하면 게임중에 동작을 멈춰야 하는 게임도 비슷한 예로 꼽을 수 있다. 이러한 게임들은 말하는 사람을 조종하는 언어의 기능을 보여주며, 말과의 관계에 따라 어떻게 누군가가 '포함'되고 '배제'될 수 있는지 알려준다.

언어는 우리를 포용하는 동시에 배제시킨다. 영화 〈덤 앤 더머〉의 마지막 장면에서 두 바보는 여자친구도, 돈도, 직업도 잃고서 미국 시골 마을의 한복판에 서 있다. 고독하고 외로운 이들에게는 긍정적인 일이라 할 만한 것이 전혀 없다. 갑자기 두 사람 옆쪽으로 기막히게 아름다운 여성들로 가득한 관광버스가 선다. 버스 문이 열리고 대표 격인 여자가 모습을 드러내서는 그들에게 전국 비키니 대회에 출전하기 전 버스에 탄 여성들의 몸에 오일 바르기를 도와줄 '남자 몇 명'이 필요하다고 말한다. 그러고는 유혹하는 어투로 그런 일을 할 남자들을 혹시 아느냐고 묻는다. 바보 쪽인지 더 바보인 쪽인지는 잘 모르겠지만 그중 한 명이 잠시 숙고한 뒤 길을 따라서 다음 마을에 가면 틀림없이 남자 두 명을 찾을 수 있을 것이라며 손끝으로 가리키면서 답한다. 어리둥절해하는 여성들이 두 사람을 버리고 버스가 떠나자 그 바보는 자신이 엄청난 실수를 했음을 깨닫는다. 마을은 오른쪽이 아니라 왼쪽에 있는데 방향을 잘못 가르쳐줬던 것이다. 멍청하다는 것이 실재한다면, 이 사례는 멍청함이란 어떤 개념에 자신을 포함시켜서가 아니라 그 개념에 자신을 포함시키지 못하기에 드러난다는 걸 보여준다. 미인 대회 출전자가 '남자 몇 명'을 언급했을 때 두 바보는 그 개념에 자신들을 포함시키지 못했다. 그들에겐 그 말은 항상 다른 누군가를 의미했다. 여기서 다시 자신의 말에 자기 자신을 포함시킨다는 사실을 명시적으로 나타내는 말인 약속이라는 주제로 돌아가게 된다.

약속에 대해 관심을 가졌던 철학자들은 약속을 언어 행위로 묘사하기도 했고, 존 오스틴은 수행성으로 표현하기도 했다. 언어의 수행성은 맹세나 선서, 다짐처럼 무언가를 행동으로 옮기는 언어의 한 측면을 뜻한다. 말 자체가 어떤 행동을 수행하는 셈이다. 즉 앞서 언급한 예처럼 화자가 무언가를 다짐하는 것이다. 언어의 수행성을 연구하는 과정에서, 모든 말은 사실 무언가를 하는 것이기 때문에 수행성을 말의 다른 측면과 분리할 수 없음이 분명해졌다. 여러분이 뭐라 하든 무언가 행동이 일어난다. 명확한 수행성이란 언어의 외딴 측면이라기보다는 말이라는 행위로 특별한 관심이 옮겨간 사례라고 봐야 할 것이며, 화자가 자신의 말에 본인을 포함하는 방식을 강조한 표현이라고도 할 수 있다. 결혼 서약은 이 수행성을 보여주는 좋은 예로, 신랑이나 신부의 서약은 서로의 관계에 헌신하고 부부의 연을 맺게 하는 것이지 단순히 무언가에 대한 묘사는 아니다. 일반적으로 결혼식을 치른 뒤, 자신의 말은 진심이 아니었으며 자신은 혼인관계에 구애받지 않는다고 주장하기란 불가능하다. 말을 입 밖으로 꺼내면 구속력이 발휘되며, 그렇게 말함으로써 좋든 싫든 본인이 그 말의 내용에 포함된다. 다시 한번, 그저 말에서 현실이 생겨난다.

어떤 사람들은 이런 서약 주고받기를 꺼린다. 이들은 사랑하는 사람과 동거는 하더라도 절대 결혼은 하지 않겠다고 결심하거나, 결혼 서약을 하기로 결심해놓고 결혼식 당일에 모습을 감추기도 한다. 영화 〈네 번의 결혼식과 한 번의 장례식〉에서 찰스(휴 그랜트)는 어쨌든 공식적으로는 결혼을 결심하지만, 결혼식 당일에 결혼 서약을 중단시키는 용납할 수 없는 행동을 저지른다. 찰스는 예비 신부보다 앤디 맥도웰이 연기한 미국인 여성 캐리에게 더 마음이 있는 듯하다. 늦기 전에 그를 구해준 것도 분명 캐리였다. 만약 이 영화가 진정한 사랑을 찾을 때까지 결혼을 회피하는 남성에 대한 평범한 이야기였다면, 아무리 배우들이 매력적이었대도 그렇게 성공하지는 못했을 것이다. 이 영화의 엄청난 흥행을 설명하려면 두 가지 특성을 언급해야만 한다. 바로 장례식과 휴 그랜트의 벙어리 동생이라는 등장인물이다. 언뜻 보기에 동생의 존재는 설명하기 무척 쉬워 보인다. 찰스는 캐리를 따라다니다가 엠뱅크먼트에서 맞닥뜨리게 된다. 그러자 "'데이비드 캐시디의 말을 빌자면' 당신을 사랑하고 그러고 당신에게……"라고 하다가 문장을 끝맺지 못한다. 이런 마음속 이야기를 털어놓을 때 찰스는 누군가의 말을 인용할 수밖에 없는데, 영화 속에서 찰스가 자신의 결혼식이 아닌 다른 사람들의 결혼식에만 계속해서 참석하는 것과 일맥상통한다. 이렇듯 말을 못하는 모습은 찰스의 벙어리 동생에게 투사되며, 그렇기에 본인의 결혼식 날 찰스가 마음에 담아둔 말을 공개적으로 하게끔 동생이 개입해야 했던 것이다. 하지만 영화의 결말이 분명히 보여주듯이 찰스의 문제는 끝내 해결되지 않았다. 마지막 장면에서 캐리와 화해한 찰스는 "나와 결혼을 하지 않는 데 동의합니까?"라고 묻고, 이에 캐리는 "네"라고 답한다. 진정한 사랑에 충실해야겠다고 깨달았음에도 찰스는 말을 건네지 못한다. 프로이트의 부인否認 메커니즘을 이용하여 긍정적인 말을 부정적으로 표현하며, '않는'이라는 단어를 넣어 말한 것은 그의 의구심이 모두 걷히지 않았음을 보여준다.

찰스의 말은 벳 데이비스의 밉살스러운 딸이 했던 "당신 덕을 보지 않는 일은 절대 없을 거야"라는 말과 같은 맥락에서 이해할 수 있다. 에너지가 넘치는 이 여성은 자식이 부모에 대해 쓴 책 가운데 많은 논란을 일으킨 『우리 엄마를 지키는 사람』이라는 책을 썼었다. 그녀는 어머니에게 상당한 돈을 지원받았음에도 어머니에게 보낸 감사 편지에는 이중부정으로 쓴 표현만 가득했다. 프로이트가 보여주었듯이, 부정문을 많이 사용할수록 무의식적인 역학이 더 많이 작용한다는 의미이므로 '아니다'라는 말을 긍정과 동일하게 여길 수도 있다. 최근 출간된 저명한 과학자들과의 인터뷰집도 이를 분명하게 보여준다. 인터뷰어가 넌지시 아버지에 대해 묻자 과학자들은 모두 직업 선택에 있어서 아버지의 영향이 컸다면서 그에게 존경과 경의를 표했다. 그러나 단 한 사람은 예외였다. 그는 인터뷰를 시작하면서 자신은 아버지에게 어떤 영향도 받지 않았으며, 절대, 아무것도, 단 하나도 아버지에게 배운 적이 없다고 못박았다. 다른 말로 하면, 그 책에 인터뷰가 실린 모든 과학자 중에서 아버지와 매우 끈끈하게 연결되어 있다고 확신 가능한 건 이 사람뿐이다. 수차례 반복해 부정함으로 오히려 정반대의 의미가 전달되는 것이다.

〈네 번의 결혼식과 한 번의 장례식〉 속 찰스의 동생이 말 못하는 사람이라는 모티브를 나타낸다면, 동생과 찰스의 관계를 지켜보는 사람들에겐 또다른 의문이 생긴다. 도대체 무엇에 대해 이야기한단 말인가? 찰스는 가까운 친구들과 함께할 땐 편하게 행동하지만 여성과의 관계는 좀처럼 이어가지 못하는 특이한 인물이다. 찰스는 웨딩드레스를 고르는 캐리를 돕기 위해 남동생과의 약속을 제쳐두고 나선다. 훗날 교회에서 목사가 결혼에 이의 있는 사람이 있느냐고 묻자 결혼식을 막은 사람도 남동생이었다. 그는 수화로 신랑이 다른 사람을 사랑하는 것 같다고 말한다. 이 마지막 말을 진지하게 받아들인다면, 그 누군가가 캐리를 지칭하는 것인지는 불분명하지만 실제로 찰스는 다른 사람을 사랑하고 있긴 하다. 이 장면에 대해 일반적인 정신분석을 해보면 찰스는 벙어리 동생을 사랑하며, 그와의 유대감 때문에 찰스가 이제까지 결혼을 못했다는 추론이 가능하다. 결국 캐리뿐 아니라 동생도 교회에 함께 있었으니 말이다.

하지만 왜 장례식이 등장하는 걸까? 직관적으로 보자면 결혼식에서 일어나는 일과 대조시키기 위해서인 듯하다. 결혼식의 허위와 경박함은 죽음이라는 참혹한 현실과 대비되며 허영의 베일은 벗겨진다. 하지만 여기에는 보다 심오한 뜻이 담겨 있다. 장례식은 두 남성 사이에 형성된 유대감의 비극적 종말을 의미하는데, 한 등장인물의 지적처럼 지인 가운데 진심으로 행복한 커플은 그들뿐이었다. 따라서 단순히 결혼식과 장례식만 대조되는 것이 아니라 남성 사이의 유대와 남성과 여성 사이의 유대도 대조된다. 장례식 장면과 오든의 감동적인 시 낭송으로 사랑이 단순히 배우자의 실증적인 존재나 부재보다 훨씬 더 강력한 것일 수 있음이 드러난다. 이 감동적인 일화는 세상을 떠난 사람이 더욱 열렬한 애정의 대상이 될 수 있음을 시사한다. 이 장면 직후, 찰스는 두 남성이 그랬듯이 완벽한 짝을 찾겠다는 생각을 버릴 때가 왔음을 깨닫는다. 결국 이 일로 찰스는 예비 신부를 무척이나 무정하게 버리고 캐리와 결혼을 약속한다. 남동생과의 애정관계가 찰스에게는 장벽이었지만, 장례식을 통해 상대가 부재해도 그러한 사랑이 계속될 수 있음을 깨달은 것이다. 놓쳐버린 사람은 하나의 상징이자 영원히 지속되는 사랑의 대상이 될 수 있다.

장례식 장면의 의미는 이것뿐만이 아니다. 전통적으로 결혼식장에는 누가 등장하는가? 결혼식장에는 가족들뿐 아니라 해로운 존재가 모여든다. 사실 결혼식 자체가 상당 부분 그 해로운 대상을 경계하고자 사악한 영혼이나 망자의 유령이 이승으로 돌아와 산 사람의 희생을 요구하는 것을 막고자 만들어진 의식이다. 결혼 서약은 사랑의 감정을 표현하기 위해서라기보다는 이러한 위험에 대한 예방책에 가깝다. 신화와 대중문화에서도 고인을 매장할 때나 경야를 치를 때 이러한 영혼들이 심판하러 오는 장면이 빈번하며, 결혼식장에서 부모가 자식을 떠나보내는 모티브와 장례식장에서 자식이 부모를 떠나보내는 모티브는 강렬한 대칭관계를 이룬다. 어떤 의미에서 장례식의 이 초대받지 않은 손님과 〈네 번의 결혼식과 한 번의 장례식〉에 나오는 커다란 모자를 쓴 미국 여성 같은 결혼식장의 이질적인 인물은 연결될지도 모른다. 실제로 이 미국 여성의 결혼식에서 그 활달한 게이 친구가 심장마비로 숨을 거둔다. 따라서 개인의 생기를 앗아가거나 자기 가족과의 작별을 의미하기 때문에 결혼이 장례식이나 마찬가지라는 냉소적인 견해를 갖기보다는, 둘 다 초대받지 않은 손님을 상정한다는 사실에서 연관성을 찾는 편이 좋다. 〈잠자는 숲속의 미녀〉에서 결혼식이 장례식으로 바뀌었던 이유도 결혼식 피로연에 초대하는 것을 깜빡했다는 이유로 공주가 죽음과도 같은 잠에 빠지게 마법을 걸어버린 마녀, 즉 초대받지 못한 손님의 존재 때문이었다.•

'가짜 신부'라는 전통적인 결혼 의식은 이러한 제삼자가 어떻게 실제로 구체화될 수 있는지 보여준다. 결혼 서약을 하기 전, 가짜 신부가 진짜 신부로 교체되며, 이 가짜 신부는 진짜 신부가 그 자리를 차지하도록 모습을 감추어야 한다. 〈네 번의 결혼식과 한 번의 장례식〉에서 처음 등장할 때 캐리는 민담에서 수백 년에 걸쳐 준비해놓은 자리, 즉 치명적인 손님이라는 자리에 발을 들여놓는다. 그리고 영화의 나머지 이야기가 보여주듯이, 캐리의 주변 남자들은 오래 못 버티곤 했다. 찰스가 캐리와의 결혼을 망설인 것은 사실 옳은 판단이었던 걸까? 캐리가 기나긴 전 남자친구의 명단을 훑자, 찰스는 만약 이 여성과 진지한 관계가 된대도 그리 오래가지는 않을 것이라 여기고는 안도했을지도 모른다. 그러면 그후엔 다른 여성과 같은 상황을 반복할 수 있기 때문이다. 버글러는 이게 이혼의 주원인이라고 주장했다. 한쪽 배우자가 관계로 인한 괴로움을 지나치게 즐긴다면, 이 사람은 다른 누군가와 똑같이 끔찍한 상황을 되풀이하는 가능성 그리고 다시금 괴로움을 영속시킬 수 있는 가능성을 유지하고자 배우자를 희생시킬지도 모른다.

결혼이라는 행위와의 관계에 있어서 과연 남녀 간의 차이가 있을까? 찰스의 우유부단함은 엘리자베스 1세 여왕의 불가사의할 정도로 엄청난 금욕에 비견해볼 수 있다. 아버지인 헨리 8세가 결혼을 너무 많이 했다면, 그 딸인 엘리자베스 1세는 너무 적게 했다. 헨리 8세의 삶이 〈여섯 번의 결혼식과 수많은 장례식〉이라면, 엘리자베스 1세의

● 〈잠자는 숲속의 미녀〉는 생일 축하 잔치에 초대받지 못한 마녀의 저주라는 이야기가 더 유명하나 저자는 결혼식 피로연 버전을 예로 들었다.

운명에는 〈영 번의 결혼식과 자신의 장례식〉이라는 말이 어울릴 것이다. 역사학자들은 지난 수세기 동안 엘리자베스 여왕의 결혼 실패에 대해 논의해왔고, 분명 앞으로도 이는 계속될 것이다. 종교적인 의무 때문이었을까, 아니면 외교 갈등이나 본인의 야심 때문이었을까, 아니면 그저 운이 없었던 것일까? 1581년의 유명한 일화에서, 엘리자베스 여왕은 앙주 공작 프랑시스와 결혼하겠다고 공개적으로 선언하고는 그에게 입맞추고 반지를 주었지만, 그 다음날 약속을 철회했다. 그녀의 아버지가 18년이 지나서야 첫번째 부인과의 결혼 서약을 깼다면, 엘리자베스 여왕은 하룻밤 만에 그랬다. 캠던은 이를 '추파를 던지던 도중에 솟아난 미미한 사랑의 힘'에 기인한 일시적인 불균형 때문이었다고 설명하며, 이후 각료 및 시녀들 덕분에 여왕이 이성을 되찾았다고 본다. 엘리자베스 여왕이 왜 독신을 고수했는지는 확실히 불분명하나, 그녀가 결혼이라는 행위에 특히 적대감을 품었던 것만은 분명하다. 눈이 맞아 결혼하는 신하와 시녀는 항상 군주들의 골칫거리였지만, 엘리자베스 여왕은 이러한 행위에 대해 유별나게 악의에 찬 반응을 보였다. 메리 스켈턴과 제임스 스커더모어가 결혼했다는 사실을 알게 된 여왕은 신부인 시녀의 손가락을 부러뜨릴 정도로 격분했다. 이 사소한 사건은 여왕이 왜 결혼을 싫어했는지에 대한 단서를 제공해주기 때문에 중요하다. 앙주 공작과의 결혼 약속을 철회한 후, 여왕은 공작에게 결혼을 한다면 자신은 식을 치르고 머잖아 죽게 될 것이라고 말했다고 전해진다. 이를 토대로 일부 역사학자들은 여왕에게는 결혼과 자신이 언젠가 죽는다는 생각이 서로 밀접하게 연관된다고 받아들인다. 여왕의 불행한 가정사를 감안할 때 충분히 이해 가능한 일이다. 어쨌든 생모는 처형당했고, 아버지의 결혼들이 어떻게 끝났는지도 잘 알고 있으니 말이다. 따라서 여왕이 결혼과 골칫거리를 동일시한 것은 충분히 납득 가능하다. 하지만 왜 손가락을 부러뜨린 걸까? 혹자는 여기서 엘리자베스의 고질병인 엄지손가락의 '통풍'을 떠올릴지도 모른다. 물론 여왕은 당연하게도 이러한 진단을 인정하지 않았지만 말이다. 여왕이 죽기 전 손가락 하나를 좀처럼 입에서 빼지 못해 하인들의 궁금증을 불러일으키기도 했다. 이와 비슷한 다른 일화들도 있는데, 모두 공통적으로 손가락에 무언가 문제가 있었다는 것이었다. 이것은 과거와 어떻게 연관되는가? 엘리자베스의 생모 앤에게는 이상한 부속물, 즉 생기다 만 여섯 번째 손가락이 있었다. 여왕에게 결혼이라는 개념이 죽음이라는 개념과 연관된다면, 이는 바로 이 손가락의 존재 또는 부재의 문제를 통해서였다. 앤의 몸에는 불필요한 부분이 있었고, 몸의 일부가 잘린 채 생을 마감했다. 또한 손가락이 결혼의 징표인 결혼반지를 착용하는 부위라는 사실도 간과할 수 없다. 따라서 손가락처럼 작은 것이 수 세대에 걸친 이야기를 전달할 수도 다양한 사연을 담을 수도 있다. 하이네는 사랑하는 여동생에게 '네 곁에서 몇 년이라도 살 수 있다면 손가락 한두 개쯤은 포기할 수 있지 않을까 매일 아침 갈등해'라고 써보냈는데, 대략 10년 후 손가락 두 개를 '못 쓰게' 되었지만 이에 대한 의학적 소견은 불분명하다. 오늘날의 많은 학자들이 연필이나 심지어 대황• 같은 소박한 물건들의 역사에 대한 글을 쓰는 데 많은 재능을 할애하는데, 『그림으로 살피는 손가락의 역사』라는 책이 있다면 무척 유익하고도 흥미로울 것이라고 해도 과장은 아니다. 이 책을 통해 왜 남성들은 손톱을 살필 때 손가락을 구부려 자기 몸 쪽으로 향하게 하는 반면, 여성들은 몸 바깥쪽으로 쫙 펴는가라는 문제에 대한 해답을 찾을 수도 있다.

남성들에게는 이 여자 아니면 저 여자와 결혼해야 할까가 문제가 아니다. 그보다는 라이크가 지적한 대로, 결혼을 해야 할까가 관건이다. 이 문제는 규범 및 상징 세계에서의 남성의 위치와 관련되며 곧 말과의 연관성을 의미한다. 여성은 친구들에게 절대 결혼하지 않겠다고 말하면서도 결혼에 대한 열망을 비밀스럽게 품곤 하는데 남성이 그렇게 단언한다면 그러한 희망을 갖지 않은 경우다. 그리고 통념과는 달리, 누군가가 결혼식장에 나타나지 않는다면 예비 신부보다는 예비 신랑일 가능성이 훨씬 높다. 여성이 결혼하지 않겠다고 결심하는 건 가끔 특정 남성과 연관되지만, 남성이 독신을 선택한다면 특정 여성보다는 소위 규범과의 관계 때문인 경우가 많다. 남성들은 결혼으로 인한 상징적인 지위를 꺼리거나 어린 시절의 금지된 아내, 즉 어머니를 연상시키기 때문에 어떤 여성을 '아내'라는 지위에 두지 않

● 마디풀과의 여러해살이풀.

으려 최선을 다하기도 한다. 잘 알려져 있듯이 아내가 아이를 낳아 어머니가 되고 나면 아내와 잠자리를 갖지 못하는 남성이 많다. 또한 사랑에 빠진 여성은 가끔씩 상대 남성을 자기 아이의 아버지로 여기는 반면 남성은 여성을 자기 아이의 어머니로 보는 경우가 지극히 드물다. 남성은 '엄마'의 위치와 '여성'의 위치를 최대한 멀리 떨어뜨려야 한다고 여기며, 그 때문에 모성과 여성성은 별개라는 이상한 생각을 하기도 한다.

무슨 수를 써서라도 결혼을 피하려는 남성도 있지만 그럼에도 불구하고 결혼에 가까워지는 남성들도 있는데, 이는 신부에 대한 감정 때문이라기보다는 결혼을 일종의 의무로 생각해서다. 이 점이 중요하다. 전통적으로 여성들은 내키지 않더라도 의무감 때문에 수많은 일들을 할 수밖에 없었다고 여겨졌지만(예를 들어 남편과 사랑을 나누는 일), 빚의 무게에 억눌리는 것은 대부분 남성이며 사실 많은 남성들이 성욕 때문이 아니라 죄책감과 의무감 때문에 여성과 잠자리를 갖는다. 남성들은 끊임없이 빚을 갚아야 하는 양, 무언가를 신세지고 있기 때문에 가끔씩 자신의 존재로 그 빚을 갚아야 하는 것처럼 행동한다. 그들의 모든 행동은 타인에 대한 봉사로 각인되며, 그 타인이 물리적으로 존재하지 않는 경우에도 마찬가지다. 대부분의 문화에서 우리가 왜 그런 감정을 느끼는지에 대한 이론을 제시하고, 남성의 의무 그리고 남성이 어깨에 져야 하는 짐에 대해서 규정짓는 것은 종교다. 남자가 된다는 것은 사실 무언가를 빚지고 있음을 받아들이기와 다르지 않은데, 기독교에서는 그것이 어떤 의미인지 나름의 해석을 내놓고 있다. 좋든 싫든 에덴 동산에서 일어난 일 때문에, 혹은 살면서 하는 행동 때문에 우리에게 갚아야 할 빚이 생길 수도 있다. 아담이 죄를 지었기 때문에, 아니면 아담이 죄를 지은 것처럼 우리는 죄를 짓는다. 따라서 연애에는 과거로부터의 그림자가 드리워지며 여기에는 그 나름의 한계가 있을지도 모른다. 그러나 사람들이 이를 피하고자 할 때, 즉 의무라는 구속을 털어버리고 빚의 굴레에서 벗어나려 할 때 어떤 일이 일어날까? 여기서 역설적인 부분은 이러한 해방의 가장 보편적인 형태가 첫번째보다 더 구속력이 강하고 훨씬 더 절대적이며 더 피할 수 없는 계약, 즉 신과의 계약이 아닌 사탄과의 계약이라는 점이다. 악마와 계약을 맺는 사람은 무엇을 간청하여 얻게 되든, 그것이 지속될 리 없다는 점을 알아야 한다. 하지만 연인들과 마찬가지로, 이들에게는 긴급한 목적이 있기 때문에 미래에 대한 경고가 귀에 들어오지 않는 법이다.

3장

남성은 왜 구원자가 되고 싶어하는가

...

이상하게도 말로 하는 계약은 대개 어떤 식으로든 신과 연관되는 반면, 악마와의 계약은 말만으로는 충분치 않다. 악마는 서면으로 된 계약을 원하며, 심지어 피로 계약서를 작성하기도 한다. 하지만 왜 신이나 연인에게는 말로도 충분한데 악마에게는 그렇지 않은 걸까? 사실 이 문제에 대해서는 신의 존재 자체가 실제로 우리의 약속을 토대로 한다는 주장이 제기되어왔다. 만약 신이 존재하지 않는다면 우리는 그들의 이름을 걸고 맹세할 수 없을 것이다. 그렇기에 신이 자신의 이름을 걸고 맹세했다는 성경 구절을 읽은 칼리마코스가 그리도 재미있어했던 것이다. 하지만 다른 존재의 이름을 걸고 그렇게나 많은 약속을 했다면, 사실은 신에게 말 이상의 것을 제공했다고 반박할 수도 있을 것이다. 악마가 피를 요구한다면, 의식을 통해 신체 절단이나 할례로 다른 신체 부위를 바치기도 한다. 수많은 입회 의식에서 치아나 손가락, 발가락 등 신체의 일부를 적출하거나 거기에 자국을 남기는 행위를 벌인다. 어느 경우에나 계약은 약간의 살점을 떼어내면서 체결된다.

기독교에서는 의복, 머리 모양, 세례시 물을 사용하는 관행 등의 규정을 이어가면서도 신체 훼손을 피한다는 원칙 때문에 이러한 관습을 멀리해왔다. 악마가 신체의 일부를 요구하는 경우 그 신체 일부가 무언가를 기록하는 데 사용된다는 사실에서 신과의 계약과 악마와의 계약은 명확히 구분된다. 그리고 많은 사람들이 결혼처럼 말로 맺은 계약의 굴레에서는 비교적 쉽게 벗어날 수 있다고 여기지만, 자기 자신을 악마에게 바치고 맺은 계약은 일종의 절대적인 지위를 갖는다. 무슨 일이 일어나든 악마와의 계약에서 벗어날 수 없다. 하지만 왜 이 빚이라는 모티브는 그렇게나 강력하며 왜 사람들은 거기에 대해 그렇게나 확신하는 것일까?

프로이트는 수없이 괴테의 『파우스트』를 인용했으면서도 오이디푸스 신화에 필적할 만한 파우스트 전설에 대해서는 희한하게도 논문을 쓰지 않았다. 1922년에 프로이트는 악령 들렸다고 추정되는 17세기의 한 사례에 대해 논평을 했다. 공동 연구자가 마리아젤이라는 마을에서 일어난 이 사건에 대한 논문에다 「마리아젤의 파우스트」라는 제목을 붙였음에도 프로이트는 이상하게 파우스트 전설에 대해서는 언급을 피했다. 하이츠만이라는 젊은 화가는 악마와 서면 계약을 했는데, 계약 기간이 거의 만료되어가자 성모 마리아가 개입해 자신을 구원해주기를 바랐다. 여기서 구원은 종이를 넘겨받는 형태, 즉 자기 자신의 피로 작성한 계약서를 돌려받는 것을 의미한다. 다행히 일이 잘 풀려 하이츠만은 계약서를 되찾았지만, 다시금 발작을 일으키고 마리아젤로 돌아간다. 이제 하이츠만은 잉크로 작성했던 계약서 초안을 손에 넣어야 한다고 말한다. 다시 한번 그걸 손에 넣은 하이츠만은 오래지 않아 수도원으로 들어간다.

여기서 프로이트의 흥미를 끈 것은 악마와의 계약이라는 모티브다. 일반적으로 악마는 상대의 영혼을 맡고 그 대신 지능이든 아름다운 여성이 주는 즐거움이든 무언가를 제공하기 마련인데 이 경우에는 구체적인 보상이 뭔지 전혀 언급되지 않았다. 이에 프로이트는 의문을 가졌다. 이 화가는 무엇을 원했을까? 계약 내용을 살펴본 프로이트는 조건에 대한 언급이 없는 것으로 보아 그 화가는 악마에게서 무엇을 받기 위해서가 아니라 악마가 그를 위해 무언가를 해주겠다고 했기 때문에 영혼을 포기했다고 주장했다. 그러니까 화가가 원했던 것은 다른 사람의 욕구였다. 계약이 어떤 목표물을 얻기 위한 조건이 아니라 계약 자체가 목표물이었던 것이다.

프로이트는 이렇게 흥미로운 이론을 전개하지 않고 사실 여기에는 숨겨진 도움이 있다고 주장하면서, 화가의 아버지가 최근 세상을 떠났다는 사실에 대한 언급으로 이를 짐작할 수 있다는 견해를 펼쳤다. 즉 이 계약은 대체라는 행위로 제공된 셈이다. 악마는 9년 동안 화가의 아버지 역할을 했다. 따라서 프로이트는 사랑과 미움이라는 양가감정이 중심에 놓이는 아들과 아버지의 관계에 대해 고찰한 셈이다. 아버지가 다정한 면과 무서운 면의 두 얼굴을 가졌듯이 최초의 신도 온갖 무서운 면을 지니며, 이러한 요소가 결합되어 훗날 악마에 상응하는 이미지가 형성된다. 프로이트는 이러한 담론에서 계약 문제로 관심을 돌렸고, 화가가 마리아젤의 종교인들을 옹호했다는 점에서 기이한 두번째 계약의 존재를 설명했다. 만약 화가가 다시 한번 미쳐 날뛰었다면 이것은 첫번째 계약을 되돌려도 효과가 없다는 의미이기에 두번째 계약이 등장한다. 이것은 상황에 대한 설명일 수도 있지만 동시에 또다른 결론을 의미하기도 한다. 즉, 일단 첫번째 계약이 돌려지고서도 여전히 계약이 남아 있어야 했기에 두번째 계약이 필요했다는 것이다. 아무리 많은 종잇조각을 돌려받아도 손에는 안 닿지만 구속력을 갖는 계약이 항상 존재하기 마련이다. 오늘날 계약서를 살펴볼 때는 작게 쓰인 세부사항에 주의를 기울여야 한다지만, 이 이야기에서는 세부사항이 계약의 부수 조건이 아니라 본질이다. 화가에게 세부사항은 첫번째 계약 그 자체다. 프로이트가 피와 잉크로 작성한 계약서에 주목했음을 고려할 때 그가 여기서 파우스트 전설을 언급하지 않았다는 건 더더욱 이상하다. 널리 알려졌듯이 어떤 신화에 따르면 원래 파우스트라는 인물은 인쇄업자로, 그가 하룻밤 사이에 붉은색 잉크로 어마어마한 양의 성경책을 인쇄해내자 마법을 부린 게 틀림없다는 의혹이 일어났다. 붉은 잉크는 피였고 그러니 악마와 모종의 약속을 했다는 추측이 가장 설득력 있었다. 그리고 이 버전에서는 이렇게 파우스트가 탄생했다고 본다. 잉크와 피의 연속성은 하이츠만의 이야기에도 반복되며, 이로써 우리는 이 끔찍한 계약의 수수께끼와도 같은 핵심에 한 발짝 다가갈 수 있다.

이 파우스트 전설의 유행에 대해 확인해보고 그 연장선상에서 쓴다는 행위를 진지하게 고찰해보면, 파우스트는 악마가 아니라 인쇄소, 보다 정확하게는 인쇄기와 계약을 맺었다고 결론지을 수도 있다. 파우스트가 몸과 영혼을 바쳤던 악마는 언어의 악마였다. 16세기 가장 인기를 끌었던 파우스트 관련서에서는 이 전설을 "그의 글, 그의 약속, 그리고 끝"이라고 요약했다. 모든 것은 언어로 쓴 하나의 글에서 시작되었으며 파우스트의 운명은 약속과 연결되어 있었다. 계약이 언어로 이루어졌기 때문에 아무리 많은 계약을 없애도 늘 하나는 남는다. 그리고 계약은 어쨌든 약속처럼 보일지 모르지만 거기엔 더 많은 내용이 담겨 있다. 자신의 말에 구속력이 있음을 보장하기 위해 계약을 맺으며, 언어는 그렇게 말한 사람이 빠져나갈 수 없게끔 영향력을 발휘한다. 실제로 아이와 어른을 구분짓는 것도 계약이다. 라캉의 지적처럼 아이와 어른은 말의 구속력 여부로 구분된다. 어른이라면 자신이 한 말에 책임을 져야 하지만, 아이라면 좋은 말이든 나쁜 말이든 내키는 대로 해도 구속받지 않는다. 나이는 말에 대한 책임을 보류해주는 듯하다. 물론 오늘날에는 법적으로 좀더 문제가 복잡해져서, 이제는 아이들의 말이 진실이냐 거짓이냐라는 문제가 매우 중요해진 새로운 맥락에서 판단해야 한다.

그렇다면 어느 시점부터 사람은 말에 구속될까? 파우스트가 전설로 남은 것은, 실존하는 특정 시점이 아니라 논리적인 시기를 다뤄서다. 언제부터 아이의 말에 구속력이 생긴다는 건 정해지지는 않았다. 키가 크는 시점처럼, 분명 존재는 하지만 어느 시점인지 명확하게 짚을 수는 없다. 파우스트 이야기는 아마도 이러한 어려움 때문에 존재하는 것이다. 라캉의 주장대로 무언가를 일반적인 방식으로 표현하거나 고찰하기가 불가능해 보일 때 그것은 전설의 형태를 취하기도 한다. 따라서 이 이야기는 언어의 세계에 입문할 때 발생하는 빚에 대한 것이라고 볼 수 있다. 하지만 왜 그렇게 다 악마적인 것일까? 상징 세계에 입성하면 일종의 평정심과 자제력이 생기고, 질풍노도 같은 어린 시절에서 벗어날 수 있지 않을까? 파우스트 이야기는 이에 대해서도 다시 한번 이러한 변화를 둘러싸고 실제로 어떤 일이 일어나는지 보여준다. 상징 세계는 평화로우며 체계적인 규칙을 구현할지 모르나, 그 핵심부에는 항상 두렵고 까다로우며 영원히 불만족스럽고 무언가를 파괴하려는 불협화음이 존재한다. 프로이트는 이를 초자아라고 불렀는데, 이는 부모의 명령을 내면화해주며 한계를 설정하고 무엇이 금기인지 이야기해주는 매개체다. 만화책에서는 이 초자아를 주인공이 잘못을 저지르게끔 유혹하는 악마와 다투는 천사로 간단히 형상화하곤 한다. 그러나 프로이트가 상술한 초자아 모델에서도 알 수 있듯이, 이 초자아는 그보다 훨씬 복잡하며 모순되기까지 한다. 단순히 부모가 금지하는 일만이 아니라 해야 하지만 할 수 없는 일들도 이 초자아가 구현하기 때문이다. 초자아는 주인으로 하여금 금기를 벗어나는 사람이 되도록 밀어붙인다.

프로이트의 학생들은 논리적으로 인간의 천사적인 면과 악마적인 면을 분리했으며, 이것을 각각 이상ideal과 초자아superego라고 불렀다. 여기서 초자아란 예를 들자면 이상이 잠자리를 갖지 말라고 충고하는 여성과 잠을 자도록 강요하는 목소리다. 프로이트의 개념에 따르면 여러분이 더 많은 것을 포기할수록 천사의 말에 따라 더 착한 사람이 되고, 초자아는 여러분이 포기한 만족감을 더 많이 흡수하게 된다. 여러분이 더 착하게 굴수록 초자아는 여러분을 더 황폐화시킬 것이고, 그로 인해 불행과 고통이 생겨난다. 만화책 속 천사와의 차이점이라면, 이 이상하지만 정확한 개념에서는 천사가 더 많이 성공할수록 악마의 힘이 더욱 강해진다. 여러분이 천사에게 더 많이 양보할수록 악마는 더 많이 파괴한다. 파우스트 전설에서 파우스트에게 빚을 갚도록 종용하는 악마와 같은 존재는 바로 이 무서운 힘을 의미하며, 이는 상징적인 존재와 계약을 맺을 때마다 구체화된다. 착한 아이가 되고자 만족감을 더 많이 버릴수록 무언가 다른 영역이 이를 보충하려 들기 마련이므로 성인聖人과 죄인 사이의 일반적인 구분은 까다로워지고, 이로 인해 성인이란 제대로 알려지지 않은 사람이라는 교회의 정의가 확인되는 셈이다.

그렇다면 파우스트 이야기는 도대체 무슨 이야기인가? 한 남자가 정해진 몇 년 동안 특별한 능력과 특권으로 이익을 얻는 대가로 영혼을 팔아버린다. 그 기간이 끝나자 자신의 행동을 후회하는 남자는 필사적으로 그 빚을 무효화시키려 하나 그 빚은 철회 불가능하기에 결국 그는 희생된다. 이것은 빚에 대한 이야기지만 특별히 중점을 두는 부분이 있다. 파우스트는 몇 년 동안이나 자신에게 부여된 능력을 즐겼기에 결국 그의 빚은 자신의 존재에 대한 빚이나 마찬가지다. 파우스트가 존재하려면 무언가 빌린 것이 있어야 한다. 오이디푸스 이야기가 무언가를 알고 싶어하는 사람의 이야기라면, 파우스트 이야기는 무언가가 되고 싶어하는 사람의 이야기라고 지적한 학자도 있다. 파우스트는 다른 사람보다 더 많이 아는 사람이 되기보다 다른 사람보다 더 뛰어난 사람이 되고자 했다. 여기에 한 가지 종교적인 관점을 추가하자면, 이 빚의 발생에는 진짜 악마와의 계약이 필요한 게 아니라 출생이라는 사실만으로 충분할지도 모른다.

프로이트는 파우스트 이야기에 대해서는 별달리 언급하지 않았지만 출생의 빚이라는 개념에 대해서는 몇 가지 독특한 글을 남겼다. 프로이트는 많은 남성들이 여성에 대해 구출 강박을 가졌다는 임상 현상을 설명하고자 했다. 마르셀 파뇰은 바칼로레아•를 치를 나이가 되기도 전에 잔인한 유괴범, 휘몰아치는 폭풍우, 화산 폭발, 심지어 지진에서 최소 열두 명 이상의 여성을 구하는 공상을 해보았다고 말했다. 이 구출에 대한 판타지는 매우 보편적이라 프로이트는 이것이 왜 그리 빈번한지 설명하려 했다. 프로이트는 그전에 발표한 사랑의 심리학을 다룬 논문에서 남성의 배우자 선택은 어머니와의 관계 변천의 영향을 받는다고 주장했다. 어머니의 성적 측면을 부인한 남성은 잠

• 프랑스의 대학입학자격시험.

자리를 함께할 수 없는 이상화된 여성과 성관계를 가질 수 있는 타락한 여성으로 여성을 양분한다. 따라서 남성의 애정생활이 양분된 것은 어머니의 성적인 면을 직시하지 못하고 어머니도 다른 여성들처럼 사랑을 나누고 심지어 즐길 수도 있다는 사실을 인정하지 않아서다. 남성이 사랑하는 여성을 구출하고 싶어질 때에는 다음과 같은 과정이 이어지는 듯하다. 예를 들어 매춘부처럼 성적인 대상을 선택해 그녀가 처한 상황에서 구해준 다음 그녀의 삶을 제약하는 식으로 성적인 여성을 이상적인 여성으로 변모시킨다. 찰스 디킨스는 타락한 여성들을 구원하는 데 많은 노력을 쏟았지만, 평론가 클레어 토말린의 지적처럼 그토록 많은 여성들을 만났음에도 그의 소설에서 타락한 여성의 이미지는 한결같았다. 프로이트가 주장한 바의 첫 대목에 따르면 이는 놀랄 일이 아니다. 그 여성들이 모두 한 여성, 바로 어머니를 나타내기 때문에 이미지는 한결같았으며 그가 선행을 베풀었던 수많은 여성에게는 어머니의 특징이 굴절되어 있었다.

하지만 프로이트가 납득하지 못한 부분도 있었다. 프로이트는 누군가를 구하려는 충동이 소위 '부모 콤플렉스'의 '독자적인 파생물'이라고 여겼다. 따라서 어머니의 이미지와 단순히 연결지을 수 없다는 것이다. 부모 덕분에 자신이 생명을 얻었다는 사실을 아이가 알게 되면, 아이의 다정함과 능력 그리고 독립을 손에 넣으려는 충동이 결합되어서 받은 선물을 되돌려주고 싶다는 바람이 생긴다. 프로이트는 '아버지에게 아무것도 받고 싶지 않아. 아버지가 내게 쓴 돈은 모두 갚겠어' 같은 형태로 아이가 반항한다고 설명했다. 이런 이유로 아버지를 위험에서 구해내고 목숨을 구하는 상상을 하게 된다. 그 다음에는 많은 문학 작품에서 볼 수 있듯이 아버지의 존재가 왕이나 잘 알려진 인물로 대체된다. 누군가가 다른 사람을 구해주고 상대방이 빚을 갚는 이야기에서 흥미롭게도 알고 보니 목숨을 구해준 사람이 적이었다는 경우가 많은 것도 이러한 견해를 뒷받침해주는 듯하다. 자신을 생명의 은인으로 여기는 사람이 실은 라이벌이었다는 의미로, 구출된 사람이 아버지를 상징한다는 프로이트의 주장을 고려하면 논리적으로 앞뒤가 맞는다. 그러나 프로이트는 어머니에게 진 빚을 갚기란 쉽지 않기 때문에 어머니와의 관계는 보다 복잡해진다고 봤다. 어머니에게 빚을 갚으려면 아이를 갖게 하거나 어머니를 위해 아이를 낳아야 하기 때문이다. 아버지를 구한다는 생각의 기저에는 반항심이 자리한다면, 어머니에게 은혜를 갚는다는 생각에는 다정함이 자리한다. 어머니에게 안겨줄 아이는 분명 아들인 자신을 닮았을 테고, 그렇기에 아들은 자신의 아버지로 변신하게 된다. 이는 마치 구출을 상상할 때마다 아들과 아버지가 동일하다는 사벨리우스 이단•의 교리가 분명해지는 것이나 다름없다.

그렇다면 구출에 대한 생각은 남녀 간에 똑같을까? 남녀 모두 구출에 대한 판타지에서의 목표가 같은가? 프로이트는 이 문제에 대해 부정적인 견해를 피력했다. 남성의 경우 구출은 아이를 만들어내는 것, 즉 아이가 태어나게끔 원인을 제공하는 것을 의미하고, 여성의

• 성부, 성자, 성신을 세 인격이 아니라 한 인격의 세 면이라고 하는 설.

경우 직접 아이를 낳는 것을 의미한다는 해석도 있다. 이러한 분석은 흥미롭기는 하나 구출 모티브를 제대로 설명하지는 못한다. 프로이트도 이를 인식했는지 제자들이 「공상과 신경증에서의 구출 및 구원 모티브」라는 논문을 쓰게끔 독려했으며, 자신의 저서를 통해 일상생활 속의 정신병리학을 다루면서도 남성에게 구출이 어떤 의미인지에 대한 그런 설명에 의문을 제기하는 주석을 달았다. 백일몽에 대해 논의하면서는 도데의 「나바브」 속 어느 일화를 언급하기도 했다. 조슬랭이라는 신사가 파리의 한 거리에서 고삐 풀린 말 앞으로 몸을 던져 말을 멈춰 세운다. 어떤 유명인사가 걸어 나와 그의 손을 잡고 "당신은 나의 구세주요. 내 생명을 구해준 은인이란 말이오. 어떻게 은혜를 갚으면 되겠소?"라고 말한다. 하지만 논문을 인쇄소에 넘기기 직전 인용 출처를 확인하던 프로이트는 도데의 작품 가운데 이 이야기가 없다는 사실을 발견했다. 조슬랭이란 이름도 없었으며 프로이트 자신의 이름을 프랑스어로 번역한 음절이 포함된 이름을 가진 주아외즈라는 사람이 등장할 뿐이었다. 프로이트는 이 백일몽이 다름 아닌 자기 자신의 것이며, 아마도 후원자와 지지자를 물색하며 파리를 홀로 걷던 젊은 시절에 생각했던 내용임이 틀림없다고 결론내렸다. 뒤이어 프로이트는 항상 누군가의 제자가 된다는 생각에 적대적이었으며, 대신에 '강한 사람'이 되고픈 충동을 느꼈다고 언급했다. 따라서 이 백일몽과 빚을 갚는다는 식으로 이뤄지는 반항의 행위라는 프로이트의 구출 모델 이론은 일맥상통한다. 그러나 프로이트는 1924년에 주석을 추가하면서 이 이야기가 어린이 책이었을지도 모른다면서 위인을 구출한다는 공상은 단순히 후자가 그 자신을 구출하는 판타지의 전조로 등장할 뿐이라고 적었다. 의식적으로는 타인에게 의존하기를 꺼리지만, 그보다 더 심오한 차원에서는 다른 사람이 그를 구해주고 그에게 상을 주는 셈이다.

이러한 패턴은 실제로 정신분석에서 접하게 되는 다양한 구출 관련 백일몽에 등장하지만, 그 해석에 있어서는 다소 주의해야 한다. 백일몽은 언뜻 소망, 즉 우리가 진정으로 바라는 바를 나타내는 듯하지만 사실 연애나 구출은 백일몽을 꾸는 사람이 진정으로 추구하는 바가 아니다. 이를 이해하기 위해서는 백일몽 자체보다는 당사자의 상황을 살펴야 한다. 많은 사람들이 스스로를 고통스러운 상황으로 몰아넣는데 이는 이들의 마음 깊은 곳에 자리잡은 목표를 드러낸다. 백일몽은 일종의 위장이지만, 프로이트의 사례가 보여주듯이 보다 깊은 곳을 탐구하기 위한 단서를 백일몽에서 찾을 수 있다. 따라서 백일몽을 좇아 다른 욕망을 찾는 것은 흥미롭지만, 백일몽 자체를 그가 원하는 바와 동일시하는 것은 옳지 않다.

어떤 남성은 십대 초반에 즐겨 했던 여러 가지의 백일몽에 대해 설명하면서, 부모가 저명인사인 엄청난 집안 출신의 동급생을 자신이 살인자 무리에게서 구해주었다고 말했다. 남성은 그 소년의 이미지를 매우 자세히 묘사했는데, 그의 아버지가 높게 평가했던 특징들을 그 소년이 어느 정도 상징한다는 게 분명해졌다. 백일몽에서 남성은 친구를 구출한 뒤 그 부모님에게 매우 후한 사례를 받았다. 거액의 돈이라는 사례는 아버지의 능력을 벗어난 것, 즉 끊임없이 꿈꾸지만 절대 손에 넣을 수 없는 것과 연관되었다. 그러니까 그는 백일몽을 통해 자기 아버지에게서 받아본 적 없는 것을 손에 넣었고 구출 행위는 보다 복잡한 체계의 일부였으며, 이는 아들의 반항 행위라기보다 새로운 형태의 부채와 연결됐다. 로버트 브라우닝이 엘리자베스 배럿을 강도에게서 구해주고 그녀가 감사의 의미로 그에게 손을 허락해주는 광경을 상상하며 즐거워한 것을 단순히 여성의 손을 잡고 싶어하는 그의 소망이 드러난 장면이라고 볼 수도 있다. 그러나 브라우닝에게는 단순히 여성과의 접촉이 아니라 여성이 그에게 자신을 허락했다는 점이 중요하다.

만약 금지된 여성에게로의 접근이 유일한 관심사라면 여성을 구출하는 것이 아니라 훔치는 것에 대해 공상할 것이다. 물론 그러는 사람도 분명히 있다. 그러나 여성이 자신을 허락했다면, 어머니에게 거부당하고서 장차 아버지가 인정한 다른 여성을 맞이할 수 있다는 오이디푸스적 사고방식에 가깝다. 브라우닝은 이러한 의미에서 구출에 대한 공상을 했는데, 그래야 다른 사람에게서 선물이나 보상의 형태로 여성을 얻을 수 있기 때문이다. 달리 말하면 정당하게 여성을 손에 넣을 수 있어서였다. 민담과 신화를 광범위하게 분석한 러시아의 민속학자 블라디미르 프로프는 이러한 이야기에 자주 등장하는 악당, 공주 등의 인물들을 나열하면서 허락이라는 역할을 도맡은 기증자라는 인물을 추가했다. 하지만 이 역할의 본질은 정확히 무엇일까?

프로이트의 「나바브」 이야기가 아버지의 구출이 아버지에 의한 구출로 해석될 수 있음을 보여준다면, 과연 어떤 유형의 아버지가 구출을 하는지에 대해 의문을 제기해야 한다. 정신분석학 탄생 초기에 오이디푸스 콤플렉스의 보편성에 대한 논쟁이 일어났는데, 이에 학자들은 토착문화에 대한 논문에서 증거를 찾으려 많은 노력을 기울였다. 어니스트 존스는 심도 깊고 다각적인 연구를 진행하면서 왜 그토록 많은 문화에서 임신이 남성의 실제 성기보다 그가 '생각idea'이라고 부른 일종의 영혼 같은 존재와 밀접한지에 주목했다. 존스는 이 이상한 믿음을 단순히 무지라고 치부하기보다 오이디푸스 콤플렉스라는 혼란을 겪으며 아이가 아버지에 대한 적개심과 불안감에 휩싸여 가능한 한 최선의 길을 택하는 것이라고 설명했다. 즉 어머니의 임신은 가까이 있는 남성 때문이 아니라 어떤 영혼 때문이라고 가정함으로써 어머니를 실제 아버지에게서 떼어놓는다. 생각이라는 이 상징적인 요소를 도입해 중재 효과도 얻을 수 있고 끔찍한 오이디푸스적 상황에 평화를 가져올 수도 있다. 그런 이유로 분석적인 학설에서는 한 명 이상의 아버지가 탄생해 실제 음경을 가진 남성뿐만 아니라 실체가 없는 상징적인 존재도 등장한다. 물론 성부, 성자, 성령의 정확한 관계에 대한 논쟁에서 볼 수 있듯이 교회도 이 문제와 연결된다. 아기 예수를 탄생시킨 것은 실제 남성이 아니라 아버지와는 동떨어진 매개체나 영혼이다. 따라서 오리겐이나 아리우스 같은 소위 이단자들의 신의 과업과 관련하여 어떤 실체가 물질적으로 배출된다는 생각 자체를 피하게끔 부성에 대한 은유를 제한해야 한다고 주장한 것은 충분히 납득 가능하다. 비록 당시에는 무언가를 배출한다는 개념은 신의 존재를 분리 가능하고 변경 가능하다고 암시하기에 용납할 수 없다는 주장이 제기되었지만, 정자를 배출하며 가까이에 존재하는 실제 아버지와 그렇지 않은 상징적인 아버지에 대한 논쟁은 사실 잠재돼 있었다. 그리고 만약 실제로 신이 이런 방식으로 정자를 배출했다면, 천지창조의 '빛이 있으라'라는 구절은 세계가 몽정의 결과라고 암시하는 셈이니 이 역시 용납 불가한 일이다.

정신분석 이론에서 아버지의 실제 생물학적 역할과는 차별화된, 부권의 상징적인 측면이라는 개념을 발달시킨 것은 라캉이다. 그리고 많은 경우, 구출 시나리오에서 궁극적으로는 바로 이러한 역할이 요구된다. 실제 아버지의 이미지가 어떤 이유로든 무능력하다면 상징적인 존재가 개입해 이를 강화시킬 수 있다. 이는 가문의 쇠락 여부에 관계없이 문장紋章의 존재가 한 가문에 위상을 부여해주는 것과 마찬가지다. 마르셀 파뇰의 자서전 첫 권에는 상징적인 요소를 통해 아버지의 약화된 이미지를 강화하는 훌륭한 사례가 등장한다. 어린 마르셀 파뇰은 교사인 아버지를 무척 존경했지만, 로즈 이모가 아버지보다 더 부유하고 세련된 신사인 쥘과 결혼하면서 아버지의 위상은 조용히 허물어진다. 두 가족이 주말 별장을 빌려서 함께 떠났을 때 두 남자는 사냥에 나선다. 아버지는 이전에 단 한 번도 동물이나 새를 죽여본 적이 없었으나 쥘 이모부는 당연히 전문가였다. 이모부의 총은 근사했지만 아버지의 총은 구닥다리인데다 볼품없었다. 그는 두 사람이 총을 비교하는 모습을 지켜보면서 모욕감을 느꼈고, 이유를 알 수 없지만 이상하게 불쾌하고 어렴풋이 불만스러워졌다. 그가 상황을 파악한 후에도 문제는 해결되지 않았다. 뛰어난 교사인 아버지가 이제 학생이 되어 전문가인 쥘 이모부에게 가르침을 받고 있었다. 그는 이때 처음으로 아버지의 '전능함'을 의심하게 되었노라고 토로했다.

두 남자가 사냥을 계속하면서 전리품은 두 종류로 나뉘었다. 하나는 일반 자고새나 토끼처럼 잡기 쉬운 동물이었고 다른 하나는 여느 동물들과 차별되는 특별한 동물이자 명예로운 대상인 바위자고새였다. 사냥꾼들에게 궁극의 보상과도 같은 바위자고새는 매우 희귀하기에 가치 있었다. 어린 마르셀 파뇰은 어른들의 사냥을 도우면서 아버지의 추락한 이미지를 회복하고자 최선을 다한다. 아버지가 무언가를 맞췄다고 이모부가 여기게끔 그는 깃털을 모아놓기도 한다. 사냥길에 따라가지 못하게 되자, 몰래 두 사람을 좇으며 이모부에 비해 형편없는 아버지의 성과에 절망한다. 그러다가 갑자기 아버지에게 행운이 따랐다. 바위자고새 한 마리를 맞춰도 기적이라 할 법한데 심지어는 두 마리를 명중시켰고, 그중 한 마리는 아들의 머리 위로 떨어졌다. 쥘 이모부가 희귀한 새를 놓쳤다고 아버지를 책망하자 그는 아버지의 전리품을 들고 덤불에서 모습을 드러낸다. 이들 일행이 마을에 가서 포획물을 자랑하자 마을 사람들은 이 듣도 보도 못한 성과에 깜짝 놀라고 아버지는 득의양양해하며 당당하게 사진을 찍는다. 훗날 아버지는 이 사진을 할아버지에게 보내고 바위자고새는 각 세대를 잇는 역할을 하게 된다. 그리고 이때 그는 아버지에게 무한한 애정을 느낀다.

파뇰의 『아버지의 영광』●에 상세하게 나오는 이 이야기는 아이의 오이디푸스 콤플렉스라는 맥락에서 상징적인 요소가 어떻게 역할하는지를 잘 보여준다. 이상화된 아버지 앞에 훨씬 좋은 총을 가진 쥘 이모부가 등장한다. 아버지는 계속해서 모욕을 당하지만, 결국 이 극적인 사냥 사건으로 아버지는 바위자고새라는 형태의 상징물을 얻는다. 이 상징물은 가문의 문장과 마찬가지이며, 할아버지에게 보낸 사진에서 알 수 있듯이 세대를 초월한 정체성뿐만 아니라 그 소유자에게 고귀함까지 부여한다. 이야기의 초반부터 신화적인 사냥감으로 자리매김하는 바위자고새는 다른 동물들과는 차별화된 특별한 가치를 가지고 있었다. 단순히 살아 있는 새가 아니라 상징이었다. 그리고 이러한 상징물 중 하나가 소년의 머리 위에 떨어짐으로써 아버지의 영광이 아들에게 왕관을 씌워주게 된다. 따라서 이 상징적인 요소는 아버지의 약화된 이미지를 강화시켜주고, 아들은 무용담을 계속해가면서 회고록의 두번째 권에서 이어지는 어머니와의 로맨스 거치기라는 논리적인 행동을 단행하게 된다.

구출 판타지에는 다양한 측면이 있지만 특히 실제 인간과는 다른, 이 상징적인 요소가 행하는 구출 역할이 우리를 매료시킨다. 프로이트가 구출을 다룬 첫번째 미발표 논문에서 언급했던 흥미로운 관찰도 이로써 설명 가능할지 모른다. 프로이트는 이 모티브를 두고 이것이 아이를 수음에서 구해줄 여성, 금지된 행동에 종지부를 찍어줄 여

● 국내에는 『마르셀의 여름』으로 출간되었다.

성을 찾는다는 개념과 연계된다고 언급했다. 실제로 발표된 논문에는 내용이 포함되지 않았지만, 구출이라는 개념이 금지의 매개체라는 개념, 즉 앞서 살펴본 상징적인 요소의 모습을 한 매개체와 연결됐을 가능성도 있음을 보여준다. 구출하는 존재는 근본적으로 인간이 아니다. 파놀의 이야기에서 문장과 같은 바위자고새는 〈터미네이터 2〉에서 훗날 인류의 구세주가 될 인물을 보호하기 위해 나타난 로봇과 연결될지도 모른다. 이 상징적인 요소가 반드시 인간과는 차별되어야 한다는 점은 명견 래시의 이야기에서도 명확히 드러난다. 여기서도 구출하기 위해 달려오는 것은 동물이며, 실제로 개든 돌고래든 TV 프로그램에 등장하는 동물들은 항상 사람을 구한다는 공통점을 지닌다.

파우스트의 이야기와 구출 모티브를 비교해보면, 부채를 탕감한다는 개념과 부채는 절대 탕감될 수 없다는 개념 사이의 팽팽한 갈등을 확인할 수 있다. 간디는 다른 사람들을 구하는 데 일생을 바쳤지만, 그가 병든 아버지를 내버려두고 아내와 사랑을 나누기 위해 서둘러 떠나고서야 다른 사람을 구하며 살기로 결심했다는 사실은 그 의미가 중요하다. 간디 부부가 포옹하고 있을 때 누군가 문을 두드리고 끼어들어서는, 그가 잠시 병상을 비운 사이 그의 아버지가 세상을 떠났다고 전한다. 아버지에게 진 이런 빚을 절대 되갚을 수 없기에 간디는 그 대신 모든 사람을 구하겠다고 결심하게 되었고, 여생을 운동에 바쳤다. 어떤 의미에서 보면 구출 판타지는 파우스트 같은 거래가 불가능하기에 생겼다고도 할 수 있다. 백일몽에서는 빚을 갚는 모습이 등장하지만, 빚은 사실 절대로 전부 갚을 수 없기에 백일몽일 수밖에 없다.

우리는 이 모티브의 다양한 가능성과 버전에 대해 보다 자세히 살펴봐야 한다. 프로이트의 제자인 카를 아브라함은 구출이라는 이 주제를 연구하면서, 단순히 아버지에 대한 반항심만이 아니라 아버지를 살해하고 어머니와의 성적인 관계를 차단하려는 충동이 여기에 숨어 있을지도 모른다고 생각했다. 하지만 어머니를 구출한다는 이미지가 단순히 어머니에게 아이를 주고 싶다는 소망의 표현일까? 프로이트가 구출 판타지를 논의하면서 덧붙인 세부사항의 의미가 중요하다. 다름아닌 구출되는 여성은 정조 관념이 희박한 경우가 많다는 사실이다. 어떤 의미로 그녀는 다른 남성의 소유다. 어머니는 다른 남자(아버지)의 소유이기 때문에, 구출이 오이디푸스 콤플렉스에서 유래하는 것은 분명해 보인다. 그렇기에 프로이트가 정확히 이 패턴을 연구하면서 어머니의 구출이 아닌 아버지의 구출을 첫번째 사례로 들었다는 사실이 너무나 놀랍다. 아버지를 구출하는 것은 아버지에게 빚을 갚는다는 의미이며, 아들 입장에서는 일단 빚을 갚으면 아버지와는 관계가 없어진다. 이를 통해 구출 판타지는 우선 아버지를 구하고 그다음 어머니를 구하는 논리적인 전개를 따른다고 추론할 수 있다. 하지만 앞서 살펴보았듯이, 도데의 소설에 대한 프로이트의 언급은 여기에 보기와는 다른 의미가 담겨 있음을 의미한다. 아버지를 구출하는 상상은 아버지에게 구출당하는 상상, 보다 정확히 말하면 실제 아버지와는 달라진 상징적인 존재에게 구출되는 상상을 덮어버린다. 이러한 모티브 때문에 무언가를 받는 행위가 남성에게는 어떤 의미인가라는 중대한 문제가 대두된다.

많은 남성들이 주는 행위나 받는 행위에 매우 서투르다. 하지만 한 사람이 양쪽 모두 어색해하는 경우는 매우 드물며, 보통 어느 한 쪽에만 서툴기 마련이다. 게다가 경멸하는 눈초리로 아버지가 주는 것이라면 뭐든 거부하고 어머니에게 의지하는 남성들이 있는가 하면, 어떠한 상황에서도 어머니에게는 아무것도 받지 않으려는 남성들도 있다. 옷이든, 어떤 기술에 대한 가르침이든, 부모가 주는 것이라면 뭐든 영 탐탁지가 않다. 항상 뭔가 부적절한 것이다. 그리고 받는 행위에 익숙지 않은 남성들은 보통 다른 사람, 특히 이성에게 많은 것을 주려는 사람인 경우가 많다. 남성이 좀더 이타적으로 행동할수록, 특히 성행위를 할 때 상대방을 배려할수록 남성의 감정이 미움으로 기울 가능성이 크다. 여성이 무슨 수를 써서라도 자신을 만족시키는지 아닌지에서 남성의 가치를 찾는다면 이러한 태도는 훗날 적잖은 문제를 야기할 것이다. 여성을 만족시키지 못한 남성은 증오심을 품게 된다. 만약 그가 자신은 충분히 여성을 만족시킬 수 있다고 생각한대도 이 여성은 남성과는 동떨어진 즐거움을 상징하는 존재가 되므로 반감은 여성 쪽을 향한다. 남성이 여성에게 더 많은 것을 주려 할수록 결국 더 여성을 미워하게 된다.

마찬가지로 전혀 거리낌없이 타인에게 많은 것을 받으면서도 기본적으로 본인은 주는 행위에 익숙지 않은 남성들도 있다. 이는 절대 혼자 지낼 수 없는 사람이 실은 진정으로 다른 사람과 함께 시간을 보낼 수 없는 사람인 것과 비슷한 맥락이다. 여기서 많은 것을 받았다는 게 반드시 많은 것을 가졌다는 의미는 아니다. 수많은 남성들이 돈을 벌고 싶어하지만, 약간이나마 성공을 거두면 벌어들인 것을 금세 탕진하고는 도대체 돈이 어디로 갔는지 모르겠다며 불평한다. 무슨 수를 쓰든 지갑을 비우겠다는 결심은 어쩌면 자기가 잃어버린 것을 누군가가 가지고 있다고 상상하기 위해서 하는 것일지도 모른다. 하이네가 법학 학위를 받았을 때, 그동안 고생했으니 휴가를 다녀오라며 대부호인 삼촌 솔로몬이 상당한 금액을 건네준다. 그러나 하이네는 노르데르나이 섬에 도착하자마자 무모하게 도박을 하다가 하룻밤 만에 돈을 전부 날려버린다. 하이네는 무언가를 반드시 받아내고자 했지만 일단 수중에 들어오면 전부 잃어버렸다. 그는 부유한 친척에게서 뭉칫돈을 받아내 비참한 인생에 종지부를 찍기를 평생 바랐다. 그런 미래를 꿈꿨음에도 하이네는 솔로몬 삼촌에게 건방지게 굴고 그의 말을 듣지 않았기에 돈을 받을 가능성을 스스로 낮추고 있었다.

영국에서도 이렇게 앞뒤가 안 맞는 경제 관념의 사례를 찾을 수 있다. 닉 리슨이 1995년에 베어링스 은행을 파산시켰을 때, 가장 큰 수수께끼는 왜 은행 경영진들이 그리도 오래 속았을까가 아니었다. 그보다 왜 리슨은 체포당한 후 늘 웃는가가 의문이었다. 이 트레이더는 점점 불어나는 손실액을 감추기 위해 본인의 계정 장부 외에는 어디에도 존재하지 않는 고객에게 첫 지급금을 지불해야 한다며 은행에 자금을 요청했다. 마침내 시장이 무너지고 빠져나갈 희망이 완전히 사라지자 그는 아내와 함께 짧은 휴가차 프랑크푸르트로 가려다가 체포되었다. 대기중이던 경찰에게 이끌려가면서 그는 웃음을 감추려 안간힘을 썼다. 그후 몇 달간 언론 보도에 등장할 때는 그조차도 못했다. 그토록 많은 것을 잃은 사람이 어째서 그렇게 기분좋았던 걸까?

이 웃음은 그저 안도의 신호였을 수도 있다. 오랫동안 엄청난 압박에 시달려왔던 리슨은 이제 아무것도 숨길 필요가 없었다. 금융 혼란을 일으켰음을 시인하고 처벌을 받아들이기만 하면 됐다. 하지만 여기에 보다 심오한 문제가 작용했고, 단순히 카타르시스 효과라고만은 볼 수 없는 기쁨이 흘러넘쳤다. 그는 무척 곤란한 상황에 처해 있었지만 분명 무언가 때문에 몹시 즐거워하고 있었다. 리슨의 웃음은 드레퓌스•의 잠과 같은 선상에 놓일지 모른다. 자신의 삶이 끝날지도 모르는 상황에서, 악명 높은 재판장으로 끌려가면서 이 프랑스 병사는 마치 아기처럼 자고 있었다. 실제로 범죄를 저지르지 않았대도, 처벌을 받아 어느 정도 만족했을지도 모른다. 정신분석학이 처음 등장했을 때, 열정적인 어떤 판사가 성적 노출로 유죄 판결을 받은 사람들에게 감옥에 가는 대신 빈 정신분석 클리닉에서 치료를 받지

• 독일 첩자라는 혐의로 유죄 선고를 받았다가 무죄를 인정받고 복직된 프랑스 군인.

않겠느냐고 제안했다. 일단 집행유예를 선고하고 피고인들이 6개월 동안 정신분석 치료를 받는다면 처벌을 면제해주겠다고 제안했다. 처음에는 다섯 명의 범죄자들이 무료 치료를 받기로 했다. 첫번째 사람은 치료를 시작했다는 서명을 하고 며칠 뒤 포기했다. 그다음 두 명은 병원 관리자와 첫번째 상담을 하고는 나타나지 않았다. 나머지 하나는 말도 안 되는 변명을 하며 치료를 포기했다. 치료가 어떨지 알 턱이 없었고, 담당 전문의도 제각각이었으며, 심지어 서로에 대해서도 몰랐기 때문에 이들이 치료를 두려워했다고는 볼 수 없었다. 그들 모두 감옥에 갇히는 처벌을 택한 것은 특정한 심리가 작용했기 때문이었다. 감옥은 단순히 범법 행위에 따른 결과가 아니라 범죄에서 처벌로 이행하는 필수 요소였다. 한 정신분석가는, 이들이 감옥에 갇히지 않으면 다음 범죄를 저질러도 좋다는 증명서를 손에 넣지 못하는 것과 마찬가지라고 결론지었다. 즉 죄책감과 범죄는 매우 독특하지만 논리적인 관계인 셈이다. 리슨은 아마도 자신이 좇던 것을 찾았기 때문에 웃었을 것이다.

신경증과 받는 행위 사이의 관계는 이 사례를 통해 매우 분명하게 드러난다. 리슨은 가상의 고객을 만들어 선물 상품을 매입한 뒤 나중에 그것을 되샀다. 빚이 점점 불어나면서 그의 수익도 점차 증가하는 듯했고, 은행에서는 그가 고객에게 이익금을 지급하게끔 막대한 돈을 보내주었다. 다른 말로 하면 리슨은 은행에 보이는 자신의 이미지, 즉 계속해서 동료들이 자신을 투자의 귀재로 볼 것인가만 걱정한 것이 아니라, 수중에 없는 돈을 쓰고 있기도 했다. 그는 속임수를 써서 수중에 돈을 넣었지만 자꾸만 빚이 불어나 밑 빠진 독에 물 붓기나 다름없었다. 리슨이 훗날 인정했듯이 그가 올리는 수익은 '진짜 수익이 아니었다'. 이 문제는 남성성의 중심에 자리잡은 어려움을 이해하는 단서가 된다. 무언가를 소유는 하지만 그것은 약속의 형태로 존재한다. 수익이기는 하나 진짜 수익은 아니다. 사실 진짜 수익 같은 것은 존재하지 않는다는 사실을 받아들이는 것으로 남성의 위치를 정의할 수 있다. 따라서 만화에 자주 등장하는 힘과 의존성 사이에서 갈팡질팡하는 남성의 모습은 모순되지 않는다. 남성의 입장에서 힘은 항상 빌려오는 것이기 때문에 이 두 가지 특징은 상충되지 않는다. 슈퍼히어로가 항상 슈퍼히어로의 모습을 하지 않는다는 사실은 결코 우연이 아니다. 평범하게 지내다가 갑자기 슈퍼히어로로 변신했다가 원래대로 되돌아간다. 이들의 특별한 힘은 아스테릭스처럼 일시적이고 영구적이지 않으며, 빌려온 것이지 타고난 것이 아니다. 괴테라면 조상에게 능력을 물려받으려면 그만한 노력을 기울여서 자기 것으로 만들어야 한다고 썼겠지만, 그렇게 소유해봐야 절대 완전해질 수 없다. 남성이 무언가를 소유할 때, 그것이 진정으로 그에게 속했다고 말할 수는 없다는 의미다.

남해포말사건•이 터지며 금융시장이 나락으로 떨어질 때, 신경질환이 전문인 한 의사가 이런 관찰 결과를 내놓았다. 그는 사건 이후 신규 환자가 엄청나게 늘었는데, 이들은 모든 것을 잃은 사람들이 아

• 19세기 초 영국의 남해회사의 주가를 둘러싼 투기사건으로 재계에 대공황을 야기했다.

니라 오히려 제때 주식을 판 사람들이라고 했다. 사람들은 이렇게 구사일생했다는 사실, 즉 무언가를 잃었다는 현실보다는 그럴 수도 있었다는 가능성을 견디기 힘들어했으며 이로써 무언가를 소유하기가 얼마나 힘든 일인지도 알 수 있다. 배우 스펜서 트레이시는 최전성기일 때도 경력이 무너지면 아내와 살아가는 데 어느 정도의 돈이 필요할까를 계산하느라 뜬눈으로 밤을 지새우곤 했다. 그는 성공할 때마다 자신이 어떤 식으로든 대중을 속였고 언젠가는 대중이 자신의 '정체를 알아채고' 모든 것을 잃으리라 여기며 괴로워했다. 소년은 남근을 가져야 하지만 남근은 하나의 기표라는 라캉의 표현은 정확히 이러한 어려움을 강조한 것이었다. 기표에 해당하는 무언가가 있다는 것은 무슨 의미인가? 이는 분명 음경이나 자동차처럼 어떤 실재하는 물건의 소유와는 다르다. 혹자는 여기서 남성이 봉착한 교착상태를 라캉의 문장을 이해할 때 겪는 어려움과 정확히 동일하다고 정의하기도 한다. '기표를 소유'한다는 것이 무슨 의미인지 이해하지 못하는 게 바로 남성의 문제이며, 이로 인해 남성은 온갖 어려움에 처한다.

어떤 남성은 짧은 치료를 받고서부터 매우 이상한 두려움에 시달렸다. 목욕할 때마다 방수 기능이 없는 시계를 풀어놓지 않았다는 극심한 공포에 휩싸였던 것이다. 소유물의 가치는 소유물이 손상될 수 있다는 생각으로 이어졌으며, 이는 왜 남성에게 있어서 무언가를 소유한다는 것이 간단치 않은지를 보여준다. 여성은 주차해놓은 장소를 왕왕 까먹지만, 남성은 주차된 장소로 돌아갔을 때 차가 거기 없을지도 모른다는 끔찍한 공포에 시달리는 경우가 훨씬 흔하다는 사실도 지적할 만하다. 소유의 일반적인 문제는 그의 모든 소유물, 특히 남성적인 특징과 연관된 항목들에서 극명하게 드러난다. 물론 음경은 그중에서도 특별한 위치를 차지한다. 남성들은 일상생활 도중 음경을 잃을까봐 의식적으로 걱정하지는 않지만 소변에서 혈흔을 발견하거나 성기에서 평소와 다른 점이 발견되면 묘한 기분에 사로잡힌다. 이는 여성이 그런 증상을 접했을 때 훨씬 차분해하는 것과는 대조적이다.

버글러는 받는 행위라는 문제에 대해 나름의 견해를 가지고 있었다. 그는 수많은 책과 논문을 통해 정신과 의사든 아니든 누구든 분명 무언가를 받고 싶어하나, 이는 그저 하나의 표현일 뿐이며 기만적이기까지 하다고 주장했다. 그 이면에는 진정한 충동, 즉 무언가를 받고자 하는 충동이 아니라 거절당하고자 하는 충동이 자리하는데, 이 충동은 너무나 강렬해서 나름대로 계획까지 지어낸다. 처음에는 외부 상황을 악용하여 실망하거나 거절할 만한 여건을 만들어낸다. 이에 세상은 버글러가 말하는 소위 '거부하는 어머니'와 동일시된다. 두번째 단계로, 스스로가 거절을 자초했다는 사실을 깨닫지 못한 채 저항하면서 신경증의 특징인 허위 공격성을 보인다. 그러고는 마침내 패배하여 자기연민에 빠지고, 무의식적으로 그 비참한 상황을 즐기면서 '나한테만 이런 일이 일어나' 하며 한탄한다. 버글러는 이를 일종의 마조히즘으로 보았다. 하지만 이들은 이를 인정하지 않은 채 순교자가 된 양 살아가는데, 스스로를 마조히스트보다는 순교자라고 여기는 편이 당연히 훨씬 기분좋기 때문이다. 많은 사람들이 이러한 표현의 패턴을 인생에 적용하고 실제로 삶의 방식으로 사용하기에 이런 설명은 어긋나지는 않는다. 진짜 문제는 처음부터 왜 거절당하려는 욕망이 존재하느냐에 대한 버글러의 설명에 있다.

버글러의 말에 따르면, 아이가 성장하면서 받는 고통과 분노는 일상적인 좌절감을 어느 정도 성욕으로 전환시키지 않고서는 오랫동안 참기 힘들 정도의 것이다. 아이가 경험하는 실망, 모욕, 절망에 대한 유일한 해결책은, 리비도의 달콤함으로 이를 감싸고서 그의 분노의 창을 부메랑으로 전환시키기다. 울음을 터뜨리고 음식을 먹을 때까지의 공백은 아이가 감내해야 할 여러가지 비참한 상황의 예일 뿐이다. 게다가 여기에 기아에 대한 공포, 독살에 대한 공포, 목이 졸릴지도 모른다는 공포, 토막날지도 모른다는 공포, 온몸의 피가 빠져나갈지도 모른다는 공포, 거세당한다는 공포 등 어린 시절의 끔찍한 공포까지 더해진다. 만약 아이들이 이러한 공포를 느낀다는 사실에 놀라고 어린 시절 그런 두려움을 느낀 적이 없다 해도, 이러한 공포는 무의식적이며 부모가 실제로 아이를 어떻게 양육하느냐에 관계없이 나타난다는 점을 기억해야 한다. 이는 기본적인 공포로, 어린 시절에는 모습을 감추고 있었다 해도 나이가 들어서 이런 요소가 죽음의 원인이 될 시기가 되면 분명해지기도 한다(독살에 대한 공포로 식사를 거부하는 것처럼 말이다). 그렇지 않다면 정신적으로 불안한 팬이 작가를 유괴하여 인질로 잡아두는 내용의 대단치 않은 영화 〈미저리〉가 흥행한 이유를 어떻게 설명할 수 있겠는가? 영화 전반에서 이 억류된 작가는 침대에 누워서는 먹여주고 시중을 들어주고 돌보아주는 여성의 처분에 완전히 자신을 내맡긴다. 특히 흥미로운 부분은 이 무력함이다. 작가는 필사적으로 도망치려 하지만 다리를 다쳤기에, 심지어는 신체적으로도 자신을 억류하는 여성을 제압하지 못한다. 따라서 다 큰 남성이지만 아이인 양 엄마에게 전적으로 기대는 상황에 처한다. 서양 문화에서 일반적으로 어린 시절을 일종의 천국처럼 묘사한다면 〈미저리〉는 아마도 특정한 정신 영역에서 어린 시절을 실제로 어떻게 느끼는지를 가장 잘 보여주는 영화일 것이다. 물론 사람들은 억압 때문에 이를 기억 못하지만, 이 영화는 이발사들이 손님의 머리를 이쪽저쪽으로 움직일 때 남성들이 왜 그렇게 자주 분노하는가라는 문제에 대한 단서도 제공해준다.

정신분석학자들은 억류하는 사람의 악의를 그 사람이 야기하는 진정한 위협이라고 해석할 것인가 아니면 단순히 억류당한 사람의 좌절감으로 인한 분노가 반영된 형태라고 해석할 것인가를 두고 오랫동안 논쟁했는데 이에 대해서는 뒤에서 좀더 살펴볼 것이다. 일단 아이가 어떤 특정한 일로 실망하거나 좌절했을 때 '당신은 무척 친절하지만 이 경우에는 당신의 행동이 마음에 안 들어요'라고 반응하지 않고 그보다 이러한 개별적인 일들을 뭉뚱그리고 일반화하여 보다 폭넓게 증오를 드러낸다는 사실에 대해 언급해야 한다. 여기서는 평소와는 다른, 모순되고 예상치 못한 부모의 반응이 중요한데, 이 사실로 아이들의 언어를 연구하는 사람들이 자주 논의하는 수수께끼에 대한 설명이 제시되기도 한다. 예를 들어, 부모가 사용하는 문법 형태의 빈도와 아이가 이를 사용하는 빈도 간의 일치를 찾기보다는, 오히려 일치하지 않는 형태를 찾는 게 효과적일 수도 있다. 단 한 번만 사용된 문법 형태의 경우 그 불규칙성으로 인해 가치가 특별해지기도 하기 때문이다.

어린 시절의 여러 가지 공포에 대한 이야기로 되돌아가보면, 버글러는 아이들이 이러한 공포를 피하기보다는 오히려 추구하면서 그가 그토록 자세히 설명했던 '정신적인 마조히즘'을 경험한다고 여겼다. 이 개념은 의식적으로는 고통스러워하는 일을 왜 무의식적으로는 즐거워하는가라는 문제에 대한 부분적인 설명이나마 제공해주기에 흥미롭다. 자해 행위에 대해 어떤 보충도 덧붙이지 않고 '자해 행위'라고만 묘사하면 아무것도 설명되지 않는데, 이는 설명해야 할 대상을 그냥 제시하는 것과 다름아니기 때문이다. 또한 과거에 경험했던 큰 정신적 충격의 관점에서 이를 설명하는 것도 별 도움이 안 되기는 마찬가지다. 남성이 잔인하고 지독한 어머니 밑에서 어린 시절을 보냈다면, 훗날 성장해서는 그와 비슷한 배우자를 맞이해 같은 상황을 영속화할 수도 있지만 그와 반대로 다정하고 애정이 넘치는 아내를 선택할 수도 있다. 프로이트는 아브라함에게 보낸 편지에서 이 점에 대해 매우 흥미로운 언급을 했다. 프로이트는 어린 시절의 트라우마가 신경증의 원인은 아니지만, 그 증상이 나타나는 형태와는 관련될지도 모른다고 쓴 바 있다. 따라서 예컨대 학대하고 폭력적인 배우자를 선택한 것 같은 증상의 형태를 추적해서 고통을 겪고 학대받던 어린 시절에 이르는 것으로는 충분치 않다. 여기에는 이러한 전이가 일어나는 체계에 대한 내용이 추가되어야 한다. 왜 그렇게 고통스러운 상황이 영속화되었으며 어떤 논리를 기반으로 그런 일이 일어났을까? 다시 한번 영화 〈밀회〉를 예로 들어보자. 앨릭은 누군가의 눈에서 티끌을 빼내는 것과 관련해 어린 시절에 고통스러운 경험을 한 바 있지만 이러한 세부사항이 그의 판타지, 즉 앨릭 스스로 만들어낸 체계에 어떤 식으로 자리잡았는가는 전혀 별개의 문제다.

프로이트의 논문 「여성의 성욕」을 해석하면서 버글러는 오이디푸스 콤플렉스가 이러한 어린 시절의 불안에서 생겨난다고 거듭 주장했다. 프로이트는, 남자아이가 어머니 한 사람에게서 베풀고 거부하는 모습, 사랑하고 미워하는 모습, 사랑받고 미움받는 모습을 보면서 원래 어머니에게로 향했던 미움을 아버지에게로 돌림으로써 적대적인 성향과 다정한 성향으로 나뉜다고 여겼다. 여자아이라면 이러한 분리가 반대로 일어나 아버지에게 다정한 성향을 발휘하게 된다. 버글러는 이로써 오이디푸스 콤플렉스가 발현될 무대가 제대로 마련되며 이것이 오이디푸스 콤플렉스의 진정한 기능, 즉 구원처로서의 기능으로 이어진다고 보았다. 무서운 어머니 때문에 무력해지고 고통받는 아이는 마지막 묘책을 써본다. 수동적이고 괴롭힘당하는 자아의 이미지로 어머니를 강등시키고 아버지는 권력을 잡은 위치로 격상시켜 어머니가 전적으로 아버지의 지배하에 있는 듯하게 만든다. 자신을 아버지와 동일시함으로써, 아이는 스스로를 안심시키고 자신의 성적 희망을 펼칠 수 있다. 그 가족의 상황이 그럴 이유가 없을 때에도 특정 나이가 되면 아이들이 부모 중 한쪽을 격상시킨다는 임상적인 사실과 부합하기 때문에 버글러의 이 견해는 흥미롭다. 지극히 유순하고 괴롭힘을 받는 아버지가 갑자기 어머니의 정복자로 변하는 사례에 이러한 주장은 잘 맞아떨어진다. 비록 어머니에게서 도망치려는 아이의 필사적인 마지막 노력에 근거하는 성과로, 아버지의 권력도 사실 허상에 불과하나 아버지는 이제 구출자의 입장에 선다. 이 주장에 따르면 구출자는 항상 아버지이지만, 실제로도 그럴까? 이 주장의 가장 큰 문제점은 상징적인 구조의 기능을 전적으로 무시한다는 것이다. 구출에 대한 논의에서 살펴보았듯이, 아이들이 무언가를 호소한대도 그것은 부모의 실제 모습과는 동떨어진, 상징적인 의미인 경우가 적잖다. 그러나 여기서 구출이라는 주제가 남자아이와 여자아이에게 의미가 다르다는 주제에 대해 더 검토해봐야 한다.

여성이 생각하는 구출과 남성이 생각하는 구출은 한눈에 구분된다. 남성은 여성을 방탕한 듯한 생활에서 구해내려는 경우가 많은데, 이는 여성을 자신의 소유로 만들고 그 여성을 자신이 구축한 일상의 틀에 가두기 위해서다. 그렇기 때문에 매춘부를 구원하여 순종적인 아내로 삼는 모티브가 잘 알려져 있는 것이다. 글래드스턴•은 자신이 구해낸 여성과 결혼하지는 않았지만 밤의 여인들을 구원하는 일

• 네 차례 수상직을 역임했던 19세기 영국 수상.

에 어찌나 열정적이었던지 그 일을 그만둘 때마다 이상하게 공허해할 정도였다. 글래드스턴이 원했던 것은 성매매보다 훨씬 나쁜 것이었다. 그는 그들의 존재를 진정으로 변화시키기를, 이 여성들의 도덕관념을 소름 끼치게 도덕적인 자신의 신념으로 대체하는 것을 목표로 삼고 방탕한 청자들에게 테니슨의 시를 네 시간 동안 읽어주었다. 한편 여성은 살아 있는 남성을 정반대로 움직이게 하기보다는 그 반대를 추구한다. 예를 들자면 수감중인 남성처럼 굴욕스러워하는 남성을 다시 활기차게 만들기 위해 노력한다.

불행한 결혼생활중인 남성과 불행한 불륜관계를 이어가는 한 젊은 여성이 있다. 남성이 자신을 실망시킬 때마다 그녀는 다음번에는 달라질 것이라고 생각한다. 그러던 어느 날 아침, 눈을 뜬 그녀는 침대 머리맡에 놓아두었던, 보이지 않는 누군가의 손을 잡고 해변을 걷는 자신의 모습이 담긴 사진을 바라본다. 바로 그 순간 여성과 상대 남성 간의 관계가 명확해진다. 그녀는 '죽음에서 그를 구해내고' 싶었던 것이다. 많은 남성들이 여성을 삶에서 구해내 죽은 것과 다름없는 상태로 만들려 한다면, 이 여성은 반대로 남성을 죽음에서 구해내 되살리려 했다. 공주는 개구리에게 키스해 그를 왕자로 변신시킨다면, 남성은 개구리에게 키스해 그를 다루기 쉬운 소유물로 만들 가능성이 높다. 이 이야기의 몇몇 버전에서 볼 수 있듯이, 개구리의 경우 덩치가 커지고 야수가 되면 이상적인 남성으로 변신하기도 하지만 주인공이 남성이라면 아름다운 여성이 갑자기 괴물로 변하기도 한다. 영화 〈스피시스〉에서 외계 괴물이 주기적으로 매혹적인 여성의 몸인 '컨테이너'를 나와 수많은 남성들을 해치는 것처럼 말이다. 어떤 사람들은 전생에 자신이 실제로 이러한 생명체 중 하나였다고 믿는다. 증거가 있느냐고 물어보면 특정 동물이 등장하는 이런저런 꿈을 예로 들기도 한다. 그러나 이러한 꿈들은 그 꿈을 꾼 사람이 전생에 개구리였음이 아니라 개구리를 보던 누군가였음을 입증한다. 그 꿈은 개구리의 시선에서 전개되지 않기 때문이다. 이러한 신념에서 흥미로운 건 오히려 여성의 성 그리고 재생, 부활이라는 경향의 중심이 되는 그 발상이라고 할 수 있다.

어린 레베카 웨스트가 땅에 깊게 묻힌 마로니에 열매들을 파낼 때, 아버지가 다가와 뭘 하느냐고 물었다. 레베카는 "저는 신이고 저것들은 사람이에요. 제가 저것들을 죽였는데 이제 부활시키고 있어요"라고 답한다. 아버지는 흥미로워하며 "다시 살려낼 거였다면 왜 그들을 죽였니?"라고 묻는다. 이에 레베카는 이렇게 대답했다. "그러면 저 사람들은 괜찮겠죠. 하지만 전 아무 재미가 없잖아요." 재미에는 논리가 숨어 있을 수 있으며, 레베카 웨스트의 첫 책 『병사의 귀환』에서도 무언가를 되살린다는 이러한 모티브를 찾을 수 있다. 이 단편소설은 아들 올리버를 잃은 크리스와 키티라는 부부에 대한 소개로 시작된다. 참전했다가 전투피로증에 휩싸여 돌아온 크리스는 아내를 알아보지 못하고 과거에 사랑했던 그레이 부인만을 알아본다. 키티는 그가 줬던 반지와 목걸이를 보여주면서 그의 기억을 되살리려 온갖 노력을 기울인다. 그레이 부인에 대한 크리스의 구애가 계속되자 두 여성은 그를 되돌릴 방법, 즉 이 병사가 아내에게 돌아가게 할 방법을 강구한다. 그레이 부인은 크리스에게 죽은 아들에 대해 상기시키는 것은 어떻겠느냐고 제안하지만, 일단 죽은 아들의 운동복과 공을 손에 쥐자 이를 크리스에게 가져다주기를 거부하며, 그 제안은 단순히 자신이 죽은 아이를 보다 가까이 느끼고 싶었던 것에 불과하다고 주장한다. 그레이 부인은 크리스를 그대로 내버려두자고 이야기하지만 다시 곰곰이 생각해보고는 그 물건들을 크리스에게 건넨다. 이 행동은 명확하게 묘사되기보다는 암시되는데, 마지막에 암시되는 병사의 소위 '치유'도 마찬가지다. 만약 여기서 마로니에 열매가 중요한 의미를 갖는다면 그것은 '귀환'의 모호성 때문이다. 어떤 측면에서는 전쟁터에서 귀환하는 병사를 의미하지만, 그와 동시에 예전 연인에게로 돌아가는 것이나 기억상실증에서 벗어나 아내 키티에게 돌아가는 것, 그리고 아들의 기억을 되살리는 것을 의미하기도 한다. 병사를 원래의 삶으로 돌아오게 하는 것은 숨겨두었다가 꺼낸 무언가이지만, 이 책에서는 그다지 매력적이지 않은 그레이 부인을 향한 병사의 사랑으로 그가 분명히 살아 있다는 사실이 암시되기도 한다. 이 소설에서 귀환이라는 모티브는 두 여성이 서로 바뀌었다는 설정 때문에 더욱 큰 가치를 가진다. 어느 쪽으로 돌아가든 늘 한쪽 여성은 배제된다. 그리고 이 소설을 집필한 여성은 수년간 자기 가족사에 대해 썼으면서도 아버지가 집을 나갔던 여덟 살 때부터 아버지가 세상을 떠났던 열세 살 때까지의 기간 외의 시기에 대해서는 오랫동안 일언반구도 없었다. 레베카 웨스트는 자신이 아는 사람들은 그 정도의 가치도 없다는 무척이나 타당한 이유에서 병사의 귀환을 바랐다. 레베카 웨스트는 남성들에 대해 이렇게 말했다.

"남자들은 비참하고 불쌍한 존재야."
"남자들은 아무짝에도 쓸모가 없어."
"남자들은 전부 더러워."
"모든 남자는 쓰레기야."

다른 말로 하면, 레베카 웨스트가 진정으로 남성을 사랑했다는 사실에는 의심의 여지가 없다. 레베카가 신봉하는 남성의 이미지를 제대로 충족시키지 못했기에 남성들은 그녀에게 실망을 안겼던 것이다.

'병사의 귀환'을 보다 일반화한다면 남성을 되살리고 싶어하는 이야기라고도 할 수 있다. 과거의 남성을 새롭고 변화한 모습의 남성으로 바꾸어놓는 것이다. 이러한 모티브는 분명 죽었다고 여겼던 등장인물이 살아서 돌아오는 『마르탱 게르의 귀향』 같은 이야기에서 찾을 수 있다. 실종되었다고 알려졌던 남성이 돌아오자, 그를 기다리던 여성은 그가 이전과는 다른 사람이라는 사실을 알면서도 그가 예전에 차지했던 자리를 되찾도록 허락한다. 이를 다른 남성과 결혼한 여성을 빼앗는다는 남성들의 근거 없는 환상을 보여주는 이야기라고 주장할 수도 있다. 그러나 부재중이었던 남성의 자리로 돌아간다는 개념은 여성의 성과도 밀접하게 연관된다. 여기서 문제는 한 남성이 다른 남성의 자리를 대신한다는 이 남성들의 환상을 단 한 사람에게 바치는 여성의 헌신과 결합시킨다는 데 있다. 비록 여성의 성이 오롯이 한 남성만을 위한 것은 아니지만 한 남성만 흠모하는 여성은 드물지 않다. 많은 남성들이 심지어 결혼을 했어도 스스로를 자유롭다고 여기는 반면, 여성들은 미혼이거나 단순히 가볍게 만나는 연인이 있는 경우에도 자신이 누군가에게 구속받는다고 여기곤 한다.

어떤 여성들은 앨범에서 해진 사진을 꺼내어 보여주거나 추억 속의 이미지에 초점을 맞춰 이야기하면서 상당히 직접적으로 자기 인생에 근사한 사랑은 단 한 번 있었다고 인정한다. 발자크만을 바라보았던 베르니 부인처럼 오직 한 남성만을 중요시하는 것이다. 휠체어를 타고 창가에 가서 발자크를 기다리다가 그가 오지 않는다는 사실을 알게 되자 마지막 소원을 이루지 못한 채 거기서 숨을 거둔 베르니 부인처럼 말이다. 마찬가지로 히스클리프처럼 유명한 비극의 남주인공들, 지나간 단 하나의 특별한 사랑 때문에 방황하고, 희망이 산산조각나서 비통해하고 실의에 찬 남성들은 여성 작가의 창조물인 경우가 많다. 남성은 과거, 특히 다른 여성과 연관된 과거가 있다는 믿음을 유지해야 한다. 그렇지 않다는 사실이 밝혀지면 그의 어두운 비밀이 평범한 과거로 전락하므로 남성의 가치는 평가 절하된다.

이것은 오이디푸스 콤플렉스의 영향으로 보일 수도 있다. 남자아이의 경우에는 다른 여성들에게 접근할 권리를 얻는 대신 어머니를 포기함으로 로맨스가 끝나지만, 여자아이의 경우에는 그러한 교환이 일어나지 않는다. 여자아이는 다른 남성과의 접촉을 위해 그러한 방식으로 어머니를 포기하지 않으며, 주느비에브 모렐의 지적대로 여성이 아버지를 소중히 여긴대도 여성이 살아가면서 만나는 남성들을 아버지의 '대체재'로 보아서는 안 된다. 물론 아버지와 공통되는 몇 가지 특징(나이가 많다, 결혼을 했다 등)이 남성을 택하는 기준이 될 수는 있지만 말이다. 뿐만 아니라 여성이 동시에 두 남성을 진심으로 사랑하는 간단한 사례만 보아도 한 남성이 다른 남성을 대체한다는 개념에 의문이 생길 수밖에 없다. 남성은 두 여성 사이에서 한쪽으로 기울곤 하지만, 여성은 한 남성을 사랑한다고 해서 다른 남성을 사랑하는 걸 멈추지는 않는다. 조르주 상드는 자기 인생의 두 남성 중에서 한 명은 '더 많이', 나머지 한 명은 '더 깊게' 사랑했다고 말해서 듣는 남자들을 당황시키기도 했다. 또한 남성을 향한 여성의 증오심을 아버지에 대한 잠재적인 적개심의 발로로 설명하는 경우가 많지만, 남성은 아버지와 비슷해서가 아니라 비슷하지 않아서 미움받는다. 여성은 반복해서 '당신은 왜 다르지 않은 거죠?'라고 비난한다. 여성 참정권 운동이 한창이던 20세기 초, 웨어데일 경은 유스턴역에서 그를 애스퀴스 수상으로 착각한 여성들에게 공격받고 폭행당한다. 며칠 후 개최된 회의에서 한 저명한 여성 참정권 운동가는 "웨어데일 경이 애스퀴스 수상과 그렇게나 닮다니 정말이지 이상했습니다"라고 언급하고는, 어떤 정부 관료와 비슷하게 생겼다면 턱수염이나 콧수염을 길러 외모를 어느 정도 바꾸라고 충고했다. "여성들에겐 정말 그 사람이 맞는지 아닌지 불안해하면서 낭비할 시간이 없습니다"라며 말이다. 여기서 정말 그 사람인지 아닌지는 사실 중요한 모티브다. 일반적으로 연인 사이에 미움이 생기고 연애 전선에 먹구름이 끼면, "왜 당신은 다른 사람처럼 안 그래?"라는 식의 비난이 이어지는 경우가 많다. 여기서 남녀 간의 차이가 있다면, 남성은 "왜 당신은 다른 사람처럼 안 그러는 거야?"라고 독설을 퍼붓는다면, 많은 여성들은 "당신은 다른 사람이야"라는 생각 그러니까 예컨대 아버지나 어머니가 아니라는 생각으로 이러한 문제점을 분명히 한다.

한 사람에 대한 이런 헌신을 고려할 때, 도대체 왜 새롭게 바뀌어 돌아온 남자라는 이 모티브가 앞서 언급했던 이야기들에 반복되는 것일까? 이 의문에 대한 해답을 찾기 위해 다소 성격이 다른 이야기부터 살펴보기로 하자. 오르페우스 신화에서 한 남성이 죽은 아내를 구하고자 지하 세계로 떠난다. 아내가 살아 있는 자들의 세계로 도착하기 전에는 뒤돌아보지 말라고 지시받으나 오르페우스는 이 금기를 어겨 아내를 영영 잃는다. 한 번 아내를 잃었던 오르페우스가 다시 한번 아내를 잃게 된 것이다. 언뜻 보기에 이 이야기는 영원히 잃어버린 여성에 대한 이야기 같다. 그런데 오르페우스는 왜 뒤돌아본 걸까? 어떤 버전에서는 오르페우스가 아내를 두번째로 잃은 다음 여성들을 피하고 남성들하고만 어울려 그리스에 동성애를 도입했다고도 이야기한다. 이에 따르면 오르페우스가 뒤돌아본 것에 새로운 의미가 부여된다. 그는 아마도 여성을 보지 않기 위해서 뒤돌아봤을 것이며, 실제로 이러한 논리는 벗은 몸보다 그림자나 실루엣에 집착하곤 하는 관음증에서도 찾을 수 있다. 여기서 본다는 행위는 무언가를 보기 위해서가 아니라 무언가를 보지 않기 위해서, 보다 정확히는 볼 수 없는 것을 보기 위해서 하는 행위다. 그렇기 때문에 관음증이 있는 사람들은 그림자만으로도 만족하며 남성들은 여성들의 옷에 그토록 무관심한 것이다. 여기에 정신분석 이론을 적용해보면, 남성이 진심으로 알고 싶지 않은 것은 여체에 대한 진실로, 이 '알고 싶지 않은 대상'이 여성의 옷으로 대체되면서 남성은 여성의 옷이 아니라 여성의 몸에 관심이 많다는 오해가 생긴다.

따라서 연인이 새 원피스를 입었다는 사실조차 전혀 알아채지 못하는 남성의 주의 부족은 그가 진정으로 직시하고 싶어하지 않는 대상을 감추려는 일종의 알리바이다. 평론가 존 러스킨은 오랫동안 예술 작품 및 건축 작품을 고상하게 감상해왔지만, 아내의 알몸을 보고는 기존에 가졌던 이미지의 가림막이 부서져 기겁하면서 신혼방에서 뛰쳐나와버렸다. 러스킨은 점잖게 자신의 아내는 "욕정을 불러일으키는 형상이 아니었으며" 이를 "아내에게는 욕정을 완전히 억누르게 하는 특정한 상황들이 있었기 때문"이라고 표현했다. 학자들은 이 말을 두고 생리를 의미하는지, 아니면 음모의 존재를 의미하는지 논쟁했으나, 어느 쪽이든 러스킨이 아내의 성을 직시하기를 두려워했음을 알 수 있다. 이 일이 있은 후 러스킨은 다시 허상, 그러니까 성이 미화되어 표현된 여성의 조각이나 회화로 눈길을 돌렸다. 러스킨의 이러한 태도는 여성을 포기하는 것과 여성에게서 도망치는 것이 때로는 같은 의미일 수도 있음을 보여준다.

신체에 대한 이러한 정신분석학적 주장을 심리학자들은 경멸할지도 모르나, 아이들은 독특한 믿음을 가지며 어른이 되어서도 이는 완전히 사라지지는 않는다는 건 부인하기 힘들다. 물론 여성의 몸에 해부학적으로는 존재하지 않는 무언가가 있다는 믿음은 프로이트의 가정에서도 중요한 요소며, 러스킨의 사례는 정신분석가들이 수집한 풍부한 임상 자료들과 더불어 이를 잘 보여주는 걸지도 모른다. 그러나 심리학 분야에도 이 문제에 대한 데이터는 적잖다. 피아제와 그 제자들의 연구를 살펴보면 대상항상성•이라는 주제가 거듭 반복된다. 피아제의 실험 중 상당수는 아이가 어떻게 환경을 분석하여 눈에 보이지 않아도 여전히 존재하고 있는 개별적인 대상을 인지하는지를 설명하려는 것들이다. 현실의 주요 구조를 파악하는 데에도 이 숨겨진 요소들에 대한 믿음이 중요하듯이, 눈에 더이상 보이지 않아도 대상은 여전히 존재한다는 사실에 대한 이해는 아동 발달의 중요한 단계다. 피아제 학파의 주장은 오늘날 많은 비난을 받고 있지만, 피아제의 연구 방향 자체는 절대 무의미하지 않다. 아동심리학과 정신분석학은 물론 각각 독자적인 방식으로 해석해가지만 이상하면서 매우 현실적인 결과를 공유한다. '제5원소', 즉 숨겨진 특징에 대한 믿음은 여성의 소변을 맞는다는 이상한 경험에 끌리는 남성들의 모습에서도 분명히 확인할 수 있다. 소변 분출은 남성이 무언가 부족하다고 인지하는 시점에서 등장하는데, 보다 평범한 형태로 다양하게 나타나기도 한다. 한 남성이 여자친구에게 음경은 마치 나무토막 같아서 자신이 가만히 있는 동안 여성이 위에서 직접 자극해줘야 한다고 설명한다. 여자친구가 이 이상한 생각에 의문을 제기하자 남성은 그렇게 하면 여성이 "남성 위에서 오르가슴을 느낄 수 있다"고 이야기하는데,

• 피아제의 인지발달이론의 하나로 애정 대상의 이미지가 욕구에 관계없이 안정적으로 정신에 자리잡게 됨을 의미한다.

이는 남성 자신이 성적 쾌락을 느끼는 중요 조건이다. 여자친구가 뒤이어 이 색다른 믿음 이면에는 사정을 위한 장치가 자리잡고 있다고 지적하자 남성은 매우 당황한다. 여자친구의 말에 따르면 남성은 그녀가 자신에게 "온몸으로 달려드는" 상황을 원했고, 그 결과가 바로 남성의 사정이었다. 이 사실을 깨달은 여자친구는 그에게 흥미를 잃었으며 더이상 그 관계를 지속할 의미가 없다고 결론 내렸다. 그녀는 남성이 아니라 그가 가진 문제와 교제했던 셈이라고 말했다.

오르페우스 이야기가 돌아오지 않는 여성에 대한 전설이라면 돌아온 병사에 대한 이야기는 그와 반대로 귀환하는 사람에 대한 이야기다. 실제로 여성이 집필한 소설의 상당수가 남성의 귀환이라는 이 모티브에 집중한다. 달라진 모습으로 워더링 하이츠 저택에 돌아온 히스클리프를 보고 캐시가 깜짝 놀라는 내용은 이러한 극적인 변모의 유명한 예이다. 엘리자베스 개스켈의 소설에 등장하는 오랫동안 실종되었던 형제들의 등장도 마찬가지다. 문제는 단순히 사라졌던 과거의 연인이 돌아오는 것이 아니라 그가 새로운 사람이 되어서 돌아왔을 때 그의 귀환을 어떻게 이해하느냐에 있다.

하지만 이는 보기보다는 크게 모순되지 않을 수도 있다. 많은 여성이 변화된 남성, 즉 자신을 더 사랑해주는 남성을 원한다면 변화된 남성을 맞는 것은 다른 남성을 맞는다는 의미다. 따라서 『마르탱 게

르의 귀향』에서 남성은 두 사람이 되고, 웨스트의 「병사의 귀환」에서는 남편이 약간 달라진 정도가 아니게 된다. 하지만 두 명이 되더라도 여전히 같은 남성으로 인식되어야 하며 여성을 사랑할 수 있는 위치에 놓여야 한다. 이것은 단순히 아버지의 또다른 버전인 걸까? 돌아온 남성은 어떠한 장애물도 없이 딸을 사랑하는 아버지의 강화된 버전일까? 이 부분은 그리 확실치 않다. 돌아온 남성은 아버지가 아니며, 아버지와의 관계로 구축된 위치를 차지하는 사람이라는 편이 더 정확할 것이다. 라캉이 지적했듯이, 여성을 사랑할 수 있는 위치라는 사실이 중요하며, 사람뿐만 아니라 심지어 흡혈귀나 외계인처럼 사람 이외의 대상도 그 자리를 차지할 수 있다. 병사의 귀환은 지하 세계로부터의 귀환이기에 일단 그가 돌아왔다가 얼마 지나지 않아 다시 그림자 속으로 슬쩍 사라진대도 놀랍지 않다. 그의 자리는 실제로 산 사람들의 세계가 아니라 항상 저멀리 어딘가에 존재하기 때문이다.

이러한 종류의 귀환을 남성의 부활로 여기는 경우가 많지만, 때로는 남성의 귀환이 아니라 저택처럼 보다 규모가 큰 대상의 귀환이라는 사뭇 다른 형태를 띠기도 한다. 대프니 듀 모리에와 그녀가 사랑했던 메너빌리 저택의 기이한 관계에 대해 살펴보면, 듀 모리에는 수차례에 걸쳐 이 저택을 되살리고 싶어했다. 심지어 "메너빌리는 동화 속 잠자는 숲속의 미녀처럼 누군가가 깨우기 전까지는 잠에 빠져 있을 것이다"라고 쓰기도 했다. 그녀는 이 저택을 소유한 적도 없고 이 저택이 임대만 가능하다는 사실도 알았는데도 말이다. 절대 이 저택을 모두 소유할 수는 없었지만, "마치 정부가 연인을 놓아주지 않듯이 집에 사로잡혔다"고 했다. 메너빌리는 그녀에게 '아름답지만 무정한 저택'이었던 셈이다. 마찬가지로 자메이카 여인숙에서 『레베카』의 맨덜리 저택에 이르기까지 듀 모리에의 작품에서는 사람이 아니라 장소가 중요한 역할을 한다는 사실도 자주 지적된다. 처음에 메너빌리를 알게 되어 저택의 역사를 알아봤을 때, 그녀는 마지막 거주자가 아름다운 여성과 결혼했으나 아내가 세상을 떠났고 그 자리를 훨씬 젊은 다른 여성이 차지했다는 이야기를 듣게 됐다. 설령 이 이야기가 『레베카』를 연상시킨대도 그녀와 저택의 기이한 관계를 설명하기에는 여전히 불충분하다. 어떤 의미에서 『레베카』가 메너빌리에 얽힌 사연을 바탕으로 탄생했다면, 왜 이 주택이 처음부터 그토록 중요했는가 의문스러울 수밖에 없다. 메너빌리를 향한 매료는 여성의 정체성 문제라는 관점에서 설명 가능할지도 모른다. 이 두 여성에 대한 이야기를 들은 듀 모리에는 여성으로 살아간다는 것의 의미라는 자신의 문제와 맞닿은 문제에 마음이 흔들렸다. 『레베카』에서 여성으로 산다는 것은 다른 여성의 자리를 대신함을 의미한다. 따라서 저택을 떠도는 유령은 첫번째 아내의 유령인 셈이다.

그러나 듀 모리에는 머지않아 메너빌리에 얽힌 역사가 그뿐이 아님을 알게 된다. 1824년에 벽으로 막힌 부분에서 남성의 유골이 발견되었는데, 신원을 파악할 만한 유일한 특징은 기사騎士의 신발뿐이었다. 이 불행한 남성의 정체에 대해서는 전혀 확인된 바가 없었으며 듀 모리에는 몇 시간 동안이나 저택 이곳저곳을 돌아다니며 이 소실

된 장소를 찾으려고 애썼다. 그녀는 이 수수께끼를 바탕으로 영국 내전 시대를 배경으로 한 소설을 집필해 여기서 이 남성의 정체에 대한 나름의 해석을 담았다. 그녀는 이 유골이 아버지를 위해 자신의 목숨을 희생한 훌륭한 왕당파 인물의 아들이라고 설정했다. 이는 메너빌리에 출몰한 것이 여성만이 아니었음을, 그 저택에는 아버지를 위해 목숨을 바친 소년도 있었음을 보여준다. 실제로 그 주택의 소유주에 대한 그녀의 첫번째 백일몽에도 이러한 이미지가 등장한다. "내 머릿속에 떠오른 것은 점잖은 치안판사, 그러니까 나이든 남성의 모습이 아니라 두 살 때 고아가 된 어린 소년의 모습이었다…… 그는 두려움과 의심에 가득찬 눈으로 나이든 할아버지를 지켜봤다."

따라서 이 저택은 한 여성을 위한 기념물일지 몰라도, 거기에는 다른 사람도 있었다. 듀 모리에가 서신에서 자신이 만들어낸 남성 등장인물을 "상자에 든 소년"이라고 표현하며 바로 이 메너빌리의 비밀을 서술했던 것도 분명 우연은 아니다. 이러한 논지를 따르자면, 메너빌리의 영향력은 듀 모리에가 한때 거기 살았던 여성의 입장뿐만 아니라, 마찬가지로 한때 거기 있었던 소년의 입장에 자신을 대입시켰다는 데서 찾을 수 있다. 그녀는 "메너빌리는 맨덜리였고 맨덜리는 메너빌리였다"라고 적었다. "두 저택은 같았다. 하지만 서로 전혀 닮지 않았다." 여기에 또 한 가지 덧붙일 점은, 이 동질성과 차이점이 한쪽 저택의 이름에는 '멘Men'이라는 단어가 다른 쪽에는 '맨Man'이라는 단어가 들어가 있는 걸로 반영됐다는 점이다. 그녀의 작품 세계를 살펴보면 여성 등장인물은 꾸준히 남성의 아들이 되고 싶어한다.

실제로 그녀가 발표한 모든 소설에서 여성은 최소 한 번 이상 남자아이가 되고 싶다고 이야기한다. 또한 자신의 인생을 회고하면서도 아버지의 아들로 태어났다면 좋았을 것이라고 말한다. "딸아이가 남자이기만 했다면"이라고 아버지가 탄식하자 "내가 남자이기만 했다면"이라고 응수하는 것이다.

일부 듀 모리에 평론가들의 주장처럼 소년이 되고 싶다는 희망이 아니라 그보다 훨씬 구체적인 무언가가 여기에 담겨 있다. 만약 누군가 다른 사람, 즉 아버지가 아들에 대해 특별한 가치를 부여하지 않았다면 왜 듀 모리에가 소년이 되고 싶어했겠는가? 따라서 여기에는 듀 모리에와 소년 사이의 관계뿐만 아니라 삼각관계가 존재한다. 사실 소년이 되고 싶다는 소망은 남성성과는 아무 관련이 없으며 오히려 여성성과 깊게 연관된다고 주장할 수도 있다. 남성을 흉내내는 여성은 극히 여성스러운 경우가 많은데, 이는 그 여성이 남성에게서 빌리는 특징 때문이 아니라 흉내라는 행위 때문이다. 실제 동작이나 행동의 패턴보다는 '동화되는' 과정이 여성스러운 효과를 만들어내며, 남성이 보다 남성'답게' 행동하려 할수록 더욱 여성스러워진다는 사실에서도 이를 확인할 수 있다. 듀 모리에의 한 단편소설에 한 여성이 인적 드문 산장에서 여러 남성들 앞에서 립스틱을 바르는 장면이 나온다. 여성은 이것이 우스꽝스러운 행동임을 인지하지만, 동시에 그러한 행동이 남성들에게 어떤 영향을 미칠지도 잘 알고 있다. 성聖 키프리아누스는 그리스도의 부활에 대비하여 여성들에게 화장을 하라고 조언하면서 그러지 않으면 신이 그들을 못 알아볼 것이라고 덧붙였다. 하지만 듀 모리에의 예를 보면 인식 자체는 핵심 요소가 아님을 알 수 있다. '대상과 닮고자 하는' 인위적인 노력에 대한 존중이 효과를 보장해주며, 따라서 이는 단순히 장소라는 관점으로만 립스틱의 중요성을 판단할 수 없다는 걸 의미한다.

따라서 듀 모리에의 여성적인 위치와 소년이 되고 싶다는 희망을 거듭해서 피력하는 행위는 서로 모순되지 않는다. 그렇다면 이 관계는 메너빌리 저택과 그에 대한 듀 모리에의 집착에 대해 무엇을 말해주는가? 『레베카』의 여주인공은 맨덜리가 남편의 소유물이듯이 친정아버지가 자신의 '비밀 재산'이라고 적었다. 맨덜리 저택이 남편에게 중요한 의미이듯이 아버지도 자신에게 중요한 존재라는 의미로, 듀 모리에가 이 저택을 얼마나 중시했는지도 이미 알고 있다. 이 점을 『바람과 함께 사라지다』에 등장하는 저택으로의 귀환이라는 유명한 장면과 비교해볼 수도 있다. 레트 버틀러에게 버림받은 스칼릿의 머릿속에서 아버지의 말이 울려퍼진다. "이 세상에 중요한 것은 땅밖에 없단다. 끝까지 남는 건 땅뿐이야." 스칼릿은 남성들의 사랑에 몸을 맡기기보다는 어린 시절의 고향인 타라를 욕망의 안식처로 선택한다. 남성의 사랑은 불확실하지만 열정이 사그라진 후 돌아갈 수 있도록 저택은 언제나 그 자리에 서 있다. 듀 모리에도 처음 메너빌리를 보았을 때 이 같은 확신을 했고, "보자마자 그 저택의 포로가 되었다".

하지만 안식처의 문제는 소유권과 얽혀 복잡해지고, 확신보다는 불안감이 야기된다. 따라서 그녀가 메너빌리를 제대로 소유한 적이 없었다는 사실은 그녀의 관심에 있어서 걸림돌이 되기는커녕 되려 전제조건이 된다. 그녀는 "어쩌면 사랑의 불안감 때문에 열정이 더욱 강해지는지도 모른다. 그 저택은 법적으로 내 소유가 아니니 말이다. 지금도 누군가의 소유고, 언젠가는 다른 사람의 손에 넘어갈 것이다"라고 적기도 했다. 따라서 그녀가 그 저택을 소유하는 것이 아니라 그 저택이 그녀를 소유하는 것으로, 이는 그녀의 여러 소설 작품들을 마치 붉은 실처럼 관통하는 또하나의 모티브로 자리한다. 등장인물들은 타인과의 관계에서 많은 어려움을 겪지만, 바다나 일몰이나 가족사처럼 자신들보다 훨씬 더 큰 무언가의 일부라고 자신을 인지하는 경우가 많다. 상대가 남성일 경우에는 상황은 그렇게 확실하지 않다. 한 여성에게 전남편이 아직 그의 집에 남아 있는 옷들을 가져가라고 전화를 걸어오자 그녀는 유달리 불안해한다. 물론 옷은 되찾고 싶지만, 자신의 일부가 전남편 가까이에 있으며 이렇게 최후의 임시방편으로라도 전남편에게 속해 있다는 사실이 그녀에게는 중요했다. 그녀는 절대 남성을 '소유'할 수 없다는 건 알았지만 소지품이라는 형태에 자신의 바람을 담았던 것이다. 그러니 헤어진 연인의 집에서 자기 소지품을 찾아오는 슬픈 행위를 할 때 최소한 한 가지 품목은 남겨두고 오기 위해 세심하게 주의를 기울이는 것도 우연은 아니다. 어떤 측면에서는 자신의 일부가 여전히 사랑하는 사람 곁에 있다는 의미이기 때문이다.

듀 모리에의 소설에서 저택을 지칭할 때 계속해서 등장하는 연인이나 정부의 표현은 이 저택과 로맨스의 깊은 연관성을 보여준다. 또한 이 저택의 소유가 불가능하다는 사실은 아버지를 차지하는 것이 금지되는 딸과 관련되는 듯도 하다. 이는 결과적으로 듀 모리에의 전기에서 언급되는 한 가지 이상한 문제에 대한 해답을 제시해준다. 듀 모리에 가족의 측근들은 모두 그녀가 어렸을 때는 극단 책임자 겸 배우였던 아버지를 무척 따랐고, 이들은 보기 드물게 친밀한 사이였다고 입을 모은다. 그렇기 때문에 듀 모리에가 나중에 무대와 영화로 아버지와 함께 일할 수 있게 되어 그와 더욱 돈독해질 기회를 얻었을 때 콘월에 남기로 결정하자 상당히 놀랐다. 그녀에게는 배와 수수께끼에 싸인 메너빌리를 소유하는 게 그보다 중요했다. 하지만 이 이상한 비틀림을 도대체 어떻게 설명할 수 있을까? 그녀는 모든 것을 아버지를 중심으로 생각하지 않았던가? 하지만 콘월을 택한 것이 그녀의 성향과 반드시 모순된다고는 할 수 없다. 어쩌면 듀 모리에는 피가 섞인 가족 밖에서, 바로 저택과 자신이 깊은 흥미를 가졌던 슬레이드 가족이라는 형태에서 나름대로 아버지의 한 형태를 찾고, 로맨스를 정성들여 쌓아가는 자신만의 방식을 찾았는지도 모른다. 아버지와의 로맨스를 단념하는 대신, 그녀는 조건을 있는 그대로 받아들였다. 아버지는 절대 온전히 자신의 것이 될 수 없었기에 오롯이 자신의 것이 될 수 없는 다른 대상을 찾았다. 바로 저택이었다. 듀 모리에가 어렸을 때 훗날 첫번째 소설에 사용하겠다며 골라두었던 제목인 '대안The Alternative'은 이 선택을 명확하게 설명해준다.

듀 모리에가 실제로 첫번째로 출판한 『사랑하는 영혼』은 슬레이드 가의 가족사를 자기 나름대로 해석한 작품으로, 여기에는 예의 연인 외에도 훗날 『레베카』의 맨덜리로 탈바꿈되는 배 한 척이 등장한다. 재닛 쿰브는 사촌인 토머스와 결혼하지만 처음부터 자신의 마음이 둘로 분산되었다는 걸 알고 있다. 남편으로 상징되는 남성. 그리고 그보다 더 중요하고 정의하기 어려우며 바다의 '일부'라는 형태가 될 수 있거나, 그 바다를 건너가는 존재인 한 척의 배이다. 아들 조지프가 태어나자 그녀는 지금껏 아들을 기다려왔다고 확신하며, 모자간의 사랑 이야기가 책의 전반부를 채운다. 아들은 엄마의 이름을 붙인 배를 만들고 싶어한다. 마침내 쿰브 가족이 재닛의 모습을 한 선수상船首像까지 달린 배를 완성하고 그 배가 진수되는 순간 그녀는 숨을 거둔다. 그녀의 영혼은 배로 옮겨가며, 이는 『레베카』에서 죽은 여인의 그림자가 저택에 출몰하는 것과 마찬가지다.

그러니까 이 두 소설 속 여성은 장소와 특별한 관계를 맺으며 죽은 후에도 계속해서 그 장소를 소유한다. 부활과 귀환에 대한 논의와 관련하여 특히 흥미로운 부분은, 무언가가 태어나기 위해서는 무언가가 죽어야 한다는 명백한 얘기를 『사랑하는 영혼』에서 한다는 점이다. 이것은 어머니가 되는 많은 여성들의 삶에서 강력한 무의식적 모티브로 작용한다. 임신과 함께 죽음에 대한 불가해한 불안감이 찾아오고, 그로 인해 조금은 미신에 얽매이기 마련이다. 징조나 조짐 같은 것들을 경멸했던 여성도 임신 이후 미신을 믿게 되곤 한다. 여기에는 딸과 어머니의 관계가 자리잡는다. 딸은 아이를 낳을 때 자신의 죽음에 대한 대가를 치러야 한다고 어느 정도 믿을 수도 있다. 헬레네 도이치의 지적처럼 행복한 미래를 보장해준다는 생각에 임신을 동경하던 예비 엄마일수록 운명의 복수라는 두려움에 더욱 호되게 시달린다. 『사랑하는 영혼』에서는 '재닛 쿰브'호가 진수될 때 진짜 재닛 쿰브는 사라지고, 수년 후 재닛의 증손녀인 제니퍼가 난파된 배에서 자신의 로맨스를 펼쳐나간다. 섬뜩할 정도로 선수상 속 재닛의 모습과 꼭 닮은 제니퍼는 특별한 장소에서 이 다른 여성의 위치를 물려받는데, 흡사 『레베카』의 여주인공이 맨덜리 저택이라는 특별한 공간에서 다른 여성의 자리로 들어가는 모습 같다. 두 소설 모두 이렇게 어딘가 유령 같은 존재가 깃든 장소와 여성의 관계를 중심으로 진행되며, 이를 통해 왜 모든 집에 유령이 존재하는 것은 아니지만 모든 유령은 집에 출몰하는가라는 문제에 대한 단서를 얻을 수 있다.

유령들이 대체로 집에 사는 것을 좋아한다는 사실은 확실히 흥미롭다. 보통 유령에 대해서만 얘기하기보다는 유령의 집에 대해 더 많이 이야기한다. 집밖을 벗어난 유령은 흡혈귀나 늑대인간 혹은 악령처럼 무언가 다른 존재가 되곤 한다. 유령에겐 특정한 장소가 필요하며 그 동료들만큼 자유롭게 돌아다니지 않는다. 유명한 유령 이야기는 보통 유령이 아닌 집을 중심으로 전개되며, 어떤 이야기들에서는 유령과 집이 하나나 같은 것으로 인식되기도 한다. 집에 그저 유령이 깃든 것이 아니라 집 자체가 악령의 힘을 지녔다고 본다. 이를 식상한 전통적 유령 이야기를 되살리기 위한 변형이 아니라 원래부터 유령 이야기의 바탕이 되었던 역학을 나타낸다고 보면 어떨까? 그런데 도대체 왜 유령과 집은 그렇게나 긴밀한 걸까? 즉각적으로 답하자면 단순히 치환 문제다. 거기 사는 사람들의 나쁜 감정이 집에 전이되는 것이다. 하지만 혹자는 그렇다면 집에 사는 사람과 집이 보다 분명히 구분되어야 한다고 생각할지도 모른다. 그게 아니라면 왜 그렇게 둘로 나뉘겠는가? 유령은 아예 모습을 감추어야 할 것이다. 혹자는 유령이 나쁜 감정을 집에 전부 전이시키지 못했기에 남아 있다고 답할지도 모른다. 하나를 다른 하나로 완전히 대체하지 못했기 때문에 유령이 존재한다고 말이다. 하나의 대상을 다른 대상으로 대체하지 못하든, 하나의 욕망을 다른 욕망으로 대체하지 못하든, 무언가를 완전히 대체하지 못하는 것은 분명 인간의 성에서 중요한 특징이다. 따라서 처음에는 나쁜 감정을 이를테면 자신과 가까운 사람에게 옮기고, 다시 거기서 집으로 전이시킨다. 하지만 잔재를 남기지 않고 온전히 옮길 수는 없기에 전이과정에서 남은 잔재가 유령의 형태를 띤다. 이렇게 보면 앞뒤가 맞는다. 결국 유령은 자유롭게 떠도는 일종의 악의를 상징하는 경우가 많으며, 보편적인 증오심을 제외하고 이들이 정확히 무엇을 원하는지는 늘 숙제로 남아 있다. 즉 유령의 집에 대한 이야기는 항상 집이 먼저고 그다음이 유령이지, 그 반대가 아니다.

출생과 부활이라는 개념들은 확실히 정신분석학 내에서도 역사가 파란만장하다. 출생의 중요성 이론을 열렬히 주창한 사람은 호의적인 평가라고는 받아본 적 없었던 프로이트의 제자 오토 랑크였다. 랑크의 연구에서는 바로 전환점, 그러니까 그가 한때 매우 보편적이었던 가짜 정신박약이라는 분석 진단을 사용하게 된 시점이 흥미롭다. 랑크는 읽기 쉽고 지적 호기심을 자극하는 수많은 논문과 저서를 출간하다가, 갑자기 출생의 트라우마라는 매우 바보 같은 생각에 모든 초점을 맞췄다. 1922년 랑크는 「도착과 신경증」이라는 유명한 논문을 비롯하여 뛰어난 연구 결과를 내놓았다. 그는 여기서 성행위의 목적을 생식이라고 보는 것은 전적으로 증상만 중시한 생각이라고 주장했다. 랑크는 부모의 성관계라는 난제를 접한 사람들이 이 수수께끼에 대한 해답인 양 아이라는 개념을 대단히 충격적인 위치에 끼워 넣는다고 말했다. 섹스에 아이를 낳기 위한 행위라는 의미를 부여하는 것이다. 따라서 섹스와 출산은 뗄 수 없게 되며, 신경증 환자들이 콘돔을 좋아하지 않는 이유도 이로써 설명 가능하다. 그리고 아이는 어머니와의 사이에서 아기를 낳을 수 없음을 알고 있으며, 그 불가능성 때문에 이 논지에 더욱 이끌리나 어쩔 수 없이 다른 심리적 돌파구를 찾게 된다. 신경증은 섹스가 곧 생식 행위라는 등식에 대한 집착을 의미하며, 신경증 환자는 아이를 갖고 싶다는 바람을 유지하는 반면 도착증 환자는 아이가 되려 한다는 점에서 도착증과 신경증은 대조된다. 따라서 섹스의 진정한 목적이 번식이라는 통상적인 이론은 유아기의 판타지처럼 보인다. 혹자는 이 논문에서 훗날 랑크가 주장한 이단적인 학설의 근원을 찾을 수 있다고 할지 모르나, 그래도 여전히 중요한 정신분석학 논문이며 흥미로운 생각과 고찰도 가득하다. 그러나 고작 2년 후, 랑크는 『출생의 트라우마』라는 책에서 매우 진지하게 바스티유 습격에서 바스티유는 어머니의 몸을 상징하며,

수감된 상태는 자궁 내의 움직일 수 없는 상태로의 회귀를 나타낸다고 봤다. 또한 원과 면적이 같은 정사각형을 만들려는 수학적 시도는 자궁에 몸이 딱 맞게 들어간다는 문제를 해결하기 위함이며, 영구 기관機關이라는 개념은 자궁 안에서 산다는 문제를 의미하며, 칸트 철학에서의 물자체物自體는 자궁이며, 노출증은 자궁 안에서 전라로 있던 상태로의 회귀이고, 소크라테스는 독미나리를 먹음으로써 출생의 트라우마를 극복한 최초의 인물이라고 주장했다. 랑크의 수많은 주장 가운데 가장 어처구니없는 것은 괴테가 죽을 때 마지막으로 남긴 "더 많은 빛을"이라는 말이 태어날 때 자궁 밖으로 나오면서 보게 되는 세상의 빛을 지칭한다는 주장이었다.

학자들은 괴테의 이 말에 대해 끊임없이 논쟁을 벌여왔다. 이 말은 과연 진실의 빛을 의미했을까, 아니면 단순히 누가 커튼 좀 젖혀줬으면 하는 의미였을까? 빈의 정신분석학자들이 괴테를 얼마나 떠받들었는지 오늘날에는 가늠하기 어렵지만, 이 말은 현대에는 좀처럼 보기 드문 문학가 또는 과학자를 숭배하고 그에게 존중을 헌정하는 것과 연관된다. 괴테를 얼마나 열렬하게 숭배했던지, 프로이트의 한 제자는 빈 거리에서 친구와 담소를 나누다가, 근처 서점의 진열장에 그리 유명하지 않은 이 독일 시인의 편지가 진열되어 있는 것을 발견하고는 어리둥절해하는 친구를 내버려둔 채 얼른 다가가 그것을 읽기도 했다. 그렇다면 이 초기 정신분석학자들이 "더 많은 빛을"에 대한 랑크의 글에 얼마나 경악했을지 상상해보라. 그에 대한 반응으로 랑크의 단평은 사랑받는 시인 괴테의 유언 이상으로 그의 마지막 말이 되어버렸다.

대체 무슨 일이 일어났던 것일까? 다소 엉뚱하기는 해도 뛰어난 재능을 가졌던 이 프로이트의 제자는 왜 말도 안 되는 주장을 하게 된 걸까? 우선 랑크가 프로이트의 주변인들 사이에서 어떤 위치였는지 살펴보아야 한다. 어느 날 저녁, 랑크가 왕들의 살해에 대해 강의할 때의 일이다. 프로이트는 자신이 아끼는 루 안드레아스 살로메에게 "랑크는 국왕 시해의 심리적인 측면에 대한 관심을 통해 부모에 대한 사랑의 부정적인 측면을 없애고 있어. 그렇기 때문에 저렇게 헌신적인 것이지"라고 쪽지를 써서 보냈다. 그리고 루 안드레아스 살로메는 몇 시간, 심지어 며칠씩 도서관에서 창조, 출생, 멘토관계라는 자신의 관심 분야에 대해 연구하는 이 젊은 학자를 두고 "아들이며 그저 아들일 뿐"이라고 일기에 적었다.

자식이라는 이러한 지위가 강하게 부각되지만 출생의 트라우마에 대한 책에서 이는 분명하게 드러나지 않는다. 여기서도 어디까지나 엄마와 아이에게 중점을 두고 멘토들도 전부 여성이다. 프로이트도 지적했듯이, 랑크의 연구에 아버지의 자리는 없다. 이런 기이한 전개를 이해하려면 그의 연보를 살펴봐야 한다. 랑크는 자식으로서의 모든 문제를 연구하며 아들로서의 자신의 위치를 확립하다가 1923년 4월, 정신분석학계의 다른 사람들과 마찬가지로 프로이트가 암에 걸렸으며 오래 살지 못할 것이라는 소식을 갑작스럽게 접한다. 이 일은 랑크뿐만 아니라 프로이트의 꽤 많은 제자들에게 큰 영향을 미쳤다. 스승의 죽음이 가시화되자, 후계 문제가 매우 현실적인 문제로 다가

왔던 것이다. 다른 말로 하면 아버지와 아들이라는 상징적인 관계와 노골적으로 직면하게 된 셈이었다. 그리고 랑크는 국왕 시해에 대한 또다른 강의가 아니라 모든 것, 그야말로 모든 것을 어머니와 아이의 관계로 귀결시키는 이론으로 이 문제에 대응했다. 아버지와 아들의 상징적인 관계를 분명히 설명하지 않고, 어머니와 아이에 대한 가상적인 개념으로 그 자리를 메웠다. 프로이트는 그후 16년이나 더 살았지만 랑크의 의지 부족은 그의 사망 시점에서도 분명히 드러난다. 그의 스승이 세상을 떠나고 고작 한 달 만에 그 뒤를 따랐던 것이다.

이에 대해 언론이 랑크에게 지나치게 적대적이었고 출생의 트라우마라는 이론은 단순히 인간 지식의 우울한 축약판이 아니라고 반박할 수도 있다. 사실 여성들은 남성을 두고 '아이와 영웅'이라는 상당히 이질적인 위치를 오가는 존재라고들 지적하지 않는가? 랑크의 초기 저작 중 『영웅의 탄생에 대한 미신』이라는 책이 있는데, 출생의 트라우마에 대한 책에도 『아기의 출생에 대한 미신』이라는 제목을 붙여야 더 적절할지도 모른다. 그렇다면 이 책에서 뭐라도 건질 만한 부분은 없을까? 어떤 남성은 영화 〈다이하드〉 시리즈의 열렬한 팬임을 입증이라도 하듯이 영화 속에서 브루스 윌리스가 가느다란 파이프 주위를 기어가는 장면이 수차례 등장한다는 점을 지적한다. 브루스 윌리스는 걸핏하면 고층건물이나 공항처럼 거대한 구조물 안에 있는 속이 텅 빈 기계에 갇힌다. 만약 랑크 같은 신념을 가진 사람이 있다면, 이것은 자궁으로의 회귀라는 논지로 수렴될 또하나의 사례라 할 수 있다. 건물은 어머니와 마찬가지이며 좁은 공간은 자궁 또는 자궁을 드나드는 경로를 의미한다. 그게 아니고서야 어떻게 이 엄청난 인기 시리즈에 그러한 장면이 거듭 등장하는 것을 설명할 수 있겠는가?

이 의문에 대한 답을 구하기 위해서는 단순히 출생 트라우마 이론을 비난하기보다는 앞서 논의했던 구출 문제를 함께 다루어야 한다. 1970년대 후반과 1980년대 초반에는 '재난'을 다룬 수많은 영화에서 여러 등장인물들이 잘못된 장소에 기반을 둔 상황에 대해 그렸다. 하지만 1980년대 중반부터는 테러리스트에게 붙잡힌 여러 사람들을 한 사람이 성공적으로 구출해내는 영화들이 등장했다. 초기 재난영화에서 구조팀은 이야기에서 그리 중요한 역할을 하지 않았으며, 첨단 무기로 테러리스트들과 맞서기보다는 기업의 편견 및 탐욕과 싸웠다. 구출영화에서는 한 사람이 다른 모든 이들을 위험에서 구해내며, 재난영화가 보통 잘못된 시간에 잘못된 장소에 있게 된 손님들에게 이야기의 초점을 맞춘다면 구출영화는 잘못된 시간에 잘못된 장소에 있게 된 구출자의 이야기를 중시한다. 이것이 〈다이하드〉 시리즈의 핵심이다. 영웅의 원기만 중요한 게 아니라 주인공이 항상 우연히, 잘못된 장소에 있게 되어 경찰과 악당의 계획을 방해하게 된다는 이야기를 다룬다. 그리고 이런 영화 속의 악당들은 흠잡을 데 없는 교양을 자랑한다. 매너가 좋고 옷도 근사하게 입으며 고전문학 속 구절들을 인용한다. 반면 구출자인 영웅은 야수처럼 거칠기 때문에 두 세력 간의 갈등이 형성된다. 아브라함이 구출 판타지에 대한 논문을 발표했을 때, 제대로 설명하지 않은 한 가지 중요한 관찰사항이 있었다.

아브라함은 소포클레스의 『오이디푸스 왕』에서 초반에 오이디푸스가 우연히 라이오스●를 태운 마차를 만난다는 점에 주목했다. 아버지를 죽이고 어머니와 근친상간하는 그후의 이야기가 물론 유명하지만, 아버지와의 이 우연한 만남도 특별한 의미가 있다. 구출영화에서 이러한 우연은 우연히 영웅이 '그곳에 있었다'는 형태를 띠게 되며, 이는 테러리스트들이 오랫동안 공들여 완벽하게 갈고닦은 세밀한 계획과 정면으로 대치된다. 테러리스트들은 가능한 모든 비상사태와 속임수, 이중 속임수를 고려하여 어떠한 가능성도 빼놓지 않으려 애썼다. 하지만 이들은 언어 체계에서 딱 하나, 다루기 힘든 어느 경찰관이라는 말로 표현할 수 없는 존재는 예상치 못했다. 따라서 똑똑한 테러리스트들이 신중하게 구축해놓은 체계와 이를 가로막는 방해물, 즉 난폭한 영웅의 존재라는 형태로 구현되는 비언어적인 요소 사이에서 갈등이 발생한다. 그러니까 파이프나 환풍구를 기어가는 장면은 엄마의 몸속에서 움직이는 아이라는 관점보다는 언어 체계에서 파문을 일으키며 결국 체계를 무너뜨리는 비언어적인 대상이라는 관점에서 이해해야 한다. 고층건물과 공항은 결국 기술의 구현이며, 지식을 구체화하는 엄청난 정보와 회로망을 상징한다. 영웅은 건물 자체와 테러리스트의 계획이라는 두 가지 형태로 상징되는 이러한 지식을 파괴함으로써 영웅으로 등극하는 것이다.

〈다이하드〉에서 브루스 윌리스는 악당의 계획과도, 경찰이라는 조

● 테베의 왕이자 오이디푸스의 아버지.

직과도 맞지 않는다. 그야말로 거기 있어서는 안 될 인물의 완벽한 예라 할 수 있는데, 이는 구출의 문제에 관한 또다른 해법을 시사해준다. 이런 유의 영화에서 주인공이 그런 위치에 있었기 때문에 구출자가 될 수 있었다면, 구출 판타지를 가진 사람들도 어떠한 계획이나 지식이 부재한 자신의 모습을 상상할 것이다. 영웅의 가치는 바로 테러리스트들과 경찰이 그의 존재를 눈치채지 못하고 그에게 적절한 지위를 부여하지 않았다는 점에서 찾을 수 있다. 지식으로 이뤄진 네트워크에서 자기 자리를 확보하지 못하는 시점부터 구출자는 스스로의 위치를 확립해나간다. 이런 유의 영화에 등장하는 구출 이야기에 정신분석에서 다루는 판타지를 적용해본다면, 언어가 어떤 대상의 인식에 실패하는 순간, 일관성 있는 정체성이 성립된다고 할 수 있다. 누군가 어딘가에 소속되지 못할 때, 담론을 통해서 인정받지 못할 때, 성격이 전혀 다른 누군가가 등장하는 것이다. 이 경우에는 세련되고 똑똑한 악당과 매우 극명하게 대조되는 경찰이 등장한다. 이 경찰의 역할은 말을 하는 것이 아니라 건물의 후미진 여기저기를 돌아다니는 것이며, 〈다이하드〉 시리즈에서는 바로 이 위치가 구출자의 진정한 정체성을 의미한다. 다른 모든 등장인물의 입장에서 보면 그는 거기 있어서는 안 되는 인물이다. 하지만 그럼에도 항상 존재하기에 그의 정체성은 '거기 있어서는 안 되지만 항상 있는 사람'이 된다. 따라서 그의 존재와 정체성은 주변과 어울리지 않는다고 정의된다. 이것이 구출 판타지에 대해 우리에게 암시하는 바는, 주인공의 위치가 특정한 담론에서는 인정받지 못한다는 사실에 뿌리를 둔다는 점이다. 이러한 일은 가장 유순한 사람들에게도 지대한 영향을 끼친다. 누군가 어떤 식으로든 무시나 모욕을 당했다면, 그는 가장 끔찍한 형태로 복수를 상상하곤 한다. 온화한 직원이 상사나 동료 앞에서 어떻게 행동했어야 했는지를 곱씹으며 잠 못 이루기도 한다. 어떤 말을 했어야 했는지, 어떤 재치 넘치는 발언이나 반례를 제기했어야 했는지 궁리하다가 이내 고문하고 파괴하는 광경으로 넘어가기도 한다. 겉으론 명랑하고 성격 좋아 보이는 어떤 회사원은 이런 이유로 수면 부족에 시달린다고 했다. 중요한 프로젝트에서 그의 기여를 동료가 전혀 인정해주지 않는다. 일단 그의 머릿속에서 자신이 할 수 있었지만 하지 않았던 수많은 대답들이 스쳐갔다. 그다음에는 동료가 야생마들에게 갈가리 찢기고 가죽이 벗겨지는 소름끼치는 광경들이 떠올랐다. 이러한 전개는 자신이 인정받지 못하는 상황, 즉 자신의 자리가 마련되지 않는 상황을 기점으로 자신의 주체성을 보장할 방법으로의 판타지가 어떻게 펼쳐지는지를 잘 보여준다. 대부분 어린 시절에는 어떤 식으로든 인정받지 못했다는 사실을 떠올린다면(표면적으로는 형제나 부모가 대신 인정받는다), 이러한 끔찍한 생각이 수 없이 존재한다고 상정할 수 있다. 다행스럽게도 의식적으로는 이를 까맣게 모르지만 말이다.

아직 논의하지 않았지만, 여성에게 구출 개념이 갖는 또하나의 중요한 의미가 있다. 앞서 『사랑하는 영혼』을 통해 실제로 살아 있는 남성과는 다른, 어떤 힘이나 영혼의 '일부'라고 느끼는 것이 여주인공에게 얼마나 중요한지를 살펴보았다. 여기서는 구출하기와 구출받기가 구분되며, 여성이 구출받고 싶어한다면 자신을 초월한 무언가의 일부가 된다는 의미로 볼 수도 있다. 어떤 여자아이는 방 천장에 그려진 금색 별을 바라보면서 수많은 밤들을 보내고 거기에 무언가가 있다고 확신하며 이윽고 이를 '제3의 힘'이라고 부르게 되었다. 이 여자아이는 훗날 여러 남성과 인연을 맺고 거기에 실망할 때마다 항상 자신을 절대적으로 신뢰하는 어떤 다른 존재가 기다리고 지켜본다고 믿었다. 조르주 상드도 비슷한 이야기를 한 바 있다. 상드는 어렸을 때부터 조숙하고 학습이 빨랐지만, 평범한 알파벳 사용에는 서툴러 가족들을 당황스럽게 했다. 상드는 모든 단어에서 'b'를 빼고 말하기도 했다(프랑스어에서는 '베be'로 발음된다). 벌을 주거나 달래봐도 글자를 빼먹는 습관을 고치지 못했다. 그러다가 열두 살 되던 해에 이상한 일이 일어났다. 꿈에서 알파벳 글자들이 모여 '코람베Corambe'라는 단어를 만들어냈다. 그녀는 즉시 이 단어가 자신과 함께할 것이고, 자신의 행동을 관찰하며, 자신을 위로할 것이며, 이 단어의 존재가 자신을 지탱해줄 뿐만 아니라 앞으로 이를 토대로 긴 이야기를 만들어가게 될 것임을 알아챘다. 상드는 훗날 여러 연인들과 인연을 맺었지만, 이 개인적인 신은 젊은 시절 내내 그녀의 곁을 지켰다. 코람베라는 단어를 위해 그녀는 제단을 세웠고, 기도했으며, 교감했던 것이다. 헬레네 도이치는 상드의 삶에 대해 이야기하면서

'코람베'의 '코람coram'이 '무엇이 있는 곳'이라는 라틴어 코람coram과 연결된다고 언급하기도 했는데, 이 단어의 가장 유명한 용례는 코람 데오coram deo, 즉 '신이 있는 곳'이다. 만약 코람베의 'be'가 어린 시절의 알파벳 'b'를 나타낸다면 코람베는 'b가 있는 곳'이라는 의미가 되며, 'b'라는 글자가 신의 자리를 대체한 셈이다. 상드의 화려한 남성 편력 스캔들 이면에는 묵묵히 곁을 지키는 이 파트너가 존재했으며, 이는 『사랑하는 영혼』에서 여주인공이 살면서 만난 실제 남성과 소속감을 느끼고 진정으로 정절을 바치는 대상을 구분하는 것과 마찬가지다. 이러한 이원성은 종종 오독돼 남성과의 관계가 그들을 초월한 존재와의 관계 해석으로 사용되기도 한다. 그렇기에 평론가들은 중세의 뛰어난 여성 신비주의자들에 대해 연구하면서 이들이 신들렸을 때 격렬한 오르가슴을 느끼는 듯 보인다며 감명받곤 한다. 그러나 이러한 묘사는 사실 매우 드물다. 역사학자 캐럴 워커 바이넘이 지적했듯이, 대다수 여성 신비주의자들은 신과의 합일에서 황홀경을 경험했다고 쓰기보다는 완전히 혼자가 되기란 불가능하다고 쓰는 경우가 많았다. 이러한 불가능성에는 '코람베' '사랑하는 영혼' 또는 '제3의 힘' 같은 이름이 붙지만, 어떤 경우에도 실제 남성과는 다른 존재다.

인간 사이의 사랑이 항상 영원하리라 담보할 수는 없지만, 이러한 신비스러운 대상은 오랫동안 곁에 남는다. '사랑하는 영혼' '코람베' '제3의 힘'은 역사의 부침 속에서 무슨 일이 생기더라도 묵묵히 그 자리를 지키는 존재를 나타내며, 그렇기에 일종의 굳은 약속이자 믿을 수 있는 대상을 상징한다. 이러한 개인적 신이 만들어놓은 공간에서만 아마 약속은 의미 있을 것이다. 그러나 여기서의 약속은 살아 있는 남성이 한 게 아닐 가능성이 크다. 그보다는 이 제3의 용어가 차지하는 자리가 과거에 깨진 약속으로 인한 결과라고 해야 더 정확할지 모른다. 조르주 상드의 '코람베'는 엄마와 단둘이 살기 위해 할머니 곁을 떠나려는 비밀 계획이 수포로 돌아가면서 수차례 엄마에게 크게 실망한 뒤 나타났다. 이 '제3의 힘'이 모습을 드러내서 항상 변함없이 충실하게 거기 있다고 약속하기 전에 그리 확실하지 않은 무언가가 과거에 존재했어야 한다. '사랑하는 영혼'이 결코 여주인공을 실망시키지 않는다면, 아마도 오래가지 않거나 발생하지도 않은 무언가의, 그녀를 크게 실망시킨 무언가의 자리를 '사랑하는 영혼'이 대체해서일 것이다. 말이 제 역할을 다하지 못하여 생겨난 공백이 무언가 다른 것으로 채워지는 셈이다. 따라서 하나의 사랑 이야기는 또 하나의 사랑 이야기로 이어지며, 로맨스가 시작될 때에는 항상 이전의 로맨스가 정확히 어떻게 끝났는가 하는 문제가 제기된다.

4장

사랑에 빠지는 데 필요한 몇 가지 조건

...

라이크는 사랑이란 항상 이야기 속의 이야기이기 때문에 사랑 이야기라는 것은 존재하지 않는다고 말한 바 있다. 모든 역사에는 그보다 오래된 역사, 즉 재현되고, 새롭게 기록되고, 어쩌면 다시 구성되고, 우리의 과거와 현재, 그리고 미래에 영향을 미치는 역사가 따르게 마련이다. 어느 날 아버지가 오래전에 쓴 일기장을 본 버트런드 러셀은, 거기에 자세히 적힌 구애와 약혼에 대한 이야기가 자신과 첫 번째 부인의 관계와 세부사항까지 거의 일치해 크게 놀랐다고 언급했었다. 의식적으로는 아버지의 행동을 되풀이한다는 사실을 깨닫지 못했지만, 그럼에도 불구하고 연인들에게 보였던 그 어떤 충실함보다도 더 성실하게 그런 행동을 수행했다. 만약 사랑 이야기가 과거에 뿌리를 둔다면, 이것은 미래에 어떤 영향을 미칠까. 그리고 결정적으로 사랑의 시작이 사랑의 끝에 어떻게 반영될까.

정신분석학에서는 역사란 단순히 반복되는 것이 아니라 운을 맞추는 것이라고 이야기한다. 어떤 여성은 사랑하게 될 남성의 모습을 처음 발견한 순간, 즉 로마 거리에서 남성이 흔들림 없이 자신을 바라보고는 천천히 다가왔던 순간을 생생히 기억한다. 몇 년 후, 두 사람의 이별 장면은 바로 과거의 이 장면과 겹쳐진다. 같은 거리에서 그들은 눈을 마주치고 남성이 여성에게 다가간다. 하지만 이번에는 여성이 뒤돌아 떠나버린다. 배경은 똑같지만 이제 여성은 남성의 시야에서 스스로 벗어나며 로맨스가 끝났다는 사실도 알고 있다. 성 아우구스티누스는 "사랑의 본질이 무엇인지 알고 싶다면, 사랑이 어디로 향하는지 살펴보라"라고 썼지만, 앞서 소개한 사례를 생각해보면 사랑이 어디서 시작되었는지를 살피는 것도 그만큼이나 중요하다. 첫 데이트 때 타르콥스키 감독의 예술영화를 고르는 남성은 어떤 의미로는 자신이 열망하는 관계의 전망이 그리 밝지 않음을 이해할지도 모른다. 또한 이런 상황을 선택했다는 사실로 그가 하는 어떤 약속보다 미래가 더 잘 설명되기도 한다.

데이트는 결국 하나의 체계다. 모든 것에 의미가 부여된 틀에 누군가를 끼워넣는 것이며, 이러한 상황은 두 사람의 관심거리에 대한 단서를 제공해준다. 예를 들어, 영화관에 가자고 한다면 이미지를 중시한다는 의미일 수도 있으며, 식당에 간다면 게걸스럽게 먹는 행위에 우선순위를 부여한다는 뜻일지도 모른다. 밤에 춤추러 나간다면 다른 사람들에게 자신을 보여주는 것이나 연인 이외의 다른 사람들과의 만남을 중시한다는 의미일지도 모른다. 런던의 한 신문사에서 올해의 데이트 상대를 선정했을 때의 일이다. 우아하고 특별한 한 여성이 수많은 남성의 구애 가운데 가장 관심이 가는 한 남성을 선택했다. 하지만 정작 두 사람이 만나게 되자 그는 그녀에 대해 좀더 알아가기보다는 자신의 친구들에게 그녀를 보여주는 데 열중했으며, 촛불 아래서 단둘이 저녁식사를 하기보다 친구들과의 시간을 우선시했다. 여성과의 만남을 얻어냈음에도 그는 그녀를 차지했다는 사실을 자신뿐만 아니라 다른 사람에게 과시하고자 했다. 당연히 그 여성은 서둘러 그가 벌이는 신나는 잔치를 끝내버리고 싶어했다.

원나이트 스탠드에 늘 첫 데이트가 뒤따르지는 않지만, 그렇게 된대도 이와 비슷한 불균형은 반복된다. 모든 관련자가 그 사실을 아는 것은 아니지만, 원나이트 스탠드는 그날 밤이 처음이자 마지막으로 두 사람 사이에 무언가가 일어나는 때라는 의미다. 사실 그날 이후 여러 날이 지나고 그런 일이 재발하지 않으리라는 인식이 확실히 자리할 때야 그 일이 원나이트 스탠드였다고 굳어진다. 한쪽에게는 시작 같았던 일이 다른 쪽에게는 마침표였던 것이다. 문제는 인간이 마침표에 그리 능숙하지 않는 존재라는 점이다. 우리는 결말보다 가능성을 선호하고 막을 내리기보다는 쉼표를 찍거나 조건을 다는 일을 선호한다. 만약 시작과 끝 사이에 어떤 대칭이 존재한다면, 확실하게 시작된 관계(첫눈에 반한 사랑)는 확실하게 끝난다는 의미가 아닐까? 실제로 그런지는 불분명하지만 관계가 시작될 때 선택된 체계들은 마지막이 되면 더욱 분명해지고 명확하게 나뉜다. 황혼기에 접어든 마오쩌둥 주석에게 프랑스 혁명의 영향에 대한 평가를 요청하자 그는 아직 시기상조라고 대답했지만, 사랑이라는 분야에서는 역사가 시작될 때 그 해답에 대한 단서도 함께 제시되는 걸지도 모른다. 첫 번째 만남을 위해 어떤 계획을 세웠든, 그러한 선택에는 무의식적으로 상대방을 배제하는 나름의 이유가 존재한다. 연애관계가 끝나면 이런 배제의 원리가 명확해지는 경우가 많으며, 연애 초기부터 상대방보다 우선시했던 요소들이 더욱 뚜렷해지기도 한다. 비록 사랑의 끝이 군주처럼 절대적이진 않을지라도, '끝이란 또다른 시작이다'라는 스코틀랜드의 여왕 메리 스튜어트의 모토는 이 대칭관계를 압축적으로 보여준다 할 수 있다.

한 젊은 여성이 미술 전시회의 개막식에 모습을 드러내자 관람객으로 가득한 전시실에서 한 낯선 사람이 그녀에게 접근한다. 그는 그녀에게 "제 전시회에 오신 것을 환영합니다"라고 말을 건넨다. 몇 달 지나지 않아 두 사람은 함께 살게 되었고, 여성은 남성의 변덕스러움과 예술가라는 직업으로 인한 부침을 견디며 그의 곁을 지켰다. 2년 후 어느 날 아침, 잠에서 깬 그녀의 머릿속에서 그들의 관계의 시작을 알렸던 바로 그 말이 울려퍼졌다. "제 전시회에 오신 것을 환영합니다." 이 말로 인해 그녀는 지난 몇 달간의 불안감과 남성이 세상에 선보이는 여자로서의 역할, 손발이 묶인 삶, 가로막힌 기회, 그야말로 남성이 만든 전시회의 일부로만 존재하는 자신의 모습을 명확히 깨달았다. 관계의 시작을 알렸던 그 말이 이제 끝이라고 신호를 보내오고 있었다. 시작을 알리는 그 말에 관계를 끝내는 방식도 포함되어 있었던 것이다.

혹자는 이 경우를 두고, 여성은 이미 결정을 내렸고, 그저 과거로 돌아가서 불안감을 구체화해줄 무언가, 즉 자신의 비참함의 증거와 불만의 징조를 찾았던 것뿐이라고 주장할지도 모른다. 캐서린 햅번의 어머니는 결혼 직후 별이 빛나는 하늘을 보며 남편과 다정한 한때를 보내다가 그에게 자신의 진짜 속마음을 알고 싶으냐고 묻는다. 그가 아니라고 답하자 그녀는 남편의 넥타이에 대해 증오심을 쏟아내면서 몇 시간 동안이나 갖은 험담을 늘어놓았다. 여기서 넥타이라는 세부사항은 지극히 우연에 불과하며, 무언가 다른 대상의 지칭으로 보일 수도 있다. 앞서 소개한 사례처럼, 꼭 관계의 시작을 알렸던 말이 아니더라도, 넥타이든 신발이든 손톱이든 뭐든 꼬투리를 잡았을 을지도 모른다. 하지만 사실 세부사항은 중요한 의미를 갖는다. 앞으로 두 사람의 관계에서 이 넥타이를 계속 볼지는 불분명하지만, 시작점에서 언급되었기 때문에 나중에도 이 넥타이가 재등장하리라는 점은 충분히 추측 가능하다. 끝과 시작 사이의 연관관계는 실로 강력하다. 무언가가 순조롭게 시작되었다고 해서 반드시 잘 끝난다는 법은 없으며, 나쁘게 시작되었다고 해서 반드시 나쁘게 마무리되는 것도 아니다. 하지만 시작점에서 존재했던 세부사항은 분명 끝나는 시점에도 존재하기 마련이다. 만화 시리즈 〈스쿠비 두〉 속 악당은 늘 처음에는 하찮은 인물로 등장하는데, 가면을 벗는 유명한 마지막 장면에 이르러서야 그의 정체가 밝혀진다. 이 이야기가 이런 식으로 전개된다는 건 누구나 알지만 그 구조는 절대 바뀌지 않으며, 시작과 끝을 잇는 논리도 매우 설득력이 있다. 고대의 미로처럼 입구가 곧 출구인 것과 마찬가지다. 그리고 사랑의 경우에는 상대방의 가장 소중했던 특징이 결국 가장 경멸하는 특징이 된다. 소중히 여기거나, 사랑하거나, 미워하는 것은 아주 작은 특징에서 출발한다. 청교도인들은 처음에는 주교의 넓적한 모자와 호된 꾸지람을 공격했으나, 그다음에는 주교들을 공격했다. 여기서 미움의 형태를 발견한다면, 가족이나 연인 사이처럼 사랑이 넘쳐날 것이라고 생각되는 곳과 정확히 일치한다. 하지만 미움은 항상 사랑이 처음 모습을 드러냈을 때의 세부사항과 연관되며, 전시회 개막식 날 했던 말이나 로마 거리에서의 시선 같은 게 이에 해당한다. 따라서 사랑에 대한 이론에는 이러한 세부사항에 대한 이론도 반드시 포함되어야 한다.

그렇다면 왜 그렇게 사소한 상황이 그토록 커다란 일에서 중요한 역할을 하는 걸까? 당시 최대 규모로 만들어졌던 케빈 코스트너 주연의 영화 〈워터월드〉가 너무나 사소한 것, 그러니까 배우의 한줄기 소변에서 시작된 것도 결코 우연은 아니다. 이렇게 평범한 출발점에서 물로 이루어진 거대한 세계가 탄생했다. 게다가 현대 영화 제작 산업에서 가장 세련된 성과라고 할 만한 작품이 자기 몸에서 나오는 액체에 대한 소년의 관심에서 비롯했다는 사실은 무척 흥미롭다. 그러나 소년들은 액체를 만들어내는 신체 능력에는 항상 한계가 존재함을 받아들여야 한다. 오이디푸스 콤플렉스를 겪는 소년들은 정력이 미래를 위한 약속이라는 사실을 납득할 것이냐 하는 기로에 놓인다. 훗날 아버지에게서 무언가를 받는다고 생각해 그 대신 어머니와의 관계를 포기할 것이냐다. 일종의 거래인 셈이다. 자신의 기대, 욕망을 위해 무언가를 포기하는 것으로, 사춘기 소년들이 가끔 그렇게나 열심히 음모를 미는 것도 비슷한 맥락에서 이해할 수 있다. 지금 음모를 밀어버리면 훗날 더 많은 음모가 자랄 거라고 믿는 것이다. 따라서 라캉이 말했듯이 정력은 거세를 기반으로 하며, 슈퍼히어로들도 거미에 물리거나 추락하거나 충돌해 크게 다치고서야 비로소 슈퍼히어로가 된다. 과학자들 역시 리 메이저스가 부상당해 무언가를 잃은 후에야 그를 600만 달러의 사나이로 탈바꿈시킬 수 있었다.

하지만 이러한 기대와 연결될 뿐 아니라, 소년들은 지금 무언가를 소유하고 있다는 사실을 쉽게 받아들이지 못하기에 실제로 무언가를 가지면 이 모든 것과 관련된 문제가 발생한다. 그 대상을 갖지 못하거나 아예 대상이 거기 없을까봐 전전긍긍하는 것이다. 어쩌면 그렇기 때문에 남성들은 몇 주 동안 똑같은 옷을 입어도 이에 거부감을 느끼지 않으며, 신발 벗기를 꺼려 하는지도 모른다. 무언가를 잃을 가능성이 있다면 어떤 모험도 무릅쓰려 하지 않는다. 하지만 일부 남성들은 유난히 걱정을 많이 하며, 모든 사람들이 오이디푸스 콤플렉스에 기인한 야심을 동일한 관계로 드러내는 것도 아니다. 진짜 전함을 가지고 싶다며 계속 부모를 조르는 소년과 그저 모형 전함을 만들고 싶어하는 소년은 분명 다르다. 축소 모형 제조업체들은 이에 대해 이상할 정도로 침착하며, 마치 '나는 더 작은 모형으로도 충분해'라는 오이디푸스적 관계를 용인하는 양, 원본과 비교했을 때 크기만 축소된 모형을 만들어낸다. 세부사항은 일치하지만 크기는 축소됐다는 사실은 일종의 한계를 상징한다. 영화 〈빅〉에서 톰 행크스는 하룻밤 새 어른으로 성장해버리지만, 그의 몸은 성인 남성의 역할을 맡기에 아직 충분하지 않다. 여성과 처음으로 하룻밤을 보낸 후 그는 블랙커피를 마실 수 있게 되지만, 여성과의 관계가 깊어질수록 더욱더 이전의 작은 몸으로 되돌아가 엄마 곁에 머물고 싶어한다. 영화의 마지막 부분에 접어들어서 그는 자신의 덩치를 받아들이는 편이 낫다는 사실을 배운다. 더 큰 물고기를 잡으려고 분투하기보다 잡은 물고기를 상징적으로 더 작은 척도에 맞추고, 완벽하지 않더라도 만족하는 편이 중요하다는 걸 깨닫는다. 프로이트의 아들 마르틴은 아버지가 식료품을 사러 가서는 배낭에 거대한 살라미를 넣고 돌아왔던 유일무이한 일을 애정 어리게 회상하며, "그 살라미는 우리 형제들에게 확실히 강렬한 인상을 남겼다"라고 존경스레 덧붙였다. 이런 애착은 더 큰 물고기를 손에 넣는 것 외에는 무엇에도 관심 없는 남성들의 욕구와는 얼마나 다른가. 헤밍웨이가 파리의 어느 카페 남자 화장실에서 곤란해하는 F. 스콧 피츠제럴드에게 성기 크기를 비교해보자고 제안한 것은 예의바르게 경쟁심을 드러낸 행동일 수도 있다. 버킹엄 공작이 여섯 마리의 말이 끄는 마차를 탄다는 사실을 안 노섬벌랜드의 공작은 그 즉시 여덟 마리의 말이 끄는 마차로 시내를 가로질렀으니 말이다. 이와 마찬가지로 피츠제럴드도 더 긴 작품을 쓸 수도 있었다. 하지만 모형 제조업체들이 크기를 축소한 복제품으로 만족한 것처럼, 피츠제럴드도 차분하게 작품의 분량을 늘리는 위험을 피했다. 클래런던과 울시는 으리으리한 저택을 지어서 국가 범죄를 저질렀다고 간주되는데, 이 각료들은 무분별한 야심으로 형식을 겨루는 경쟁에서 물러서지 못했기에 그 대가를 치렀다.

이렇게 큰 것과 사소한 것 간의 관계, 사랑 이야기와 그 세부사항 간의 관계 때문에 많은 심리학자들이 씨름해왔다. 우리는 태어나자마자 여러 가지 특징(목소리의 음색, 피부 냄새, 머리색)을 가진 누군가와 교감한다. 달리 말하면 추상화의 과정이 작용되며, 이를 통해 일련의 특징이나 특성이 마음속에 고착된다. 훗날 바로 이런 특징들을 통해 감정이 움직이고 전달되는 것이다. 세부사항, 단 하나의 추상화된 특성이 리비도의 전달방향을 좌우한다. 수많은 남성들과 관계를 맺어온 한 여성은 새로운 사람을 만날 때면 그녀가 보기에 '다정한 얼굴'이어야 그에게 매력을 느낀다고 말한다. 이것은 하나의 세부사항이자, 그녀의 감정을 체계화한 일종의 묘사에 해당한다. 사랑은 단순히 상대의 구체적인 세부사항만 찬미하는 것이 아니며, 수정이 나뭇가지에 기대는 것처럼 전적으로 이 세부사항들의 존재를 통해 탄생한다. 그러나 왜 이러한 세부사항은 매번이 아니라 가끔씩만 기능하는가? 왜 어떤 사람이 특정한 머리색을 가졌거나 특정한 향수를 사용한다고 해서 자동적으로 사랑에 빠지지 않는가? 몇 가지 특정한 개별 특성들만 환기시키면 사랑은 기계처럼 작동할 것이며, 제시간에 켜거나 끄는 것도 미리 계산 가능하다. 하지만 모두 알다시피

이는 사실이 아니다. 페티시즘은 성적 쾌락을 위해 필요한 단 한 가지 특성에만 집착하기 때문에 사랑이 아니다. 사랑에 이보다 많은 요소가 연관된다면, 왜 사랑은 가끔씩만 발생하는 걸까? 그리고 왜 어떤 사람에게는 단 한 번만 찾아오는 것일까?

역설적으로 들리겠지만, 사랑은 세부사항에 관심을 기울이면서도 이를 무시하는 것이다. 사랑에 빠진 사람은, 사랑이 시작될 무렵에는 다정한 말투, 탐스러운 머리칼처럼 연인의 몇 가지 특징을 지나치게 중시하면서 다른 몇 가지 특징들은 의식적으로 무시한다. 프리츠 랑의 영화 〈비밀의 문〉에서는 이 사소한 세부사항으로 연인들의 관계가 걸러진다. 부유하고 사교적인 셀리아는 뉴욕 사교계에서 만나는 남성들에게는 조금도 관심이 없었으나, 멕시코 여행에서 정서적으로 불안정한 건축가인 마크 램피어와 만나게 된다. 두 사람은 결혼식을 올리지만 마크는 신혼여행 도중 납득할 수 없는 이유만 남긴 채 뉴욕 근교에 위치한 라벤더 폴스라는 자신의 저택에서 다시 만나자며 사라진다. 어딘가 불길해 보이는 이 집에 셀리아가 도착하나 마크는 보이지 않는다. 기차로 도착할 예정인 마크를 마중나간 셀리아는 기차역에서 꽃을 조금 따놓는다. 그 꽃을 본 마크는 이성을 잃고 자리를 뜬다. 일련의 사태를 도저히 감당할 수 없었던 새 신부는 얼마 지나지 않아 남편을 떠나기로 결심한다. 하지만 자신의 상황을 생각해 보고는 마음을 고쳐먹는다. 그녀는 달리 의지할 사람도 없었지만 여전히 그에게 가장 소중한 사람이 되고 싶었기에 스스로를 다독인다. 그들은 집안에 온기를 불어넣기 위해 성대한 집들이 파티를 열기로 계획하는데, 이때 셀리아는 마크의 어두운 비밀들 중 하나를 알게 된다.

그는 라벤더 폴스의 한쪽 건물에 유명 살인 사건의 장면을 재현한 방을 여러 개 만들어뒀다. 그는 손님들에게 각 방은 하나의 이야기를 나타내며, 방안에 있는 사람보다 방 자체가 등장인물의 행동을 결정한다고 본다고 설명한다. 마크는 끔찍한 범죄에 대해 이야기하면서 분명 뒤틀린 만족감을 얻는 듯했다. 그는 출입금지인 7번 방 앞에 도달할 때까지 안내를 계속한다. 셀리아는 당연히 그 방에는 뭐가 있는지 궁금해했고, 마침내 몰래 거기 숨어들어가서는 그 방이 자신의 침실과 똑같이 꾸며져 있다는 사실에 경악한다. 더이상 견디지 못한 셀리아는 머리를 써서 집을 빠져나간다. 비명 소리가 들리고, 뒤이어 이 영화의 기막힌 반전이 펼쳐진다. 그녀가 다시 돌아온 것이다. 집으로 돌아왔을 뿐 아니라 출입금지된 바로 그 방, 즉 아마도 셀리아의 살해 현장이 될 그 방으로 돌아왔다.

어떤 의미에서, 셀리아는 만약 특이한 남편을 어떻게든 변화시키려 한다면 바깥세상에서 그와 이성적으로 대화하거나 어떤 영향을 미치려 해봤자 통하지 않을 거라는 것을, 그가 구축해놓은 그 환상의 틀 안에서만 그를 바꿀 수 있다는 것을 깨달은 셈이다. 그 방에서 남편을 기다리는 셀리아는, 남편의 살해 욕망이 마련해놓은 자신을 위한 자리에 제 발로 걸어들어간 셈이었다. 그리고 마크가 기차역에서 꽃을 본 순간 이성을 잃었다는 사실을 기억해내고는, 똑같은 꽃들을 다시 꺾어서 그가 자신에게 다가오는 순간 이를 움켜쥐었다. 마크는 마치 로봇처럼 셀리아에게 다가오는데, 바로 그때 갑자기 모든 것이 분명해졌다. 배경음으로 출입문 잠기는 소리가 들려오는데, 그녀는 신혼여행에서 그 소리 때문에 남편의 이상한 행동이 시작되었다는 걸 깨닫는다. 셀리아가 그 연관성을 찾아내자 마크는 어렸을 때 어머니의 방을 찾아간 일과 그때 들었던 문 잠기는 소리를 기억해낸다. 어머니가 남자와 춤추러 나갈 때마다 마크의 방은 잠겼는데, 셀리아 덕분에 마크는 그제서야 자신의 방문을 어머니가 아니라 누나가 잠갔음을 알게 된다. 마크를 그토록 뒤흔들었던 라일락은 어머니의 사망 후 라벤더 폴스에서 꺾었던 꽃이라 어머니를 연상시켰다. 그렇기에 마크는 라일락을 볼 때마다 어머니와 춤상대가 즐거움을 누릴 때 소외당한 어린 시절로 되돌아갔던 것이다. 마크는 살해 장면에 집착하고 셀리아를 살해하려 하면서 어린 시절의 소외감에 복수하고자 끊임없이 욕망을 불태웠던 것이다.

이 영화는 누군가의 인생에서 중요한 의미를 갖는 관계가 어떻게 꽃이나 문 잠기는 소리 같은 세부사항으로 구성되는지를, 어떻게 이를 의식적으로 인지하지 못하는지를 매우 솜씨좋게 보여준다. 이러한 세부사항들은 무의식적으로 작용해 의식할 수 있는 실제 감정을 만들어내지만, 표면적으로는 그 원인을 좀처럼 찾기가 어렵다. 마크는 살해 충동이나 분노를 느끼거나 어딘가로 사라지고 싶을 때, 왜 그러는지 안다고 생각할지도 모르지만 이 세부사항들의 작용과 연관된 진짜 이유는 모른다. 그리고 셀리아는 이 모든 상황에 영향을 미치려면 그가 꾸며놓은 세계 안으로 들어가야 함을 이해하고 있었다.

셀리아는 금지된 방으로 돌아감으로써 마크의 욕구를 자극하는 꽃이라는 대상의 위치에 자신을 놓았다. 꽃이 마크에게 그렇게나 큰 영향력을 발휘했던 것처럼 그녀는 그만큼 그에게 영향을 미치는 존재가 되길 바랐다. 그렇기에 세부사항으로 구축된 체계를 피하기보다 거기에 몸을 던졌던 것이다. 셀리아는 자기 모습 그대로 사랑받기를 바라기보다는 우선 자신이 아닌 다른 존재로서 사랑받아야 함을 깨달았다. 자신을 버리고 마크의 환상이 만들어놓은 체계로 들어가야만 그들의 관계를 현실로 바꿀 일말의 가능성이 생기는 것이다. 그가 변하기를 바란다면 그녀는 자신을 바꿔 그의 환상이 만들어낸 자리에 들어가야만 그의 과거를 바탕으로 올바른 인과관계를 정립할 수 있다. 다른 말로 하면 그녀가 그의 내부에서 노력해야 한다는 것이다.

이제 마크와 환상의 관계가 명백해졌으니 앞으로 어떤 일이 일어날까라는 큰 의문이 남는다. 어떤 의미에서 셀리아의 노력은 준비 단계에 불과하다. 환상에 갇힌 사람을 어떻게 밖으로 끌어내느냐, 그리고 이는 그에게 어떤 영향을 끼치느냐라는 문제가 아직 남아 있다. 할리우드 버전에서는 다소 이상화하고 있지만, 마크와 셀리아에겐 앞으로 아마 새로운 문제들이 등장할 것이다. 셀리아가 탐정 역할을 한 덕분에 마크가 살해 충동에서 벗어났다면, 어떻게 마크는 셀리아를 사랑하게 될까. 더군다나 애초에 마크가 그녀에게 끌렸던 게 자신이 상상 속에서 구축해놓은 살해라는 체계 때문이었다면 말이다. 저택의 방 이야기가 나오기 한참 전, 그러니까 마크가 멕시코에서 처음 셀리아를 봤을 때의 상황은 정확히 이런 맥락이었다. 당시 셀리아는 한 쌍의 연인이 싸우다가 던진 칼을 가까스로 피했었다. 그녀는 줄곧 죽음에 노출되었던 셈이다. 그렇다면 남성이 구축하고 있던 이런 체계에 의문이 제기되었을 때, 상대 여성이 매력을 잃거나 한낱 무관심한 존재나 미워하는 존재로 전락하는 경우가 흔하대도 괜찮을까? 하지만 다른 식으로 일이 전개될 수도 있다. 열정적인 사랑이 끝나고 마법처럼 환상이 사라지지 않으면서도 다른 형태의 동반자 관계가 이어지기도 한다.

여성들이 각본을 쓰고 감독한 영화 〈은밀한 유혹〉에서 우리는 이렇게 연인 간의 유대와 또다른 사랑 이야기가 끝나는 광경을 모두 지켜보게 된다. 데미 무어와 그녀의 남편은 도박으로 돈을 딴다면 경제적인 어려움도 해결하고 젊은 건축가인 남편이 설계한 꿈의 집도 완성할 수 있지 않을까 하는 희망을 품고 라스베이거스로 여행을 떠난다. 여기서 남편은 마크 램피어만큼 이상한 사람이 아니었기에 그가 설계한 집에는 살인 장면을 재현해놓은 방 같은 건 없었고, 두 사람은 그저 거기서 행복한 한때를 보내고 싶어할 뿐이었다. 데미 무어는 어떤 드레스를 감탄하면서 바라보다가 초콜릿 공장을 사버릴 정도로 부유한 남자가 그 광경을 지켜본다는 사실은 꿈에도 모른 채 초콜릿 한 줌을 슬쩍한다. 그는 그녀에게 그 드레스를 사주겠노라고 제안하는데, 그녀는 정중하게 거절하고 자리를 뜨는 대신 호기심에 왜 그런 제안을 하느냐고 묻는다. 로버트 레드퍼드는 그녀를 보면서 즐거웠기 때문에 그녀는 그 드레스를 받을 자격이 있다고 답한다. 사실 이는 그리 드물지 않은 교환의 형태다. 드레스와 초콜릿에 대한 관심으로 드러난 그녀의 결핍에 금전적인 가치가 부여된 것이다. 그녀의 결핍은 그의 즐거움이 되었고 교환의 기본 조건이 갖춰진 셈이다.

그 드레스를 입은 자신의 모습을 상상하면서 데미 무어는 손에 닿지 않는, 자기 분수 이상의 무언가를 간절히 원하는 여성상을 구현한다. 원하는 드레스를 살 수 없는 그녀는 대신 초콜릿을 손에 넣지만, 여기서 그는 그녀의 손이 닿지 않는 존재가 되어 그녀에게 원하는 것을 제공해주려 했다. 그럴 생각만 있었다면 로버트 레드퍼드 본인이 드레스를 사서 직접 입을 수도 있을 테고, 그렇대도 영화 제목은 바꾸지 않아도 될 것이다.• 하지만 그는 그러기보다는 그녀가 갖지 않은 것을 베풂으로써 다른 방식으로 그녀를 완성시키고 싶어한다. 하지만 그녀에게는 사랑하는 남편이 있기에 문제가 복잡해진다. 이 첫 만남 후 이들 부부는 게임 테이블에서 땄던 돈을 전부 잃는다. 그리고 여기서 다시 부유한 남자가 끼어든다. 그는 자신의 욕망을 충족시키기 위한 거래, 그러니까 백만 달러와 그녀와의 하룻밤을 맞바꾸자고 제안한다.

이 거래를 합리적으로 보려면, 부유한 남자가 이 제안을 하기 직전에 그녀가 게임 테이블에서 그를 위해 주사위를 던졌고, 그 때문에 그가 백만 달러를 더 벌 수 있었다는 사실을 상기해야 한다. 어떤 의미로 볼 때 그는 그녀 덕분에 번 돈을 제공할 뿐이다. 그녀는 자신의 소유가 아닌 돈을 걸었고, 이제 기묘한 경로로 다시 그 돈이 제시

• 영화의 원제는 〈Indecent Proposal〉로 한국에서는 〈은밀한 유혹〉으로 번역되었지만 실제로는 '은밀한 유혹'보다는 '외설적, 노골적 제안'에 가깝다.

되는 셈이다. 이 거래를 받아들이고 그녀는 로버트 레드퍼드와 하룻밤을 보내지만 거래가 공식적으로 끝나고서야 그것이 시작일 뿐이라는 점을 깨닫는다. 교환은 간단한 문제가 아니다. 단순히 백만 달러를 위한 하룻밤이 아니라, 그 하룻밤이 영원해지기도 하며 다음날 새벽뿐이 아니라 평생 이 부부에게 그 여파가 미칠 수도 있다. 레드퍼드는 이들 부부에게 "하룻밤은 금세 지나가지만 돈은 평생 남는다"라고 했지만, 실제로는 정반대의 일이 일어났다. 남편과 아내의 관계가 삐걱대자 부유한 남자는 끈질기게 구애한다. 레드퍼드가 자신을 필요로 한다는 점을 분명히 하자 그제서야 그녀는 태도를 누그러뜨린다. 즉, 모든 것을 가진 그에게도 무언가 결핍이 있었으며, 그녀가 바로 그 결여된 부분이나 마찬가지였다. 결국 머지않아 그녀는 남편과의 보금자리를 뒤로하고 훨씬 근사한 레드퍼드의 저택으로 향한다.

따라서 여기에는 시작과 끝이 있다. 아니, 최소한 그렇게 보인다. 레드퍼드 입장에서는 그녀를 보는 순간 뭔가가 시작되었다. 그녀는 그가 만들어놓은 상상의 영역을 확고하게 해주는 환상에 갇힌다. 그녀는 그가 완성시키고 싶은 대상, 그가 돈으로 살 수 있는 것으로 결여를 채울 수 있는 대상이 된다. 그리고 바로 이 만족감의 결여가 그녀와 남편의 삶에 그림자를 드리우면서 두 사람 간에 무언가가 종말을 맞는다. 남편은 어찌할 수 없는 일이 있다는 사실을 깨달을 뿐만 아니라, 그 무언가가 다른 남자, 그것도 자신보다 훨씬 많이 소유한 남자라는 점을 통감한다. 흥미롭게도 남편은 이렇게 거리를 두고서야 다른 대상에게 특별한 가치를 부여하는데, 그 대상이란 여성이 아니라 벽돌이다. 과거의 열정이 되살아난 남편은 이제 건축 강의를 하는데 여기서 지극히 사소한 요소지만 기적과 같은 건축물을 완성하는 데 초석이 되는 평범한 벽돌에 대해 극찬한다. 스탕달이 말한 나뭇가지처럼 이 벽돌에서 수정이 탄생하는 셈이다. 그리고 이 우연한 요소에서 다시 다른 대상으로 관심이 이동하는데, 이번에는 벽돌만큼이나 엉뚱하지만 훨씬 큰 무언가, 바로 하마다. 데미 무어와 그녀의 새 연인은 위기에 처한 야생동물 구조를 위해 열린 자선 경매에 참가한다. 참석한 재력가들은 선별된 몇몇 동물들을 구조하기 위해 입찰에 응하고, 하마가 경매에 붙여지자 레드퍼드는 적당한 금액을 제안한다. 그런데 갑자기 어떤 목소리가 끼어들어 그 금액을 웃도는 백만 달러를 입찰한다. 이는 물론 그 남편으로, 그는 희한한 거래로 레드퍼드에게 받았던 바로 그 금액을 입찰했다. 남편과 이야기를 나눈 뒤, 그녀는 레드퍼드와 함께 경매장을 떠나 운전하는데, 그때 부유한 남자는 무언가가 끝났음을 직감한다. 그는 자신의 재력으로 이번에는 기지를 발휘한다. 똑같은 내기로 다른 여성들을 여럿 손에 넣었다고 꾸며내 그녀의 가치를 하찮아 보이게 함으로 그녀가 자신을 떠날 구실을 만들어줬다. 그의 의도를 알아챈 그녀는 차에서 내려 다시 남편을 찾아가고 달콤한 장면을 연출한다. 그 뒤 레드퍼드가 왜 그런 선택을 했는지 직접 설명한다.

그녀와 그녀의 남편이 경매장에서 이야기를 나눌 때, 그는 '절대 그녀가 남편을 바라보는 것처럼 자신을 바라보지 않을 것임'을 깨달았다. 달리 말하면 결국 그가 다른 남성의 입장이 되기란 불가능했고, 가격이 매겨진 것이라면 뭐든 살 수 있다 해도 가격이 매겨지지 않은 제약은 손에 넣을 수 없었다. 그렇기에 부자가 아닌 노예도 다른 사람이 결코 가질 수 없는 무언가를 소유한 것이다. 이 이야기의 백미는 벽돌에서 하마로 이어지는 길로, 볼품없고 별다른 관련도 없어 보이는 두 대상이 사랑의 영역에서 일어나는 일의 밑천이 될 수 있다는 점이다. 레드퍼드가 여자와의 하룻밤에 백만 달러를 지불했던 것처럼 남편은 하마를 위해 백만 달러를 지불한다. 이 엉뚱한 대칭관계를 통해, 레드퍼드는 자신에게는 여성보다 상대 남성이 중요했다는 점을, 물론 그녀가 무척 매력적이긴 했지만 그녀는 어디까지나 그에게 진정으로 중요한 일, 즉 교환이라는 행위를 위한 대상에 불과했다는 점을 이해했는지도 모른다. 교환에는 항상 잉여분이나 잔여물이 따르기에 이는 결코 간단치 않다. 이 잔여물, 그러니까 아내가 부유한 남성과 하룻밤을 보냈다는 사실이 좀체 뇌리에서 사라지지 않기 때문에 최초의 행위 이후 부부의 삶은 고통에 휩싸였던 것이다. 이러한 의미에서 진짜 노골적인 유혹은 부유한 남성의 제안보다는 하마에 걸었던 백만 달러 쪽인데, 이 제안은 욕망과 교환의 실제 역학을 적나라하게 드러내기 때문이다.

인류학자들은 인류사에서 여성은 주요 교환 품목이었고 이로써 두 사회 집단 사이의 연결고리가 생겨났다고 주장한다. 하지만 오늘날 이러한 특권은 여성이 아닌 축구선수의 몫이다. 천문학적인 액수의 이적료를 받고 한 집단에서 다른 집단으로 이동하는 선수들은 경제 순환의 자율성을 증명해주나, 가족 구성원 간의 교환과 달리 이들의 이적은 두 집단 사이의 관계를 강화시키지는 않는다는 점에서 결정적으로 다르다. 어떤 선수가 맨체스터에서 뉴캐슬로 이적하더라도 두 팀은 동맹관계를 맺지 않으며, 선수 혼자서 새 동료들과 연대감을 형성하고자 노력할 뿐이다. 그보다 아이들끼리 선수들의 사진이 들어간 축구 카드를 교환하면서 유대감을 발휘하는 경우가 많다. 아이가 이러한 교환의 단계에 들어서는 순간은 늘 중요하다. 이때부터 아이는 장난감을 독점하려는 성향을 버리고 교환과 거래를 수반하는 게임 따위를 하게 된다. 아이들은 물물교환을 좋아하는데, 이는 상징적인 관계에서의 위치를 위해 엄마를 포기한다는 가장 기본적인 교환이 이미 일어났음을 보여준다. 아이가 '모노폴리●' 게임을 하는 것은 엄마에 대한 원래의 독점이 깨졌음을 의미하며, 하나의 품목을 다른 무언가로 교환할 수 있는 상징적인 순환 체계에 이르렀음을 보여준다. 동화 속에서 용이 죽으면 살해 행위를 찬양하느라 이야기의 진정한 핵심이 가려져버린다. 기사를 잡아먹는 것 외에 용은 보물도 지키기 때문에 많은 이들의 지적대로 용을 죽이면 이 보물도 경제 순환 과정으로 되돌아간다. 돈이 움직이면서 용을 처치한 대가로 받은 다른 포상도 움직이므로 공주는 가족을 떠나 기사와 결혼할 수도 있다. 이러한 교환이라는 순환 체계로 편입되기 위해서는 일종의 용 같은 존재를 없애야 하는데, 오이디푸스 콤플렉스가 보여주듯이 이 행동은 간단하지도 유쾌하지도 않다. 오늘날에는 용을 믿지는 않지만, 여

● 독점이라는 의미.

전히 시어머니를 용에 비유하곤 한다. 용을 죽이는 모험과 악의를 품은 가족관계에 대한 이야기가 중세 전설의 단골 소재지만, 오늘날에는 이러한 이야기를 찾기 힘들고, 비디오 게임의 기술로 구현될 뿐이다. 호이징가는 『중세의 쇠락』•을 펴냈지만, 문학 작품에서 용과 사악한 시댁 식구들이 사라진 걸 감안하면 『시어머니의 쇠락』으로 개정해야 할지도 모른다.

『용에서 세부사항으로』라고 하는 건 어떨까. 판타지는 다른 사람이 가진 성의 색다름을 공들여 구축한 체계 안으로 옮겨놓기도 하는데, 앞서 살펴보았듯이 이 체계는 어느 정도 세부사항의 역할을 통해서 구현된다. 하지만 사랑을 이런 식으로 설명한다고 해도 왜 우리가 가끔씩 사랑에 빠지는가라는 문제가 아직 남아 있다. 누군가가 크게 실망하는 경우 일반적으로 두 가지 행동을 한다고들 한다. 쇼핑하러 가기. 또는 누군가를 사랑하거나, 어떤 사람 또는 추상적인 생각에 몰두하기처럼 무언가에 열정 쏟기. 하지만 문제는 조금 더 복잡하다. 프로이트와 그 제자들은 사랑에 빠지려면 소위 준비상태가 필요하다는 점을 알게 됐는데, 이는 사랑에 빠진 상태보다는 다소 신중한 초기상태지만 그 존재는 매우 중요하다. 소중한 사람을 만나는 데 있어

• 이 책은 국내에 『중세의 가을』로 출간되어 있다.

서 어느 정도 확률이 작용한대도, 사랑에 빠지는 것은 우연 때문만은 아니다.

프로이트는 전이라는 사랑의 형태에 중점을 두며 이러한 조건의 일부를 공식화하고자 노력했다. 일반적으로 전이란 부모 혹은 과거의 중요 인물에게 느꼈던 감정을 현재의 누군가에게로 옮기는 것이라 해석한다. 전이된 사랑은 진정한 사랑과 같지 않다고 주장할 수도 있겠지만, 이를 자세히 살필수록 진정한 사랑과 가치가 비슷하다는 걸 알 수 있다. 결국 둘 다 환상을 기반으로 하지만, 그렇다고 진짜가 아니라고 볼 수는 없다. 여기에는 이런 차이점이 있다. 만약 사랑에 빠진 사람이 카페에서 우연히 연인을 만난다면 당연히 기뻐할 테고 행복해할 것이다(연인이 다른 누군가와 함께 있는 게 아니라면 말이다). 하지만 이들이 카페에서 정신분석가를 만난다면, 반가움에 두려움과 약간의 불안감이 뒤섞일 것이다. 전이가 사랑의 준비상태를 탐구하기 위한 출발점이라면, 왜 이런 전이가 일어나는지, 언제 그러는지, 정확히 무엇 때문인지 의문을 품어야 한다.

기본적인 문제는 비교적 간단하다. 사람들은 무의식적인 콤플렉스를 쉽게 드러내지 않지만, 그럼에도 불구하고 정신분석가들은 어떤 식으로든 여기에 접근하고자 한다. 이러한 콤플렉스는 종종 겉보기에는 사소한 파생물로만 흔적을 남긴다. 어떤 남성은 과일맛 목캔디를 좋아하지만 노란색 사탕은 먹지 않는데, 일련의 연관관계가 의식 속에서 단절되어 이러한 배제로 이어진다. 콤플렉스에서 파생된 행동을 자세히 설명할수록, 즉 '노랑'이라는 말을 들으면 어떤 생각이 드는지에 대해 이 남성이 더 많이 말할수록 더 긴장하게 되는 매우 기이한 현상이 일어난다. 스스로를 보호하기 위해 무의식적인 콤플렉스는 그 일부를 노출시키는데, 이때 의식의 세계로 편입되기를 가장 거부하는 부분이 표면으로 떠오른다. 따라서 환자는 노란색 과일맛 목캔디 때문에 계속 불쾌해하기보다는, 맞은편에 있는 정신분석가에게 새로운 감정을 느끼게 된다. 일련의 연상 작용이 계속되어야 하는 바로 그 지점에서 갑자기 다정함이나 적대감을 품기도 한다. 달리 말하면, 무의식적인 콤플렉스의 일부가 정신분석가에 대한 의견과 연계된다. 이 과정의 예로, 어떤 여성이 성관계를 원하는 마음을 남성에게 쉽게 전이시킨다면, 그녀는 실제로 어머니와의 관계에 문제가 있다고 단언할 수 있다. 반대로 만약 여성을 상대로 재빨리 전이한다면 아마도 아버지와의 사이에 중대한 문제가 있다고 볼 수 있다. 물론 지나치게 상황을 단순화한 해석이지만, 이러한 일반화를 통해 어떻게 전이가 '진실을 말하지' 않는지 알 수 있다. 또한 전이가 쉽게 일어나는 듯하다면 진짜 무의식적인 콤플렉스에 접근했다기보다는 그 부분에 대해 그만큼 저항이 있었다는 신호로 받아들여야 함도 이해할 수 있다. 아무리 진솔해 보여도 감정은 다른 무언가를 대체해서 일어나기 마련이다.

이제 격렬한 감정이 조용한 상담 시간을 뒤흔들면서, 정신분석가는 어디서 기인하는지도 알 수 없는 감정의 명확한 목표물이 된다. 오랜 세월에 걸쳐 수많은 정신분석가들이 이 전이 현상을 지나치게 체계적으로 해석하면서, 환자의 연상이 정신분석가를 지칭하는 듯하면 이를 지적해줘야 하며 그것이 사실상 그들의 역할이라고 상정하는 크나큰 실수를 저질러왔다. 이렇게 진단할 경우, 환자가 월요일에 우울해하면 주말 동안 정신분석가와 떨어져 있었기 때문이라고 해석한다. 만약 환자의 기분이 좋다면 정신분석가를 만나서 기뻐하는 것이라고 본다. 이는 사실 부모가 아기를 다루는 방식과 상당히 비슷하다. 아기가 어떻게 행동하든 부모는 자신과 연관된 행동으로 해석한다. '아기가 (나에게) 말을 하려고 해……' '아기가 (나를 향해) 웃고 있어……' 등등으로 말이다. 즉, 아이의 일거수일투족을 그들이 하는 어떤 행동에 대한 응답이라고 이해한다. 프로이트는 부재상태에서 싸울 수는 없다고 주장했지만, 콤플렉스의 나머지 부분이 드러나지 않게끔 정신분석가들과 연계된 생각들이 어떻게 전면에 부각되는지도 보여주었다. 따라서 환자의 말과 행동이 아무리 노골적이라 해도 그것을 정신분석가를 향한 환자의 감정을 보여주는 일종의 분석 자료라고 해석하기보다, 정신분석가가 아닌 다른 무언가를 지칭할 수도 있다고 접근함으로 수수께끼 같으면서도 좀처럼 손에 닿지 않는 콤플렉스의 마지막 부분을 분석할 가능성을 열어두는 태도가 보다 신중할 것이다. 바로 이 점에 대해 라캉도 환자의 말에서 '의미' 너머에 있는 무언가, 즉 말로 표현되지 않기에 직접적으로 언급되기보다는 연상되어야 하는 무언가를 표적으로 삼으려 노력해야 한다고 주장했다.

상담 시간에 온 어떤 환자가 온종일 특정 가정용품의 이름을 기억해내려고 애썼다고 털어놓았다. 그녀의 설명을 들어보면 이 물건의 이름은 너무나 명확했는데, 공교롭게도 그 철자가 맞은편에 앉은 정신분석가의 이름과 순서만 달랐다. 이에 대해 환자의 이야기를 해석해주고 생각나지 않는다는 그 물건의 이름을 알려주면서, 그게 정신분석가의 이름과 동일하다는 사실을 지적함으로 환자가 하루종일 생각했던 것은 사실 그녀의 정신분석가였을지 모른다고 이야기하는 게 전형적인 대응이다. 그러나 프로이트 학설에서의 시각은 이와 조금 달라 이 경우 바로 해석해주기보다는 환자가 추가적인 연상을 하게끔 독려했다. 환자는 다음 상담 시간 전에 물건 이름을 기억해냈고, 이는 환자가 어린 시절 겪었던 특정한 사건들과 연관된 매우 중요한 연상들로 이어졌다. 따라서 콤플렉스는 정신분석가의 생각과 밀접하지만, 상담 치료를 하면서 거기에만 주목했다면 추가적으로 연상할 가능성은 사라졌을지도 모른다. 아마도 무의식적인 콤플렉스의 이 불안한 부분이 전이를 위한 준비상태를 형성하고, 가정용품의 형태로 그 모습을 드러냈을 것이다. 정신분석과정으로 긴장한 상태에서, 저항감이 생겨나 감정을 형성해 여러 가지 감정들의 실제 근원을 숨겨버린다. 이상한 생각이나 예상치 못한 감정이 갑자기 치솟는 것도 이 같은 예비 단계인 경우가 많다. 어떤 이유로 긴장상태가 조성되고, 그에 따라 일부 콤플렉스가 달라붙을 만한 무언가를 찾아나서는 것이다. 따라서 연애관계라는 맥락에서 볼 때, 연인을 선택하는 것은 사람 자체와는 별 관계가 없을지도 모른다. 물론 중요시하는 몇 가지 특징들을 상대가 가졌을 수도 있지만, 결국 연인이 되려면 알맞은 시간에 알맞은 장소에 있어야 한다. 그렇기에 남자든 여자든 연애를 하고 싶다면 당장 주변에 가능성 있는 사람이 없더라도 끊임없이 주위를 살펴야 한다는 말에도 일리가 있다. 연애를 하려면 우선 불안감의 특정한 형태로 인한 준비상태가 필요하며, 무의식적인 콤플렉스로 인한 동요, 또는 달리 표현하자면 수차례에 걸친 상당한 실망감이 선행되어야 한다.

라이크는 프로이트의 주장과 같은 논지로 사랑에 빠지기 위한 이러한 준비상태를 설명하려 했다. 라이크에 따르면, 스스로에 대한 불만상태가 조성되려면 반드시 어떤 일이 일어나야 하는데, 이 불만상태란 정신분석 상담 시간에 인위적으로 조성되는 긴장상태와 동일하다. 우리는 자신에게 무언가가 결여되어 있다는 사실을, 무언가가 부족하다는 사실을, 자신의 실제 모습과 이상적인 모습 사이에 일종의 간극이 있다는 사실을 안다. 이렇게 긴장상태가 생기면 초기 조건이 조성되고, 이는 그리움, 동요 혹은 불만 같은 감정으로 드러난다. 하지만 자신에게서 결여됐다고 여기는 특징들을 갖춘 듯한 사람과 마주치면, 사랑이 아니라 질투가 선행된다. 자신보다 열등한 사람에게 분노도 하지만, 자신보다 우월한 위치에 있는 사람, 자신에게는 없는 무언가를 가진 사람, 자신에게 영향력을 행사 가능한 사람은 미워할 수밖에 없다. 그리고 그다음에는 무의식적으로 그 질투심을 사랑으로 바꾸거나 아예 미움으로 굳혀버리겠다고 결정하는, 사랑에 빠지는 과정에서의 중요한 전환점이 찾아온다.

라이크의 이러한 설명은 매우 그럴듯하면서도 지극히 이상화되어 있다. 체구가 작고 꼽추였던 철학자 멘델스존은 함부르크에 갔다가 유명한 상인의 딸을 보고 사랑에 빠졌다. 그녀는 재주가 많은데다 장애도 없었다. 함부르크에서 몇 주간 머문 뒤 멘델스존은 그 아버지의 사무실을 찾아가 딸이 자신에 대해 어떻게 말하더냐고 물었다. 그 아버지는 "글쎄, 자네는 철학자이고 똑똑한 사람이니까 이 말을 잘못 받아들이지 않겠지. 우리 아이는 자네를 보고 겁먹었다더군. 왜냐하면……" 하고는 잠시 말을 멈추었다. "제가 꼽추이기 때문이군요"라고 철학자가 말하자 상인은 고개를 끄덕였다. 멘델스존은 그녀에게 작별인사를 하고자 마지막으로 방문해 바느질에 여념 없는 그녀를 발견했다. 그가 말을 걸자 그녀는 그의 눈을 피했지만, 그는 조심스럽게 결혼이라는 주제로 대화를 이어갔다. 그녀는 그도 결혼 상대는 하늘에서 정해준다는 말을 믿느냐고 물었다. "물론이죠. 그리고 저에게는 꽤나 이상한 일이 일어났습니다. 아시다시피 아기가 태어날 때 하늘에서 이렇게 외치지요. '이 아이와 저 아이는 이 여자아이와 저 여자아이를 아내로 맞게 될 것이다.' 제가 태어날 때에도 미래의 제 아내에 대해 그런 외침이 들렸는데, 이런 말이 뒤이어 들려왔습니다. '저런, 그녀의 등에 보기 흉한 혹이 달려 있네.' 저는 소리쳤지요. '이런, 신이시여, 여자아이가 꼽추로 태어난다면 얼마나 고통스럽고 힘들겠습니까. 그녀는 아름다워야 합니다. 자비로운 신이시여, 그 혹을 저에게 주시고 제 아내는 멋지고 근사하게 태어나게 해주십시오.'" 철학자의 이 말에 그녀는 깊은 감명을 받아 그에게 손을 내밀었고 결국 그의 충실하고 사랑스러운 아내가 된다. 이 흐뭇한 이야기는 사랑에서 입장이 맞바뀐다는, 즉 사랑받는 사람이 애인이 된다는 르네상스 시대의 사상을 상기시키며, 이 경우에는 꼽추처럼 무언가가 부족한 특징이 사랑 이야기에서 어떻게 상대의 마음을 변화시키는지를 보여준다.

라이크가 강조했던 질투심을 이 이야기에서는 찾을 수 없지만, 굳이 라이크의 주장을 수용한다면 철학자에게 결여되었던 특징을 가진 여성과 만났다는 점에서 이를 찾아야 할 것이다. 사실 이 개념은 새롭지 않다. 예를 들어, 중세 작가인 성 빅토르 리처드는 미움이란 육욕적인 사랑과 영적인 사랑이라는 양단 모두와 뗄 수 없다고 생각했다. 어떤 일이 일어나든 질투심은 처음부터 자리한다. 질투심이 드러날 때는 항상 그 바탕에 미움이 깔리기 마련이고 아마 그렇기에 그토록 오래 이어진 사랑도 한순간에 미움으로 돌변하는 듯하다. 일반적으로는 이러한 전환을 그저 지나치게 예민해서라고 설명해버린다. 사랑이 무엇보다 자부심을 기반으로 한다면, 상대방에게 아주 조금만 무시당해도 이전의 불안정한 상태로 되돌아가므로 연인 사이에서 보복심이 강렬하게 일어난다. 그러나 어떤 경우에는 질투심과 미움을 드러내기 위해 이러한 사소한 무시가 일어나기를 기다린다. 어떤 남자가 소중한 가족의 수입 일부를 흥청망청 경마로 탕진해버리고 집에 돌아온다면, 그는 유별나게 촉각을 곤두세우고 집안일의 사소한 '실수'를 꼬투리로 아내를 책망할지도 모른다. 그러나 이렇게 편협하게 상대방을 비난하는 경우는 빙산의 일각에 불과하다. 심각한 모욕이나 공격으로 여겨질 만한 사소한 몸짓이나 부주의한 말처럼, 배우자의 행동에서 공격의 기회로 삼을 만한 행동을 끊임없이 찾는 사람들도 적지 않다. 이러한 경우를 감안하면 준비상태는 사랑에 빠지기 위해서일 뿐만 아니라 계속해서 미워하기 위해서라고도 볼 수 있다. 이런 순간은 나타나지 말아야 할 바로 그때 그러니까 예컨대 사랑하는 사람이 감기 걸렸을 때 모습을 드러낸다. 다정하게 걱정해주기는커녕 정반대의 태도를 보이는 경우가 많으며, 마치 병든 것이 전적으로 환자의 잘못인 양 악의에 찬 언행을 보이기도 한다. 가족끼리도 이런 일은 빈번하다. 아이들은 '그렇게까지 어리석지 않으면서도' 몸이 아프면 부모를 원망하고 싶어하고, 부모 역시 마찬가지로 아이를 책망하고 싶어한다. 이런 현상을 어떻게 설명할 수 있을까?

이에 대해 여성의 동성애로 제기되는 문제와 연관짓는 이론도 있다. 프로이트 이론에서처럼 딸들이 아버지를 좋아하며 심지어 언젠가는 그의 아이를 낳고 싶어한다면, 왜 어떤 여성들은 아버지를 가장 사랑하면서도 남성이 아닌 다른 여성에게 눈을 돌리는 걸까. 그녀에겐 오직 한 남성만 중요하기 때문에 다른 남성들은 전혀 가치가 없다는 의미로 단순하게 해석할 수도 있다. 아버지가 아기를 누군가에게 넘겨버리는 경우처럼, 아버지로부터의 사랑이 단절된다면, 딸은 한 여성을 지극히 헌신적으로 사랑함으로써 진정한 사랑이 무엇인지 증명하려는 걸 수도 있다. '여성은 이렇게 사랑받아야 한다'는 것을 보여주기 위해서 말이다. 여성은 아버지에게 받지 못한 것을 다른 여성에게 제공하며, 이리하여 자신이 가져본 적 없는 것을 준다. 라캉은 여성을 사랑하는 여성은 남성의 거세를 받아들이기 거부하는 사람일지도 모른다며 비슷한 개념을 시사했다. 이러한 사고를 이해하려면 프로이트의 관찰을 출발점으로 삼아야 한다. 프로이트는 딸이 아버지를 지극히 사랑할 수는 있지만 딸은 아버지를 단순히 피와 살이 있는 살아 있는 대상이 아닌 복잡한 복합체로 바라본다는 게 핵심이라고 주장했다. 딸은 진짜 남자가 아닌 아버지라는 개념을 사랑하는 셈으로 이 둘의 개념은 사뭇 다르다. 결국, 실제 아버지들은 아버지란 어떤 존재여야 한다는 특정한 생각에 부응하거나 부응하지 못한다. 어떤 여성들은 이러한 이상이 깨지는 것을, 남성이 거세로 고통받는다는 사실을, 남성에게 무언가가 결여되어 있다는 사실을 받아들이고 싶어하지 않는다. 이런 여성들은 남성이 자신에게 의지하고 있음을 인정하기 싫어하면서도 다른 여성에게는 이러한 인정을 적극적으로 요구한다. 영화제작자 캐럴 리드가 대프니 듀 모리에에게 당신이 꼭 필요하다고 말하자 듀 모리에는 그에게 완전히 흥미를 잃는다. 종래의 프로이트 학설을 빌자면, 여기에서 거세의 개념과 오이디푸스 이야기가 엮어진다. 남성이 무언가를 소유하고 있지 않다면 어떻게 여성이 남성에게 무언가를 받을 수 있겠는가?

많은 딸들이 아버지에게 애정을 품었대도 틀린 말은 아니겠지만, 프로이트가 자신의 논거를 수정하여 남자든 여자든 맨 처음에는 어머니에게 헌신한다고 주장했음을 떠올려봐야 한다. 이러한 의미에서 아버지는 일종의 구원처가 되며, 그렇기에 무언가를 가진 사람이라는 그의 이상적인 모습이 극대화될 수 있다. 하지만 남성의 모습에 이렇게 헌신하기 전에 여성에 대한 헌신이 자리한다. 어쩌면 어머니가 세상을 떠났을 때 딸들이 아버지에게 이상한 적개심을 보이는 것이나 정신분석 상담시 여성들이 어머니에 대해 부정적으로 말하고는 사과하는 식의 독특한 현상도 여기서 실마리를 찾을 수 있을지도 모른다. 많은 남성들이 자신의 어머니 또는 아버지에 대해 적의를 드러내면서 어느 정도 만족스러워하나, 여성들은 중간중간에 "그 정도로 나쁘지는 않았어요"라고 하거나, 어머니의 이미지를 폄하한다는 사실에 죄책감을 느끼기도 한다. 프로이트의 이론에 따르면, 이는 아버지에 대한 부가적이고 부차적인 헌신을 표현하는 많은 연상의 이면에는 오이디푸스 콤플렉스와 관련된 첫번째 헌신이 존재한다는 것이나 다름없다.

한데 프로이트의 말대로 딸들이 무언가를 받고자 어머니에게서 아버지에게로 관심을 돌렸다면, 무언가가 결여되지 않은 남성에 대한 헌신은 이 전환의 중심축에 놓인다. 그렇지 않다면 그녀들이 어떻게 어머니의 세계를 떠나겠는가? 여기서 남성이 무언가를 가지고 있어야만 앞뒤가 맞아떨어진다. 어딘가를 탈출한 남성에게 열정적으로 헌신하는 여성들과 이와 반대로 허약하기 짝이 없으며 아무것도 가진 것이 없는 남성을 찾는 여성들은 대조된다. 그렇기 때문에 현대에 크리스 패튼• 같은 사람이 매혹적인 인물이 된 것이다. 패튼은 그가 포기해야 했던 것, 즉 홍콩을 잃어버린 남자라는 특징으로 기억된다. 실제로 어떤 여자들은 직장, 아내, 돈 등 모든 것을 이미 잃었기에 '더이상 잃을 것이 없는' 듯한 남성에게 이끌린다. 이를 두고 남성에게 더이상 잃을 것이 없는 경우 여성은 남성에게서 자기 자신의 이

• 영국의 정치인으로 홍콩의 마지막 총독을 역임했다.

미지를 발견할 수 있기 때문에 그렇다고 노골적으로 해석하기도 한다. 만약 남성에게 결여된 부분이 없다면 여성은 그의 욕구를 자극하는 존재가 되고자 남성에게서 무언가 결여된 점을 만들어낼 수 있고, 본인이 직접 그 결여된 부분의 원인 역할을 한다는 점이 더 흥미로울 수도 있다. 이를테면 남성이 살아가는 데 꼭 필요한 장기가 되는 것이다. 이 때문에 레베카 웨스트는 자신의 부재에 대한 H. G. 웰스의 설명에 매우 감동했다. 웰스는 "갑자기 팔다리 하나가 잘린 것 같았다"고 표현했는데, 이 문장은 그야말로 효과가 확실했다. 오비디우스는 유혹자들에게 아낌없이 조언하면서, 성관계에서 전적으로 새롭고도 자기 창조적인 무언가를 경험하게끔 어떤 사전 계획을 세우려면 반드시 이를 상대방에게 숨겨야 한다고 권했다. 오비디우스는 자신 때문에 상대방이 무언가를 느낀다고 받아들일 때 우리가 흥분한다고 추정했다. 실제로 어떤 여성들은 아주 사소한 행동만으로 남성을 성적으로 흥분시킬 수 있음을 알게 되면 매우 만족해한다. 좀처럼 남자친구와 헤어질 수가 없다고 하소연하던 한 여성은, 그와 유머감각은 정반대지만 자신이 가운 벨트만 단단하게 조이면 그가 흥분한다는 사실이 주는 만족감을 무시할 수 없다고 털어놓았다. 그녀가 포기하지 못한 것은 남성에게 하는 이 행동이었다. 여기서 원인으로 역할하는 존재가 되는 것으로 왜 남성과 교제해 처음으로 하룻밤을 보낸 후 남성을 떠나는 여성들이 있는가라는 문제에 대한 해답을 찾을지도 모른다. 다음 남자에게로 뒤이어 이동하는 이러한 여성들은 자신이 남성의 욕망을 불러일으킬 수 있는지를 탐구하는, 즉 자신이 원인으로 역할할 수 있는지를 지속적으로 탐구하는 중이라 할 수 있다.

이런 상황에서 만약 남성이 아프다면 이는 허약함의 증거로 해석되기도 한다. 그리고 일부 여성들은 이 경우 특별히 다정해진다. 하지만 남성의 거세라는 개념을 극구 거부하는 또다른 여성들은 무능력한 남성의 모습만큼은 절대 보고 싶지 않아한다. 이런 여성은 남성이 앓아누우면 애정을 쏟기는커녕 몹시 분노하는데, 이는 소위 여성 마조히즘이라는 오랫동안 거듭 제기되어온 문제를 분명히 보여준다. 라캉은 이러한 용어의 사용을 격렬하게 반대했지만 이는 정신분석 문헌에서 감추어진 형태로 자주 등장한다. 여성 마조히즘의 전형적인 사례로 부상당하고 아픈 남자들을 돕는 데 헌신한 플로렌스 나이팅게일을 꼽곤 하는데 이는 어딘가 앞뒤가 맞지 않는다. '마조히즘'이라는 용어를 순수한 의미대로 사용하려면, 마조히스트 성향을 가진 여성은 아픈 사람을 돌보는 데 시간을 바치는 게 아니라, 남성이 아프면 거들떠도 안 봐야 마땅하다. 다시 말해, 남성을 무언가가 결여되지 않은 존재라고 지나치게 믿기 때문에 그가 실제로 어떤 형태로든 약한 모습을 보이면 격분하여 돌아서는 여성이라고 봐야 옳다. 모든 형태의 사랑 가운데 마조히즘이 가장 강렬하다고 한 헬레네 도이치의 말은 아마 이런 의미였을 것이다. 다른 무엇보다도 남성에겐 결여된 부분이 없다는 이러한 생각이 훨씬 강력한 헌신이라고 말이다. 라캉이 일찍이 지적했듯이, 언제나 강한 남성이라는 존재가 남성보다는 여성의 환상인 것도 그래서다. 이 주제를 자세히 설명하기 위해서는, 남성에 대한 이러한 생각에 감춰진 어머니의 존재를 분석해야 하지만, 그렇게까지 하지 않더라도 이것은 소유와 소유하지 않음에 대한 강조가 감정에 얼마나 커다란 영향을 미치는지를 잘 보여준다.

이 주제를 앞서 다룬 구출 모티브와 연관지어볼 수도 있다. 부상당한 남성을 사랑하려면 남성의 거세에 헌신해야 하지만, 그와 동시에 남성의 부상을 부인할 가능성도 있다. 이에 관한 완벽한 사례가 바로 오랫동안 특별한 매력을 발휘하며 여성에게 둘러싸였던 브랜웰 브론테•다. 이 비열한 젊은이는 매우 이상한 방식으로 사람들의 마음을 끌었으며, 자신의 공로나 잘못에 대해 토론할 때면 금세 매우 격렬하게 논쟁했고 개인적 적대감을 분명히 했다. 누나들이 책을 집필하는 동안 그는 글을 쓰거나 그림을 그렸으나 종국에는 술과 약물, 그리고 아마도 로빈슨 부인과의 부적절한 관계로 만신창이가 되어버렸다. 브랜웰은 여러 가지 이유에서 흥미로운 존재다. 그는 여자 형제들 사이에서 유일한 남자로, 여자 형제들의 재능은 뛰어났지만 그의 실력은 형편없었다. 술과 약물에 빠져 살았다는 점에서는 신비로운 십대 영웅의 초기 전형, 즉 돌보아줄 현명한 여성이 없어 오해받는 남성의 모습을 보여준다. 일종의 의지 결여를 상징하는 그는 아버지에게 실패한 자식으로 자리매김하겠다고 굳게 결심했다. 샬럿은 이를 이렇게 표현했다. "브랜웰은 어린 시절에는 아버지와 자매들의 자부심이자 희망이었지만, 어른이 되고서는 상황이 달라졌다." 하지만 브랜웰의 그림자가 너무나 컸던 것인지 그가 세상을 떠나자 다른

• 브론테 자매의 남동생이자 육 남매 중 유일한 아들로 화가이자 작가였다.

여자 형제들이 차례로 유명을 달리했다. 샬럿과 에밀리, 앤은 병에 걸렸고 에밀리와 앤은 1년도 지나지 않아 브랜웰을 뒤따랐다. 내셔널갤러리에 소장된 이 세 자매가 그려진 유명한 초상화에서 그 배경에 브랜웰이 유령처럼 자리한다. 브랜웰은 자매들의 첫번째 시집 작업 이후 그들의 공동 작업과 대화에서 배제된 듯하나, 그의 존재감만큼은 그들의 죽음을 암시할 정도로 여전히 충분히 강력했다. 많은 여성 평론가들과 브론테 연구자들은 브랜웰을 구제해주지 않으나, 그의 작품에서 장점을 찾아내고 문제아라는 인식을 없애며 그에 대해 책까지 쓴 대프니 듀 모리에처럼 그가 결여된 부분 이상으로 많은 것을 소유했음을 보여주려는 사람들도 있다. 듀 모리에는 브랜웰의 생에 대해 자세히 알려지지 않은 무수한 부분들을 자신의 상상력으로 채우며, 그가 남근을 가진 것을 얼마나 자랑스러워했을지, 그리고 그가 얼마나 아버지에게 깊은 애착을 느꼈는지 고찰했다. 듀 모리에는 브론테 형제들을 다룬 마거릿 드래블의 TV 프로그램을 보다가 브랜웰이 블랙 불에서 술 마시는 것 말고는 별다르게 한 일이 없다는 설명을 듣고는 격분했다. 듀 모리에에게 그는 어떤 대가를 치르더라도 거세에서 구해야 하는 인물이었는데, 이는 아마 본인이 항상 '아들'의 이미지를 아껴왔으며 만약 그가 거세를 피한다면 자신도 그럴 수 있다고 여겨서였을 것이다.

지금까지 사랑에 빠지는 데 몇 가지 조건이 어떻게 필요한지에 대해 살펴보았다. 일종의 불만으로 인한 준비상태, 미움의 변화, 그리고 세부사항에 두는 우선순위다. 시작과 끝의 대칭관계는 이러한 특징 모두에서 분명하게 볼 수 있다. 사랑이 끝나면 불안이 찾아오고, 미움이 다시 수면 위로 떠오르며, 한때 지극히 사랑했던 사소한 일이 이제 가시처럼 껄끄러워진다. 이러한 요소들 중 앞선 두 가지에 대해 라이크는, 어떤 관계에서나 어느 정도는 존재하는 적대감이나 잔인함이 없는 상태가 아니라, 질투심과 탐욕이 없는 상태를 사랑의 기준으로 볼 수 있다고 결론지었다. 물론 질투심과 탐욕도 사랑의 시작을 위해서 반드시 필요하지만 말이다. 사랑의 발달 양상에 대한 이러한 시각은 정신분석학적 관점에서 볼 때 비판의 여지가 있으며 질투심과 탐욕의 부재라는 생각도 다소 이상적이다. 하지만 라이크의 주장에서 흥미로운 부분은 결정 모티브에 있다. 질투심과 미움이 사랑으로 바뀌도록 무언가가 결정한다는 것이다. "다른 사람의 빼어남에 안전하게 대처하는 법은 그 사람을 사랑하는 것뿐이다"라는 괴테의 말은 여기서 중요한 가치를 지닌다. 사실 남자가 된다는 의미를 정의하는 말이라고도 볼 수 있다. 프로이트는 노년에 발표한 논문을 통해, 남성이 다른 남성과의 관계에서 수동적인 위치에 놓이는 것을 곤란해하며, 자신의 종속을 받아들이지 못하거나 수용해버리는 것이 남성 분석시의 문제라고 지적한 바 있다. 따라서 남성이란 다른 남성들을 존경할 수 있는 사람이라고 정의 가능하다. 정말 간단한 얘기 같지만, 보통 오래 지속되지는 않으나 끊임없이 다른 남성들을 이상화하는 남성 그리고 다른 남성을 마주했을 때 그를 미워하거나 조롱만 하는 남성을 비교해보면 이러한 정의에 대해 납득할 수 있다. 존중과 존경은 이러한 양극단 사이에 위치하며, 누구나 동의하겠지만 이러한 태도는 남성들에게 있어서 가장 보편적인 태도는 아니다.

보통 경쟁과 힘에 초점을 맞추므로 남성다움이 무엇인가라는 보편적인 시각에 이러한 특징들이 해당되지 않는다. 하지만 경쟁은 표면적인 현상에 불과한 경우가 많으며, 이와 반대되는 현상 즉 이런 남성들이 경쟁을 피하려는 모습도 그만큼이나 흔하다. 예를 들어 어떤 남성들은 항상 자신의 행동이 승인되길 기다린다. 프로이트는 형제 간의 경쟁에 대해 이야기하면서 어느 한쪽이 일찍 그만둬버리기도 한다고 덧붙였다. 한 아이가 음악에 특별히 소질이 있다면 다른 아이는 경쟁하거나 혹은 그들을 지지하기 위해 포기를 결심해 갑자기 재능 없게 '되어' 흥미 있는 다른 분야를 찾는다. 학생들이 분명 예전에는 잘하던 과목에서 '낙제'하는 이해할 수 없는 현상도 이로써 설명될 수도 있다. 로버트슨과 흄이 둘 다 역사를 다루게 되자, 흄의 계획에 지장이 될까봐 로버트슨은 자신의 연구에서 손을 뗐다. 이런 식으로 일찌감치 그만두면 충돌을 피할 수는 있지만, 그렇다고 해서 충돌이 완전히 사라지는 건 아니다. 라캉이 지적했듯이 오히려 포기한 쪽이 그늘에서 평생 상대방이 죽기를 기다리면서 자신의 인생을 바꿀 미래의 일만을 기대할 수도 있는데, 어차피 미래 말고는 있을 곳이 없기 때문이다. 따라서 적대적이고 파괴적인 생각에 가장 고통받는 사람은 충돌을 피하고자 가장 조심스럽게 애쓰는 사람인 경우가 많다. 어떤 사람들은 미워하는 상대에 대해 떠들썩한 복수를 계획하지만, 어떤 사람들은 아무것도 추구하지 않음으로써 자기 자신에게 복수를 한다. 라이크가 관찰한 대로, 이들은 다른 사람에게 해를 입히지 못했다는 사실 때문에 결코 자기 자신을 용서하지 않는다.

이 사랑과 미움의 논리는 왜 로미오와 줄리엣이 그 모든 반목을 피해 베로나에서 그냥 함께 도망쳐버리지 않았는가라는 오래된 의문에 해답을 제시해준다. 두 사람의 사랑을 두고 라이크는 캐퓰렛 집안과 몬터규 집안의 불화에 대한 간절한 저항으로 보지 않고, 그들이 사랑에 빠진 것도 전적으로 우연은 아닐지도 모른다고 지적했다. 줄리엣은 로미오의 정체를 알고서 "내 하나뿐인 사랑이 하나뿐인 원수 집안에서 태어나다니"라고 탄식한다. 그들의 사랑에는 두 집안 간의 진정한 증오가 깔려 있으며, 이 적대감 때문에 결국 두 사람은 죽는다. 증오가 사랑의 걸림돌이 된 게 아니라 오히려 사랑을 탄생시켰으며, 스치듯이 만났을 뿐인데도 너무나 확고해 보이는 두 사람의 별스러운 사랑이라는 전개도 이러한 맥락에서 설명 가능하다. 개인의 개성이 아닌 가문 간의 전쟁으로 인한 사랑인 것이다. 따라서 희곡의 마지막 부분에 그려지는 이 연인의 운명은, 두 가문의 하인과 조카들이 공공연하게 서로를 공격하는 도입부를 반영한다. 로라가 페트라르카에게 '사랑하는 적'이었듯이• 로미오도 줄리엣에게 그러했으며, 여기서는 사랑하는 사람이 아닌 적이 우선이다.

• 페트라르카는 중세 이탈리아의 시인으로, 연인인 로라에게 보낸 연시로 유명하다.

『로미오와 줄리엣』은 사랑에 대해 또다른 중요한 의문을 제기한다. 1장에서 로미오는 사랑의 열병에 대해 이야기하고는 곧바로 "저녁은 어디서 먹을까?"라고 말한다. 정말 이상한 일이다. 사랑에 빠지면 식욕이 사라지기 마련이며, 심지어 누군가가 계속해서 식사를 거부한다면 사랑에 빠졌다고 판단하기도 한다. 상사병에 걸린 사람은 배부르게 밥 먹을 생각 따위는 하지 않는다. 식욕은 욕망과 너무나 밀접하게 연관되기 때문에 『폭풍의 언덕』 같은 작품에서는 무슨 일이 일어날 때마다 누군가가 식사를 멈추는 광경이 계속해서 등장한다. 어떤 의미에서, 사랑에 대한 소설이라는 말은 식사를 멈추는 사람들에 대한 소설이라는 말과 별반 다르지 않다. 심지어 낭만적인 사랑이라는 말이 '탄생'하기 훨씬 전에도, 오비디우스의 이야기에 등장하는 에코는 일단 나르키소스에게 마음을 빼앗기자 더이상 아무것도 먹지 못하게 됐다. 나르키소스 역시 자신의 모습에 반하자 같은 증상을 보이다가 결국 굶어죽는다. 하지만 이 자체가 수수께끼에 싸여 있다. 결국 사랑은 상대방과 결합해 그와 하나가 되는 것이라고 추정되며, 전 세계 언어에서도 이는 수없이 되풀이된다(예를 들어 '당신을 먹어버릴 거야I'll eat you up'처럼 말이다). 따라서 연인들은 평소보다 식욕이 솟아나야 마땅하지만, 실제로는 거의 그렇지 않다. 여기서 '준비상태'에 대한 프로이트의 개념을 기억한다면, 로미오의 식욕은 사랑보다는 사랑을 위한 준비상태와 보다 밀접하게 연관된다고 추측

할 수 있다. 이야기가 진행되면서 수사는 로미오가 첫사랑인 로잘린을 쉽게 버리고 순식간에 줄리엣을 사랑한다는 점에 놀란다. 줄리엣은 식욕을 잃게 하는 원인이라기보다는 배부른 식사를 대체하는 존재로 역할한다. 그렇기 때문에 일단 그가 그녀를 사랑하게 되자 음식이 덜 중요해졌는지도 모른다.

따라서 로미오는 여성 때문에 음식을 먹지 않게 됐으며, 이러한 관계는 반달족 서사시 속 페르디카가 점점 쇠약해지는 모습에서도 발견할 수 있다. 이 학구적인 젊은이는 아테네를 떠나 고향으로 향하던 길에 어떤 이유에서인지 비너스와 큐피드에게 제물 바치기를 경시했다. 그 결과 그는 꿈에 나타난 사람에게 사로잡혀 사랑에 빠지고 모든 음식을 거부하게 되었다. 여기서 유일한 문제는 꿈속 인물이 다름아닌 그의 어머니였다는 점이었다. 어머니는 의사를 불렀고, 의사는 어머니가 방으로 들어올 때마다 아들의 맥박이 빨라진다는 사실을 알아챘다. 이 두 가지 사실을 종합해본 의사는 치료를 정중히 거절하는 양식 있는 행동을 취했다. 이 이야기에서 식이장애의 단서를 찾는다면, 먹는 행위의 장애물은 근친상간을 금지하는 법이라는 장애물과 같을지도 모른다. 이러한 관점에서 보면, 음식은 어머니와 연관되기 때문에 삼킬 수 없다. 단순히 사랑하는 사람에 대한 생각으로 머릿속이 꽉 차서 식사를 챙길 여력이 없었던 것이 아니라, 그 생각이 어머니라는 금지된 인물과 너무나 밀접하게 연관되었기에 그 가슴 벅차오름을 매우 미미한 무언가로 전환시켜야 했다. 어머니에 대한 금기가 먹는 행위를 억제하게 된 것이다. 이 이론은 참신하기는 하지만 설득력이 떨어진다. 이 이야기는 그저 실제로 수많은 전문가들이 동의하는 부분, 즉 음식과 사랑에는 특별한 관계가 있다는 점만 증명할 뿐이다.

현대의 연구자들은 대부분 이것이 거식증과 폭식증이라는 두 가지 주요 식이장애의 핵심 요소라는 데에는 동의한다. 하지만 이런 장애가 거의 공통점이 없을지도 모른다는 건 종종 간과한다. 이들 증상은 번갈아가며 나타나곤 하지만, 그렇다고 같은 것은 아니다. 한쪽에는 거식증, 다른 한쪽에는 폭식증이라는 연속체로 인식하기보다 이 둘을 완전히 분리하는 것이 더 정확할 때도 있는데, 어린아이들에게 이러한 장애가 나타나는 분포를 보면 이는 확실하게 구분된다. 미취학 아동이 거식증을 보이는 경우는 꽤 흔하지만 폭식증을 보이는 경우는 극히 드물다. 왜 그럴까? 음식과 사랑의 관계가 좋은 출발점이 되어준다. 라캉이 얘기했듯이, 아기가 처음으로 음식을 요청할 때 전혀 예상치 못하고 불가피한 결과와 마주하게 된다. 아기는 요청하는 입장이므로 엄마는 아기의 요청에 반응을 할 수도, 안 할 수도 있는 강력한 위치에 선다. 그렇기에 아기에게 있어서 무엇을 요청하느냐는 상대방이 어떻게 사랑을 표현해주느냐에 비하면 부차적인 문제다. 엄마가 아기의 요청에 대응하면, 이는 음식이라는 대상이 아니라 응답 여부가 중요하다는 걸 보여주는 신호다. 아이들이 생물학적으로 필요한 이상의 음식물을 계속해서 요구하는 현상도 이러한 맥락에서 이해할 수 있다. 따라서 음식은 무언가 다른 것의 신호가 되며, 아이가 음식과 관련해 보이는 일련의 사건들은 이러한 틀 안에서 의미를 갖는다. 프랑스 철학자인 레옹 브룅슈비크는 부모의 종교에서 자유로워졌을 때가 인생의 결정적인 순간이었다고 말했다. 단식할 때가 다가오자, 그는 종교에서 벗어나겠다는 의사를 표명하기 위해 무언가를 먹기로 마음먹었다. 하지만 이 행동이 그저 식욕 때문에 신념을 지키지 못한 것으로 해석될까봐 걱정하다가 그렇지 않음을 증명하고자 콩알 하나만 먹었다. 브룅슈비크에게 그 콩은 게걸스럽게 집어삼킬 음식 조각이 아니라 하나의 신호였으며, 콩알이 작으면 작을수록 신호로서의 의미는 더 강해지므로 상징적인 거부 의사를 강조할 수 있었다.

라이크는 냉담상태에서 조증상태로, 죄인이 된 듯한 기분에서 고결하고 성스러운 듯한 기분으로 우울증과 신랄한 자기 비하 상태를 주기적으로 오간다고 토로하는 환자의 이야기를 소개했다. 그는 속죄하고 싶어지면 음식을 입에 대지 않았고 자책감이 가라앉으면 폭식을 했다. 어느 일요일 아침, 그는 아버지 그리고 새어머니와 전과는 달리 잘 지내볼 요량으로 본가로 향했다. 도착 사실을 알리지 않은 채 거실로 들어서자 아침 식탁에 차려진 음식 가운데 커다란 커피 케이크가 눈에 들어왔다. 그가 도착한 줄 모르고 친척들이 옆방에서 이야기를 계속했기에, 그는 자신에 대한 부정적인 이야기를 엿듣게 됐다. 갑작스런 분노에 사로잡힌 그는, 가족들이 함께 먹으려고 준비해둔 커피 케이크를 들고 살금살금 문 쪽으로 걸어가서 조용히 떠나버렸다. 그는 집으로 돌아가며 거리를 빠르게 걸으면서 분노에 차서는 케이크를 게걸스럽게 먹어치웠다. 그렇다면 이렇게 강렬한 식욕은 어떻게 이해할 수 있을까?

어떤 관점에서 보면 단순히 친척들을 공격하고픈 마음이 케이크로 옮겨갔다고 할 수 있다. 적개심이 아무런 자비 없이 게걸스럽게 집어삼킨다는 본래 입의 형태로 되돌아간 것이다. 요구 그리고 필요성과 연관된 대상 사이의 균형이라고 보는 좀더 흥미로운 견해도 있다. 누군가가 사랑을 하다가 좌절하면 필요성의 단계에서 어떻게든 보상을 받아야 한다는 마음이 솟아난다. 이러한 현상은 요청에 대한 응답 여부를 결정하는 힘을 지닌 어머니와의 관계라는 중요한 요소, 그리고 만족감을 느끼는 대상인 어머니의 가슴과 아이의 관계가 근본적으로 대비되기 때문에 일어난다. 어머니를 불러도 그가 응답하지 않으면 아이는 가슴에 집착하게 되기도 한다. 라캉이 주장했듯이 여기서 이 둘 사이의 균형이 결정적인 요소다. 가슴은 원래 최초의 목적이 아니지만, 아이가 가슴에 부여하는 상징적인 배후 사정 때문에 주요 목적으로서 가치가 생긴다. 상징적인 대상과 관련해서 논의하자면, 문제가 먼저 발생하여 다른 대상에 의미를 부여하지 않으면, 이것이 아이에게 보상감과 만족감을 줄 필요도 없다. 나중에 다른 요소들이 만족감을 주는 대상의 이 자리를 차지할 수도 있지만, 이는 항상 또다른 차원에서 발생한 어떤 상처나 좌절에 대한 반응일 뿐이다.

자신을 무시하는 걸 엿들은 남자가 게걸스럽게 커피 케이크를 먹어치웠다는 이 이야기는 이를 잘 보여준다. 이 이야기는 어떤 대상을 소비할 때 하나 이상의 측면이 어떻게 관여되는지 또한 보여준다. 그는 아무 말 없이 유령처럼 집에 들어갔으며 자신의 존재를 드러내지 않고 떠났지만, 그럼에도 불구하고 사라진 케이크라는 일종의 명함을 남겼다. 따라서 이 이야기에는 두 가지 측면이 있다. 한쪽에는 식탁에서 사라진 케이크가 놓인다면, 다른 한쪽에는 게걸스럽게 삼켜버린다는 광적인 행동의 대상인 케이크가 존재한다. 단순히 커피 케이크를 입으로 먹어치울 수 있는 대상이라는 데 초점을 맞추기보다 하나의 신호로도 생각해보아야 한다. 보다 정확히 말하면 커피 케이크의 부재는 그가 그토록 조용히 나와버린 집에 남긴 발자국이라는 가치를 지니기 때문에 신호가 된다. 브룅슈비크의 콩알처럼, 커피 케이크는 삼킬 수 있는 대상인 동시에 어떤 신호와 연관될지도 모른다. 그렇다면 커피 케이크는 정확히 무슨 의미일까? 정신분석학의 어느 개념에 따르면 이것은 사람, 즉 사랑하거나 미워하는 친척 또는 가슴처럼 신체 일부를 대리할 가능성이 있다. 이와 관련하여 식인종들은 사랑하고 존경했던 사람만을 먹는다는 사실을 떠올려보자. 영국의 위대한 철학자 존 엘리스 맥태거트는 어릴 때 토착적인 식인 풍습에 대한 이야기를 무척이나 좋아했는데, 특히 먹는다는 행위로 한 사람의 특징이 다른 사람에게 옮겨간다는 생각에 마음을 빼앗겼다. 맥태거트는 이 시절에 정원 담장 위를 따라 걷다가 어머니에게 저녁으로 어머니를 어떻게 먹을 생각인지 이야기했던 장면을 선명하게 떠올렸다. 다행히도 그는 현대인이었기 때문에 어머니를 먹어치우지 않았다. 만약 한 사람의 몸이 다른 사람의 몸을 흡수하면, 그리스도가 부활하여 최후의 심판이 열릴 때 어떤 일이 일어날까? 이때 식인종들은 곤란한 상황에 처한다. 맥태거트가 인간의 살은 진정으로 다른 인간의 살을 흡수할 수 없다는 아테나고라스•의 이론에 동의했다면, 식인종들은 점점 마를 수밖에 없기에 누군가가 호리호리하다는 사실은 그저 잘못된 무언가를 먹어왔다는 의미라고 생각했을 것이다.

담당했던 환자 가운데 밥을 먹지 않는 30개월 된 남자아이가 있었다. 그의 걱정거리가 뭔지 들어보니, 그에게는 먹는 것과 먹히는 것이 동일한 행동이었고, 그래서 줄곧 먹는 데 문제가 있었음이 명백해졌다. 그래서 식사 시간마다 겁에 질렸던 것이다. 접시를 앞에 둔 것은 자신의 존재가 걸린 일이었다. 식이장애가 발생하고 머잖아 이 남자아이는 작은 동물들의 무리가 자신들을 먹어치우는 덩치 큰 육식동물을 피하려고 애쓰는 어떤 동화책에 유독 흥미를 보였다. 그 이야기 마지막에 그 육식동물은 폭풍에 휩쓸려 사라진다. 문제의 그 육식동물은 특정한 세부사항 때문에 아이의 엄마를 연상시켰다. 그래서 아이와 함께 그 이야기를 읽으면서 육식동물의 이름 대신 '엄마'라고 불러봤다. 그러자 매우 흥미로운 두 가지 결과가 일어났다. 우선 아이는 다시 밥을 먹을 수 있게 되었고 그러면서 날씨가 화창한데도 폭풍 이야기를 거듭 꺼냈다. 그 폭풍은 날씨의 변화를 지칭하는 단어가 아니라, 하나의 상징, 즉 엄마의 삼켜버리려는 충동을 대신하는 기표였다. 이제 아이에게는 자신의 공포를 말로 표현할 단어가 생겼고 이 단어가 중재 역할을 하자 폭풍이라는 모티브로 다양한 상황과 새로운 게임을 만들게 되었다. 두번째로, 새로운 상담 소견도 나타났

• 2세기 반경 그리스의 기독교 철학자.

다. 아이는 동생에 대해 이야기할 때, 몇 번씩이나 "나는 배고파서 죽어요"라고 하다가 "나는 조너선 때문에 죽어요"라고 바뀌었는데, 조너선은 바로 새로 태어난 동생의 이름이었다. 동생 때문에 갑작스럽게 엄마의 욕망, 엄마가 원하는 것에 대한 의문이 제기됐으며, 새로운 아이의 등장으로 이제 엄마는 더이상 큰 아들을 원하지 않게 됐다. 자신이 엄마에게 어떠한 가치가 있는가라는 의문이 발생하면서 그 자리에 엄마가 잡아먹는 힘을 가졌다는 생각이 들어섰고, 그에겐 잡아먹히는 것 말고는 해결책이 없어 보였다.

아이들은 이상하게도 동물이나 사람 모양으로 된 비스킷을 먹는 것을 재미있어한다. 물론 이는 자신과 가장 가까운 것을 집어삼키려는 인간의 성향을 나타내지만, 동물과 인간은 무언가를 의미한다는 사실도 보여주며, 동화적인 존재로서의 중요성도 가진다. 다른 말로 하자면, 동물이나 사람은 이야기를 한다. 동물이 이야기할 수 있다면 동물을 먹는 것은 이야기를 먹는 것과 마찬가지다. 이는 인간이 된다는 것이 어떤 의미인가라는 정의이기도 하다. 신약성서에 따르면 인간은 말씀을 삼키고 거기서 생명을 얻는다. 일부 문화권에서는 누군가가 아프면 흙그릇 안쪽에 종교적인 글귀를 새기고 거기에 물을 가득 채운다. 그릇에 담긴 물을 휘저으면 글귀는 녹아서 사라지고, 그 물을 마심으로써 환자의 몸에 그 성스러운 구절이 스며든다. 맥태거트에게 먹는다는 행위가 먹히는 존재의 특성을 흡수하는 문제인 것처럼, 회복되려면 단어를 삼켜야 한다는 것이다. 여기서 동물의 가치를 짐작하기란 그리 어렵지 않다. 허구의 동물이나 토템으로 신성시되는 동물도 있지만, 궁극적으로 동물은 신의 말씀에서 태어난 존재다. 토템으로서의 동물은 어떤 동물이냐보다는 차이점을 상징하는 존재로서 의미가 더욱 중요하다. 예를 들어 여러분이 곰을 토템으로 섬기는 집단의 일원이라고 해서 힘세고 회색빛 털을 가진 것은 아니지만, 같은 토템을 섬기는 사람과는 결혼할 수 없다는 식이다.

동물은 상징적인 요소로서 기능하며 특정한 구조를 체계화하거나 분배하기도 한다. 따라서 동물을 삼키는 것은 무엇보다도 말이라는 상징적인 요소를 삼키는 하나의 예라고 볼 수도 있다. 하지만 심지어 인간이라도 토템을 자연스럽게 받아들이지는 못한다. 토템은 그 인위적인 특징 때문에 중요해지는 인공물이다. 라캉은 유아기의 공포증에 대해 논하면서 이 특징에 초점을 맞추었고, 공포증의 대상에게는 그 상징적인 성질이 중요하다고 주장했다. 다른 무엇보다도 아버지가 실제 생물학적 남성과는 다른 상징적인 존재라면, 그 역할을 구현하기 위해 누가 봐도 인공적인 물건, '자연'과는 명확히 구분되는 무언가를 동원하는 것이 최선이다. 동서고금을 막론하고 문명이 이 상징적인 분리에 민감하다는 사실은 일식당에서 명확히 드러난다. 날음식이지만 초밥에는 항상 플라스틱으로 된 쓸모없는 녹색 장식이 곁들여지는데, 이는 인공적인 무언가의 존재 없이는 절대 '자연'의 영역에 있을 수 없음을 일깨운다. 문장紋章에 그려진 동물은 이러한 인위성을 매우 잘 드러내는데, 상징적이고 체계적인 요소로서 가치 있을 뿐만 아니라 다양한 신화와 이야기가 복잡하게 얽혀 그 상징적인 중요성을 더해주기 때문이다. 아이들은 특정 시기에 동물 공포증을 겪는 경우가 많다. 아버지의 상징적인 측면이 어떤 이유로든 가족에게 잘 전달되지 않을 경우, 아이는 자신이 두려워하는 토템 동물의 형태로 이를 표현하기도 한다. 아이에게서 엄마를 떼놓으려면 아버지의 역할이 필요한데도 진짜 아버지가 이를 제대로 수행하지 못할 때, 가족에게는 아이가 계속해서 언급할 수 있는 동물의 이름이라는 새로운 요소가 도입된다. 그에 따라 아이가 어디에 갈 수 있느냐와 갈 수 없느냐, 무엇을 할 수 있느냐와 할 수 없느냐가 결정되므로 체계적 원칙이 새롭게 수립된다. 그리고 만약 그 방법이 효과를 발휘하면 최소한이었던 상징적인 역할이 보다 강화되며, 많은 경우 공포증은 저절로 사라진다. 어쩌면 동물의 토템적인 측면에 집착하는 성향이 제1차 세계대전에서 군 참모들이 보여준 놀라운 행동을 설명해 줄지도 모른다. 전문가가 뭐라 보고하든 군대에서는 말을 없애고 탱크를 도입하기로 어렵게 결정했는데, 너무 늦게 결정했기에 수많은 이들이 목숨을 잃었다. 이는 몇 세기에 걸쳐 중요한 역할을 해왔던 신화적 이미지를 가진 훈장을 없애기도 어렵다는 점을 잘 보여준다.

음식을 섭취하는 몇 가지 의미에 대해 살펴보았지만, 왜 어떤 사람들은 가끔씩 음식을 그리도 재빨리 배출하는가라는 문제도 아직 남아 있다. 한 중년 여성은 허겁지겁 단것을 게걸스레 먹고는 몰래 토해버린다고 털어놓았다. 상담이 어느 정도 진행되자 그녀는 어린 시절에 사촌과 섹스와 생식에 대해 속닥였던 일을 떠올렸다. 사촌은 그녀에게 아빠가 엄마랑 단둘이 있을 때 아빠의 고추에서 설탕 녹인 물 같은 게 나온다고 가르쳐주었다. 이 장면을 기억해내자 그녀가 특정한 순간에 폭식한다는 사실이 드러났다. 애인에게든 아니면 아버지나 남자 형제와 전화로 이야기하다가 무시를 당했든, 남성에게 실망할 때 예외 없이 이런 증상이 나타났다. 이 사실은 폭식증을 설명해주는 것처럼 보인다. 단것과의 결합은 설탕물을 소유하고픈 욕망에서 파생됐으며, 몰래 폭식하는 것은 그 행동이 본질적으로는 금지되었음을 반영한다. 그리스도의 성체를 최대한 많이 먹으려고 끝없이 성찬식을 가지려던 중세 수녀들을 막았던 것처럼, 이 삼켜버린다는 행위는 단것이라는 실체를 초월한 무언가를 목표로 한다. 그렇다면 음식을 토하여 배출하는 행동은 어떻게 설명할 수 있을까?

'섭취한다-구토한다'는 행동을 가상 세계에서 펼쳐지는 출생의 환상과 결부시켜볼 수도 있다. 사람은 무언가를 삼키고 배출하는데, 단지 그 위치가 몸 아래쪽의 생식기에서 몸 위쪽의 입으로 옮겨진 셈이다. 이 설명은 좀전에 소개한 임상 사례와도 잘 부합하는데 그녀가 삼키는 음식은 분명 남근이라는 개념과 연결된다. 일부 임신부들이 겪는 심각한 구토 증상도 이런 이유로 설명 가능할지도 모른다. 이 증상의 세부사항에 대해서는 의학적으로는 명확하게 해설이 제시된 바 없으며, 임신중 구토를 자주하면 유산의 위험성이 낮아지는 듯하다는 흥미로운 관찰 논평도 있다. 물론 이러한 주장에 설득력 있는 증거는 없으며 실제로 일부 요인들은 오히려 그와 반대 방향을 가리키기도 한다. 하지만 구토에 대한 '생물학적' 설명이 제시된대도, 임신부가 얼마나 많이 또는 얼마나 조금 구토하느냐는 심리적인 문제와 연관되는 경우가 많다는 사실만은 분명하다. 위의 임상 사례에서 환자는 마치 생식기 부분이 완전히 사라진 것처럼 아래에서 위로 전치되었다. 갖가지 '상상' 임신 증상으로 고통받은 한 여성의 임상 기록을 통해 이 문제에 대해 살필 수 있다. 그녀는 몇 차례 지독한 연애를 한 후 도움을 청했다. 그녀는 자신에게 소위 '아빠 콤플렉스'가 있음을 알았지만, 유대감이 어떤 논리로 발현되고 애착이 어떠한 영향력을 가졌는지는 여전히 모호하기만 했다. 상담 초반에 그녀는 최근 종교 때문에 돼지고기가 금기인 남성과 관계를 했는데 도중에 폭찹이 먹고 싶어졌다고 이야기를 했다. 얼마 지나지 않아 그녀는 아버지의 관사를 배경으로 한 꿈을 꾸었다. 언니와 함께 아버지의 침대에 누워 있던 그녀는 언니에게 이렇게 말했다. "일어나! 집주인한테 돈 내야 해. 근데 집주인네 어머니가 전화로 그러는데 집주인이 죽었대." 언니는 집주인에게 돈을 냈으므로 그가 죽지 않았다고 답한다. 이 말에 꿈속에서 그녀는 이렇게 응수한다. "아니야! 잠 좀 자게 내버려둬. 내 성性을 위해 장례식을 치를 거야." 그러자 수많은 분홍꽃이 그녀의 성기에서 자라났고 그녀는 그 꽃이 부겐빌리아임을 알아본다. 잠에서 깬 여성은 머릿속에서 "이건 내 성의 죽음에 대한 꿈이야"라는 말이 울려퍼졌고 놀라울 정도로 평온해지고 만족스러워졌다.

자, 이 임상 사례는 앞에서 논의했던 문제에 대해 무엇을 시사해주는가? 우선 꿈에서 나온 장소다. 이 꿈은 아버지의 사택이 아닌 관사를 배경으로 하기에 그의 상징적인 위치를 보여준다. 관사란 공식적인 역할이 있는 사람의 집이기 때문이다. 그다음, 분홍꽃 부겐빌리아는 열정적인 정원사인 아버지가 어디서든 보는 걸 꺼린 유일한 식물이었다. 아버지는 전례없고 이유도 불분명한 혐오를 드러내며 누구도 그 꽃을 못 심게 했다. 이는 폭찹을 먹고픈 마음과 균형을 이룬다. 폭찹과 꽃은 모두 관련자들에게 금지 대상이었고, 그녀는 처음에는 음식을 먹는 것으로, 다음에는 꽃이 재배되는 장소로 각각의 경우를 모두 취한다. 이 둘은 모두 배제된 대상이며, 주변과 다른 것, 소외되고 금지된 것을 나타내기 때문에 욕망이라는 영역에서 특별한 역할을 맡는다. 여성의 성기와 연관되었다는 사실 때문에 여기에는 남근의 가치가 부여되는데, 단순히 실제 신체기관이라기보다는 욕망의 상징이며, 이는 두 남성과의 관계로 알 수 있다. 그들은 손에 닿지 않는 것을 나타낸다. 그렇다 해도 "이건 내 성의 죽음에 대한 꿈이야"라는 말은 도대체 무슨 뜻일까? 이 꿈의 내용을 앞서 설명한 전이의 문제와 연관지어보면, 꽃이 등장하면서 성이 상쇄된다. 죽은 집주인은 죽은 아버지를 연상시키고, 이 죽음은 여성의 성으로 전이되며, 여성의 성은 이제 새로운 위치로 옮겨갔음을 암시한다. 이 경우 아버지와의 동일화 때문에 아래쪽에서 위쪽으로 초점이 이동했으며, 그녀의 성이 죽자 입으로 무언가를 먹고 싶어지는 것이다. 이 사례를 액면 그대로 받아들인다면, 임신의 환상에 대한 초기의 논지와 뉘앙스가 비슷하다. 임신은 단순히 아기의 탄생뿐만 아니라 아이의 형태를 한 남근과 관련된다는 것이다. 따라서 먹는 행위와 욕망은 특별한 관계를 가지며, 사랑에서의 낙심이 어떻게 음식에 대한 새로운 열정이나 금욕을 촉발할 수 있는지 실마리를 제시해준다.

여기서 하나, 사람들이 그저 음식을 먹기만 하는 것이 아니라 음식에 대해 약속한다는 점을 언급해두어야 한다. 다이어트 방법을 충실히 지키기란 여간 힘들지 않다. 다이어트는 하나의 질서이자 언어로 표현한 일련의 규칙이며 다이어트중인 사람의 생활을 체계적으로 만든다는 사실을 고려할 때 과연 그것이 가능한지 의문이 생긴다. 이는 어쩌면 십대 소녀들이 미래를 위해 때때로 만들어서 스스로에게 부과하는 수많은 계획이나 원칙과 같은 범주의 일일 것이다. 자신은 일련의 규칙을 획일적으로 따르지 않으면서, 이를테면 다이어트와는 다른 존재임을 증명하는 것이 많은 여성에게 매우 중요한 문제라면, 다이어트를 충실히 지킬 대상으로 삼는 것은 현명하지 않다. 요리책이 다이어트 안내서보다 훨씬 재미난 이유는, 요리책에는 다양한 가능성이 담겨 있으며, 독자에게 한 가지 공식만 강요하지 않기 때문이다. 실제로 레시피를 글자 그대로 따르지 않고 독창적인 방법을 동원하거나 무언가를 추가하고 변형하면서 즐길 수도 있다. 이를 통해 여성과 다이어트 사이의 복잡한 관계를 이해하려면 이것이 단순히 음식의 문제가 아니라 언어의 문제, 일련의 지시사항과 관련된 문제임을 깨달아야 한다. 비평가 줄리 버칠은 과거 젊은이들이 몸 외부의 대의명분(베트남 전쟁, 교육 등)에 열정적으로 헌신했다면, 오늘날에는 몸 내부로 이러한 대의명분이 옮겨졌다고 지적한 바 있다. 너무나 많은 사람들이 무엇을 먹는가를, 위장의 바깥쪽보다 안쪽에서 무슨 일이 일어나는가를 지극히 중시한다. 하지만 다이어트의 문제에 신경을 쓸수록 그 방식을 충실히 따르기가 무척 어려우므로 이러한 몸안의 대의명분과의 관계에는 더욱 많은 문제가 발생한다. 심지어 규칙을 따르지 않음으로써 만족감을 얻기도 하며, 이는 왜 건강식품 매장을 수시로 드나드는 사람들이 왜 항상 별로 건강해 보이지 않는가라는 의문을 풀어줄 수도 있다. 이 문제에 대한 해결책은 의외로 간단할지도 모른다. 각 레시피가 실릴 자리에 다른 식이요법과는 차별화되는 내용을 담은 요리책을 집필하는 것이다.

이러한 생각들은 공백의 쓰임새와 의미의 복잡성을 나타내기 때문에 사람들은 공백을 메우고자 음식을 먹는다는 일반적인 주장을 내세우기가 까다로워진다. 일부 식당은 '얼마든지 마음껏 먹을 수 있다'라는 방침을 앞세워 매출을 올리는데, 이러한 식당의 단골손님들의 행동에서 종종 유익한 깨달음을 얻는다. 많은 손님들이 무제한 식사에 끌리지만, 그렇다고 해서 다른 사람들보다 더 많이 먹지는 않는다. 오히려 양이 더 적은 경우도 많다. 원래 먹던 양보다 훨씬 더 많이 먹는 손님들도 있다. 이들은 식당에 낸 돈 이상의 음식을 먹어야 한다는 생각을 자신의 건강 문제보다 우선시하기 때문에 '얼마든지 마음껏 먹을 수 있다'는 가능성을 의무로 받아들인다. 그렇기에 식당에서 의도적으로 작은 크기의 샐러드 그릇을 구비해두는 것이다. 어떤 이들은 이 말을 혹시 모자랄 경우에는 음식이 충분히 제공된다는 식으로 적당히 안심시키려는 것이라고 여긴다. 하지만 이렇게 음식을 무제한으로 제공하는 경우 '얼마든지 마음껏 먹을 수 있다' 같은 건 불가능하다는 것이 진짜 문제다. 남녀의 마음속에 각각 공허함 그러니까 욕망의 큰 공백이 자리한다면, 실체를 가진 어떠한 객체도 그 자리를 채울 수는 없다. 따라서 계속 욕망을 키워나가고 빈 공간을 유지하면서 무엇이 그 자리를 채울 수 있는지 꿈꾸어보는 것이 관건이다. 그것은 광범위한 의미에서의 '올바른 남편감'일 수도 있고, 국지적인 의미에서의 포시즌스 피자가 될 수도 있다.

'얼마든지 마음껏 먹을 수 있다'라는 방침에 대해 진심으로 걱정하는 사람은 엄마들뿐인데, 엄마들은 아기가 새로운 물건을 보면 이를 입에 넣어 탐구하는 위험한 습관을 가졌다는 사실을 끊임없이 신경쓰기 때문이다. 사람들이 놀랄 때 입을 벌리는 진짜 이유도 이것임이 분명하다. 아기가 주변에서 새로운 물건을 발견할 때마다 입으로 가져가 확인하는 것처럼, 어른들도 무언가 예상치 못하거나 이상한 것을 목격하면 같은 행동을 되풀이한다. 입에 무언가를 넣는 것이 공백을 메우는 행위로 간주된다면, 다소 시간이 지난 후 어떤 일이 일어나느냐에도 관심을 기울여야 한다. 또한 소년과 소녀, 남성과 여성이 어떻게 자신의 존재에 개입하며, 특정한 구조를 만들어내는 결핍과 공백을 이해하느냐도 살펴보아야 한다.

5장

연인 사이의 간극은 어떻게 존재하는가

…

영화 〈밀회〉에서 연인들은 기차 시간의 막간을 이용해 만나기로 약속한다. 남성에게 이러한 사이성in-betweenness이라는 조건은 일종의 전형적인 패턴에 해당한대도 좋다. 이들은 바로 거기서 사랑에 빠지기 때문이다. 근대 도시에서, 역은 여러분의 삶을 바꾸어놓을 누군가와 만나기에 안성맞춤인 장소다. 지나가는 기차에 탄 사람의 얼굴 혹은 에스컬레이터를 타고 올라가는 중인 여러분과 스쳐 내려가는 사람은 특별한 가치를 지니며, 이러한 반짝임은 사이성 및 찰나와 연결되어 상실감 그리고 우리를 떠나간 것들을 상기시킨다. 하지만 이러한 조건이 왜 그토록 중요한 것일까? 그 논리를 이해하기 위해, 우리는 철도, 보다 정확히 말하면 기차시간표의 의미를 살펴야 한다.

언어가 무엇이며 어떻게 구성되는지를 설명하기 위해 언어학자

페르디낭 드 소쉬르는 기차시간표라는 개념을 사용했다. 시스템 내의 각 요소는 다른 요소와의 차이점 때문에 가치를 갖는다. 10시 기차가 10시 15분에 도착할 수도 있지만, 그래도 이 기차는 10시 30분 기차나 9시 30분 기차와는 다르기 때문에 여전히 10시 기차다. 객차가 어느 날에는 파란색일 수도, 다음날에는 빨간색일 수도 있지만, 다른 기차들과의 차이점 때문에 여전히 10시 30분 기차다. 시간표가 차이점에 따라 가치를 인정받는 것처럼 언어에서 각 단어도 다른 단어들과의 차이점 때문에 가치를 가진다. 이 언어 이론에는 한계가 있지만, 이러한 개념의 함의는 남녀를 이해하는 데 있어서 매우 중요하다. 언어 요소들이 서로 간의 차이 때문에 가치를 지닌다면, 언어는 따로따로 분리된 일련의 요소로 구성될 것이다. 기차시간표에 하나의 기차 정보만 나와 있다면 모든 기차가 동시에 도착해 혼란스러울 테고 좋은 시간표라고 할 수도 없을 것이다. 별개의 요소들이기에 각 요소들 사이에는 간극이 존재하기 마련이고, 이러한 사이성은 남성과 여성에게 서로 다른 방식으로 매우 중요한 역할을 한다.

위니콧은 직관적으로 사이성을 정신분석 이론의 핵심 개념이라고 여겼지만, 이를 언어 구조와 연관시킨 건 라캉이었다. 간단하게 말하면, 인간에게는 말에 포함되지는 않은 것들, 그러니까 수수께끼 같고 이해할 수 없으며 머리에 떠오르는 것들이 중요하다. 우리의 존재는 절대 단어들과 동일시될 수 없으며, 이러한 모든 의문들은 단어의 내부가 아니라 단어 간의 사이에 자리잡아야 한다. 여성은 사이성을 매우 중요시하며 우리의 존재와 단어의 존재를 분리하는 이 간극의 존재를 증명하고자 최선을 다한다. 반대로 남성은 이 사이성을 모호하게 취급하거나 무언가로 덮어버리고 지워버리려 할 가능성이 크다. 여성이 기차 시간에 늦곤 한다면 남성은 시간표를 전부 외우고 있을 확률이 높은데, 남성들은 세계와 관련된 사실의 목록이나 사소한 정보들을 좋아하기 때문이다. 철학자 칸트는 고향인 쾨니히스베르크를 떠난 적이 없었지만 다양한 지도책을 수집했다는 사실에 자부심을 가지고 있었다. 칸트는 직접 여행을 경험하지는 않았지만 그 대신 여행을 다룬 문헌에서 정보를 얻었는데, 이는 그저 감각 경험은 항상 기존의 사고를 바탕으로 구성된다는 칸트 자신의 논지에 입각한 행동이었을지도 모른다. 마찬가지로 여성이 "얘기 좀 해요"라고 말하면, 남성은 이를 대화라기보다 비난의 시작으로 받아들이곤 한다. 하지만 어떤 남성들이 이야기하기를 원하고 앞에서 살펴보았던 것처럼 대화할 때 강박적으로 정직함을 고수한다면, 이는 자신의 존재를 솔직히 드러낸다는 신호라기보다는 오히려 정반대의 의미일 수도 있다. 또다시 모든 것을 말의 일부에 포함시키려고, 말이 아닌 다른 것을 언어에 동화시키려고 노력하는 것일지도 모른다. 이는 여성과 수수께끼 사이의 해묵은 연관성과 대조되기도 한다. 수수께끼는 언어의 형태를 띠는데 이를 풀려면 그 서술에 맞는 대상을 찾아내야 한다. 수수께끼가 풀리지 않은 채 남으려면 그 요건으로 대상과 서술 간의 일치가 없어야 한다. 그러나 남성은 이러한 일치를 원하는 경향이 있다. 저녁 모임 자리에서 토막 뉴스를 알려주기 위해서뿐만 아니라 자신이 전달할 수 없는 다른 지식을 얘기하는 걸 방해하고자 끝없이 정보를 늘어놓으며 모두를 따분하게 만드는 사람은 남자일 가능성이 매우 높다. 지식에 대한 남성의 이러한 태도에는 틀림없이 그만한 이유가 있을 것이다. 왜 어떤 남성들에게는 세상만사를 안다는 것, 그리고 우주의 신비를 여러 가지 사실의 목록으로 압축하는 것이 그토록 중요할까?

남성에게 간극을 없앤다는 것은 정신적으로 끊임없이 노력하며 언어로 구성된 사고의 사슬에 최대한 스스로를 몰입시킨다는 의미다. 생각을 많이 할수록 더욱 많은 간극을 메우게 된다. 목록을 많이 만들수록, 그리고 더 길고 더 철저하게 작성할수록 아무것도 누락되지 않은 것처럼 보인다. 이와 관련된 여러 가지 문제 중 맨 첫번째는, 목록을 작성할 때 반드시 한 가지는 그러니까 그 목록을 작성하느라 낭비하는 시간은 빠뜨린다는 점이다. 분주하고 부지런했던 철학자 라이프니츠는 끊임없이 생각하고 계산한다는 사실에 자부심을 가졌다. 그는 어디에서든 생각이 떠오르면 종이에 적고는, 다음번에 다른 생각이 급하게 떠오르면 적으려고 그 내용을 다시 자세히 읽지도 않고 밀쳐두었다. 언어는 마음과 물질 사이의 가교이며 물질적인 흔적에서 완전히 분리시킬 수 있는 생각은 존재하지 않는다는 이 철학자의 논지는, 산처럼 쌓인 메모지를 어리둥절해하는 사람들에게 그 필요성을 설명하기 위한 방식이라고 할 수 있었다. 라이프니츠 연구자인 앨리슨 쿠더트가 언급했듯이, 이렇게 메모가 쌓이다보니 정작 필요한 메모를 못 찾은 라이프니츠는 결국 처음부터 다시 사고해야 했다. 이로써 우리는 끊임없이 사고하다보면 항상 어떤 식으로든 손실 효과가 발생한다는 점을 잘 알 수 있다. 사고가 사고의 장애물이 되어버렸기에 그는 처음부터 다시 사고할 수밖에 없었던 것이다.

남성은 종종 계산이나 집계의 형태로 사고하는데, 이는 숫자가 단어와 마찬가지로 간극을 좁힐 수 있다고 생각해서다. 작곡가 안톤 폰 브뤼크너는 빈에서 기차를 탔는데, 그 기차가 교외 지역에서 몇 분간 정차하는 동안 차창 너머로 보이는 집의 창문 개수를 셌다. 기차가 움직이자 자신이 제대로 센 건지 의심스러워졌고, 이는 불안감으로 바뀌었다. 결국 자신의 음악 인생에 불편이 생김에도 불구하고 그는 다음 정거장에서 내려서는 그 집이 있는 곳까지 걸어가 제대로 센 건지 확인했다. 이 경우에는 기차 이동중 발생한 찰나의 휴지에 숫자 세기의 형태로 생각을 끼워넣었다. 이 이상한 행동에 대한 실마리는 그의 또다른 일화에서 찾을 수 있는데, 그는 젊은 여성들이 한 목걸이의 구슬 개수를 제대로 세었는지 따라가며 확인하는 버릇이 있었다. 다시 말해, 그가 집보다 젊은 여성들을 우선시한다고 추정할 때, 그에겐 여성의 몸에 아직 세지 않은 무언가가 존재하느냐가 매우 중요했다. 따라서 거세로 인한 간극은 이렇게 숫자를 세려는 강박관념과 밀접하게 연관되며, 숫자와 단어는 궁극적으로 사고의 영역으로 유입시킬 수 없는 것을 흡수하는 데 사용된다. 기차에서 바라본 집에서 놓친 부분은 여성의 신체에서 놓친 부분과 같은 맥락에서 이해할 수 있으며, 그가 머릿속으로 한 연산에서 목걸이와 그 간극의 역할을 하는 것이다.

사랑과 계산은 전혀 별개 같지만, 안타깝게도 둘 사이에는 많은 공통점이 있다. 온종일 직장에서 숫자를 다루는 남성이 퇴근한다고 갑자기 다른 사람이 되지는 않는다. 그리고 대중문화에서 볼 수 있듯이 남성이 완전히 다른 사람이 됐다면 집안에 머무는 편이 좋다. 친절하고 사려 깊은 연인보다는 늑대인간으로 변신할 가능성이 높으니 말이다. 많은 남성들이 계산과 연애의 연관성을 상당히 의식한다. 남성들은 여자친구의 수를 세기도 하고, 심지어 그보다 더 복잡한 연산을 하기도 한다. 보즈웰은 저녁 외출의 장단점을 가늠하기 위해, 여성과 저녁 데이트를 하는 비용과 매춘부를 상대해 임질에 걸려 병원에서 치료받는 비용을 비교했다. 물론 두번째는 첫번째보다 훨씬 시간이 오래 걸렸지만, 보즈웰은 숫자가 맞는다는 전제하에 양쪽을 공정하게 고려하고자 최선을 다했다. 이러한 계산의 이면에는 이성과의 만남이라는 불확실한 대상을 뭔가 계산 가능한 대상으로 만들려는 노력이 자리한다. 좀처럼 판단하기 어려운 것들도 일단 숫자라는 틀에 맞춰놓으면 보다 수월하게 여겨진다. 이는 심지어 이성에게서 멀어지는 것을 합리화하기도 한다. 문헌을 보면 어떤 환자는 성교와 자위를 할 때 자극이 사정으로 이어지려면 음경의 특정 부분을 부단히 움직이고 압력과 마찰이 병행되어야 한다고 생각하며 계산을 시작했다. 사정에 필요한 움직임을 유지하는 데 포피가 움직이고 음경의 나머지 부분은 가만히 있느냐, 아니면 정반대로 포피는 가만히 있고 음경의 내부가 움직이느냐는 운동학적으로 중요하지 않다. 자위시 남성은 몸을 움직이지 않고 포피만 움직이며, 성교시에는 여성이 가만히 있을 경우 남성이 온몸을 움직여야만 한다. 포피의 무게가

7그램이고 남성의 체중이 70킬로그램이라면, 성교시 필요한 운동 에너지는 자위시 필요한 에너지의 만 배나 된다. 따라서 자위보다 성교를 선호하는 사람은 집의 지하실에서 위층으로 올라가기보다는 아예 집 전체를 지하실 높이만큼 들어올려서 지면에 도달하려는 사람과 같다는 논리다. 이 남성의 경우 독창적일지는 몰라도 수학적 능력은 형편없어 보이나, 그의 혼동은 이성과 관련하여 숫자가 어떻게 사용되는지를 잘 보여준다. 정신분석가 카를 아브라함은 성교 도중 침대의 경매에 참여할 것을 권유받은 여성의 사례를 소개했는데, 흥분이 고조됨에 따라 입찰가도 올라갔다. 발린트 또한 육체관계 도중에 아내의 성적 서비스에 대해 입찰해야 했던 남편을 다룬 비슷한 임상 사례를 기록하기도 했다. 남편의 만족감이 클수록 당연히 아내의 만족감도 커지고, 진행이 원활한 여느 경매처럼 두 사람이 합의한 분만큼 입찰가가 올라간다. 하지만 입찰가가 비현실적인 경우, 경매는 성사되지 못하며, 남편은 성교에서 아무런 만족도 얻지 못한다. 이러한 경우 실제로 성관계 도중에 계산이 진행되며, 이때의 계산은 성관계에 대한 평가가 아니라 조건으로 역할한다. 따라서 섹스와 관련하여 숫자로 보장되는 체계가 세워지는 셈이며, 여기서 숫자가 잘못될 경우 성관계도 제대로 진행되지 않는다.

이러한 숫자나 언어적인 활동은 주로 남성들의 특징이기는 하나 이러한 성향을 보이는 여성들도 분명히 일부 존재한다. 따라서 단순히 남녀 간의 차이라고 보기보다는 어떻게 성적 즐거움을 느끼느냐의 차이라고 이야기하는 편이 더 정확하며, 이러한 형태는 한쪽 성별에서 광범위하게 나타나지만 다른 쪽 성별에서 찾을 수 없는 것도 아니다. 많은 남자들을 만나왔다는 한 여성은 연애할 때마다 상대가 지금까지 얼마나 많은 여성과 잠자리를 했는지를 최대한 빨리 알아내야 직성이 풀린다며 고충을 토로했다. 일단 그 숫자를 파악하면 상대 남성과의 관계에서 전 여자친구의 수와 동일한 횟수의 오르가슴을 얻겠다는 목표를 세운다. 이에 정신분석학자들은 이 여성이 자기 자신을 여자친구의 명단에 포함시켰느냐에 추가로 초점을 맞춘다. 자기 자신을 명단에 포함시켰다는 사실로 그녀가 무의식적으로 자신을 남성의 위치에 놓는다는 점을 파악할 수 있어서다. 그녀의 오르가슴은 이제까지 남성이 성관계를 했던 여성 하나하나를 나타내므로, 자신과 동침한 상대 남성과의 균형을 확립하는 숫자 체계를 그녀 나름대로 정한 셈이다. 그녀는 수많은 남자친구들의 숫자도 셌는데, 이는 여성에겐 흔치 않은 일이다. 대다수 여성들은 잠시 기억을 더듬어보아야 그러한 계산을 할 수 있고, 대부분 남성에게 질문받아야만 이를 세어본다. 여성이 전 남자친구 명단을 털어놓는 것은 "몇 명이랑 잤니?"라는 남성의 천박한 질문 그리고 하나의 체계에 대한 남성의 관심에 대응하기 위해서다. 〈네 번의 결혼식과 한 번의 장례식〉에서 앤디 맥다월이 이제까지 잠자리를 가졌던 남성의 명단을 1번부터 33번까지 술술 말했을 때, 이를 요청한 사람은 다름아닌 찰스였다. 이로써 남성이 이성 간의 만남을 숫자라는 틀로 생각한다는 걸 다시 한번 알 수 있다. 돈 후안은 자신이 상대한 여성이 몇 명인지 세었는데, 그에게는 이 숫자가 실제로 밤에 여성과 관계를 맺는 것만큼이나 성적 행위에서 중요한 위치를 차지했다. 대부분의 사람들은 숫자 취급 당하기를 원치 않았지만, 다른 사람들을 숫자로 취급하는 것은 많은 남성들에게 중요한 의미를 갖는다.

그렇다면 사랑에 빠진다는 것은 오직 한 사람만 생각하기 때문에 숫자를 하나만 센다는 의미라고도 할 수 있을까? 하지만 문제는 그렇게 간단치 않은데, 누군가에게 가치가 부여되는 경우 그가 다른 누군가 또는 무언가의 자리를 대체할 가능성이 높기 때문이다. 프로이트의 관점에서 보면 어린 시절 잃어버린 어머니의 자리를 여성이 대신하는 것도 이에 해당한다. 또는 앞서 살펴보았던 공백의 논리를 적용한다면, 공백이나 사이성을 메우는 개념일 수도 있다. 영화 〈밀회〉에서 여주인공은 그야말로 기차 시간 사이의 막간 동안 사랑을 받는데, 어떻게 영화가 끝날 때까지 앨릭과 로라는 기차를 놓칠까봐 걱정하지 않을까 놀랍기만 하다. 그때까지는 두 사람의 모든 만남이 기차 시간표에 치밀하게 맞춰져 있으며 시간표 자체가 두 사람의 사랑을 구성하는 기본 뼈대이자 조건인 듯 보인다. 따라서 이 공백은 사랑이라는 행동과 여성의 이미지로 채워지는 것이다. 그렇다면 공백을 없애는 게 왜 그리 중요할까? 그리고 왜 남성들은 항상 기차 시간 사이에 사랑에 빠질까?

어린 시절, 우리는 무언가 말로 응수하게 되기도 전에 다른 사람들이 우리에 대해 이야기하는 세계에 던져진다. 우리를 세상에 데려온 사람들이 우리의 이름을 짓고 우리의 미래를 계획하는데, 그들 앞에서 우리는 무력해진다. 심지어 아기가 태어나기도 전에, 그리고 말 떼기도 전에 아이의 이름으로 약속이 맺어지기도 한다. 세례시에 사도신경을 아이에게 들려줌으로 아기 본인은 아직 이해도 못하는 의무가 부과되며, 이는 매년 갱신된다. 중세학을 연구한 에티엔느 질송은 누군가가 자신을 위해 해놓은 약속에 자신의 이름을 걸 것인지, 아니면 공식적으로 그러한 약속들을 거부할 것인지 선택해야 하는 순간이 온다고 말했다. 다시 말해, 우리를 둘러싼 담론의 세계에서 입장 표명을 해야 하는 시기가 온다. 이는 절대 '자연스러운' 과정이라고 할 수 없는데, 하물며 기본적인 반응을 보일 때도 상당 부분 부모의 반응을 따르기 때문이다. 안나 프로이트와 그녀의 동료인 도로시 벌링엄은 1940년대 일어난 영국 대공습 당시 런던에 거주했던 어린아이들을 연구한 결과, 세 살 이하의 아이들의 경우 폭격이 발생해도 엄마가 반응을 보이기 전에는 불안해하지 않았다고 언급했다. 따라서 아이는 언제 특정한 감정을 느껴야 하는지, 어떻게 엄마의 행동을 이해해야 하는지 '학습'한다고 볼 수도 있다. 허나 엄마가 무엇을 원하는지 전혀 파악할 수 없는 경우 이를 초월한 영역이 생겨난다. 가까운 사람들이 하는 요구나 요청은 대부분 무언지 이해할 수 있지만, 도저히 이해할 수 없는데도 직접적인 영향을 미치는 요소도 늘 존재하기 마련이다. 어머니가 뭐라고 하는지는 알지만 왜 그렇게 말하는지는 알 수 없는 경우도 있다. 이러한 요소가 극심한 불안감을 야기하는 예는 부부관계에서 찾을 수 있다. 어떤 여성은 남편의 외출을 틈타 주기적으로 남편의 소지품을 뒤졌는데, 딱히 불륜의 증거를 찾겠다고 의도해서였다기보다는, 놀랍고 심지어는 두려워할 만한 무언가를 찾을지도 모른다는 초조한 기대감에 이런 행동을 했다. 이 '무언가'가 무엇인지 꼭 집을 수는 없지만, 이는 남편에 대해 알지 못하는 측면, 베일에 가려졌지만 아내를 더없이 신경쓰이게 하는 남편의 욕망 일부를 상징한다.

두 사람이 동시에 한곳에 있다보면 실제로 이러한 일이 일어난다. 배우자의 모습 이면에서 무언가 불안하게 만드는 존재를 느끼며, 이것은 끔찍한 비밀을 찾아낼지도 모른다는 기대감으로 이어지기도 했다. 실제로 남성 혹은 여성이 마음 한 켠에서 자신의 배우자가 어둡고 알려지지 않은 과거를 품고 있다고 여기는 경우도 드물지 않다. 이러한 상황의 특이성을 과학의 형태로 일반화한 것이 바로 게임 이론이다. 게임 이론은 대립중인 상대방의 우려를 초기 조건으로 계산에 넣는데 이로써 상대방과 관련하여 어떻게 행동하는 게 최선인지 알게 된다. 한마디로 상대방의 행동을 이해해 지식으로 바꾸게 된다. 이 새로운 과학의 창시자인 존 폰 노이만은 어린 시절 멍하니 창밖을 내다보는 어머니의 모습을 보고는 그녀가 무슨 생각에 사로잡혀 있을까 궁금해했던 게 이 이론의 첫걸음이었다고 언급했는데 이는 분명 우연은 아니다. 이러한 탐구는 결국 다른 사람에 대해 이해할 수 없는 부분, 즉 미지의 영역에 대한 의문에 해답을 제시해주는 계산 이론을 낳았다. 그리고 라캉이 주장했듯이, 여기서 다른 사람이 무엇을 원하느냐라는 문제는 금세 우리는 다른 사람에게 어떤 가치가 있느냐, 그녀를 위해 어떤 존재가 되어야 하느냐의 문제로 바뀐다. '당신은 무엇을 원합니까?'가 '나는 당신에게 어떤 존재입니까?'라는 연애담에서 상당히 빈번하게 오가는 질문으로 바뀐다. 히치콕이 〈나는 비밀을 알고 있다〉 세트장에서 여주인공인 도리스 데이에게 아무 말도 하지 않자 인기 스타인 도리스 데이의 존재는 흔들렸으며, 감독의 불명확한 태도 때문에 그녀의 가치에 대한 의문도 퍼졌다. 히치콕 감독이 자신에게 거의 침묵한다는 사실에 그녀는 감독에게 자신이 어떤 의미인지, 어떤 존재인지 무척이나 불안해했다. 정신분석가가 상담을 진행하면서 대부분 침묵을 지키는 이유 중 하나도 이것이다. 전문가가 말을 덜 할수록 이들의 불확실한 태도에 환자는 '저 사람은 나에게 무엇을 원하는 거지?'라는 의문을 더 품게 된다. 잘만 된다면 자신의 존재에 대한 의문, 자신이 다른 사람에게는 어떤 존재인가에 대한 의문은 그 환자의 개인사와 그가 살면서 이에 대응하고자 선택한 방식을 통해 추적해볼 수도 있다.

이렇게 다른 사람의 욕망의 징후에 대해 여러 가지 방식으로 대응할 수 있다. 어떤 여성은 주변 사람들과 관계를 맺을 때 일정한 간극을 마련해두며, 자신이 아는 누군가의 욕망이 다른 사람을 향하게끔 이끌고 불타오르고 유지되게 한다. 그녀는 욕망이 충족되지 않은 상황을 조성하며 자신이 만들어낸 간극에서 자신의 존재를 찾는다. 따라서 이 여성은 자신의 정체성에 대해 '나는 그 남자에게 무엇인가?' 또는 3인칭으로 '그녀는 그에게 무엇인가?'라는 식으로 의문을 제기한다. 이 두 가지 의문은 모두 여성으로서의 정체성 문제를 겨냥한다. 이러한 상황에서의 간극 유지는 매우 중요하며 어떤 이유에서든 간격이 사라지면 위기가 닥친다. 프로이트 연구자들은 프로이트의 환자인 도라가 호숫가에서 욕심 많은 구애자 K의 뺨을 때렸다는 유명한 일화에 종종 의문을 제기했다. K는 도라에게 구애해왔으며 도라의 아버지는 K의 부인과 불륜관계를 맺고 있었다. 호숫가에서 K는 도라에게 유부남으로서는 최악의 말로, 상당히 극적인 효과를 불러일으킨다고 알려진, "내 아내는 나에게 아무것도 아니야"라는 말을 내뱉었다. 문제는 도라가 그에게서 듣고 싶어했을 법한 이 말이 왜 그토록 도라를 상처입혔느냐다. 『레베카』에서 남편이 자신은 전 부인인 레베카를 사랑하지 않았고 게다가 자기 손으로 그녀를 죽였다고 고백하자 여주인공은 일종의 전환점을 맞이한다. 드 윈터가 "레베카는 나에게 아무것도 아니었어"라고 하자 그녀는 무너지기는커녕 새롭게 활기를 찾는다. 하지만 뉴 모리에가 펴내지 않은 『레베카』의 에필로그와 출판된 판본을 함께 놓고 읽다보면 이러한 반응은 그리 모순되지 않는다. 여주인공은 더이상 드 윈터를 만나기 전처럼 소심한 사람이 아니며, 레베카의 죽음에 대한 진실을 알고서는 자신의 능력을 드러냈다. 그럼에도 그녀의 삶은 이상하게 무언가가 결여된 듯하다. 남편과 함께 망명생활을 하면서 그녀는 판에 박힌 일상을 보내며 생기도 잃는다. 그리고 그전까지는 항상 레베카의 관점에서 자신이 어떻게 보일지 상상했다면, 이제는 이 부부를 바라보는 다른 사람들, 즉 여행자와 추방자의 관점에서 자신과 남편의 모습을 묘사한다.

다른 여성의 존재가 없어지자 여주인공에게 활기를 주었던 모든 것이 사라지고 공허함만 남은 듯하며, 추억은 이 허전함을 더욱 분명하게 해줄 뿐이다.

자신이 그의 모든 것이며 아내는 그에게 아무 의미가 없다는 말은 도라와 『레베카』 속 화자가 듣고 싶어했던 말 같아 보이겠지만, 호숫가에서의 부적절한 충돌과 드 윈터 부인의 운명을 보면 오히려 정반대의 결과로 이어졌음을 알 수 있다. 라캉은 도라의 사례를 재고찰하면서 이를 알기 쉽게 풀었고, 도라의 사고의 중심에는 여성성에 관한 그녀의 질문, 즉 여성은 어떻게 사랑받을 수 있는가라는 의문을 구현하는 K 부인이 자리한다는 걸 보여주었다. 도라는 자신의 아버지가 K 부인의 어떤 점에 이끌리는 건지 궁금해했으며, 실제로 이 둘의 관계가 비교적 흔들리지 않고 지속되도록 최선을 다한다. 하지만 K가 자신에게 부인은 아무 의미도 없다고 하자 이 삼각관계는 갑자기 혼란스러워진다. 도라는 자신의 아버지와 K 부인의 관계, 즉 한 여성이 한 남성의 갈망의 대상이 되는 관계를 K와의 사이에서 똑같이 재현해왔다. 물론 도라와 K가 섹스를 하지는 않았지만 말이다. 도라의 아버지는 도라보다 K 부인을 훨씬 더 사랑했으며, 마찬가지로 K도 자신의 아내보다 도라를 훨씬 더 사랑했다. 실제로 K에게 부인이 전혀 중요치 않다면 도라는 더이상 삼각관계의 일부가 아니게 된다. 뿐만 아니라 두 관계의 일치성 때문에 도라의 위치는 구조적으로 첫번째 삼각관계에서 K 부인의 위치이므로 그녀는 더이상 아버지에게 중요하지 않은 존재가 되어버린다. K는 부인을 배제함으로 핵심적인 여성 인물을 제외했고 동시에 도라 역시 세심하게 구성된 체계에서 배제해버렸다. 더이상 두 사람 사이에는 간극이 존재하지 않으며, 삼각형은 무너질 수밖에 없었다.

남성이라면 이러한 간극 유지에 대해 전혀 다르게 반응할 수도 있다. 오히려 남성은 이러한 간극을 없애거나 다른 사람의 욕망이라는 의문을 일축하려고도 한다. 간극이 있던 자리를 말이나 계산 같은 일종의 의식으로 채우며, 모든 것을 언어라는 압지로 제한해버린다. 심지어 어디에나 존재하기도 한다. 그를 필요로 하는지 아닌지에 상관없이 항상 그 자리에 있는 남성은 상대의 욕망이 위험하게 발생하는 것을 막는다는 명분으로 언제나 곁을 지키고자 최선을 다한다. 남성이 항상 거기 있다면 부재는 발생하지 않으며 그는 말 그대로 여성의 부속물이 될 수도 있다. 그렇게 되면 세상은 완전해지지만, 잠시도 곁을 떠나지 않는다면 안타깝게도 상대가 질식해버리기 마련이므로 그 세상은 죽은 세상이다. 많은 남성들이 외계인의 존재를 믿는 것도 틀림없이 이런 이유에서다. 여성은 선천적으로 미신에 사로잡혀 있기 때문에 저 너머의 존재를 동경해 ET를 쉽사리 받아들인다고 다소 심술궂게들 주장하지만, 사실 여성들만큼이나 아니 오히려 더 열렬하게 많은 남성들이 외계인에 열을 올린다. 남성들은 '저 위쪽에는 생명체가 있을까?'라는 질문에 긍정적으로 대답하는데, 이는 단순히 '아래쪽인 이곳에는 생명체가 있을까?'라는 또다른 질문을 덮어버리기 위함에 불과하다. 남성들은 이 두번째 질문에 대해서는 부정적으로 답하며 살아 있다는 관점과 배우자의 욕망이라는 관점을 부정한다. 밀레투스의 철학자 탈레스가 지나다니는 길에 의자를 세워뒀던 젊은 여성은 이 점을 정확하게 이해하고 있었다. 탈레스는 천체를 연구하느라 하늘을 올려다보며 걸었기에 땅에 뭐가 있는지를 미처 못 보고 의자에 걸려 넘어졌다. 이 일로 그는 아마도 지상에서 벌어지는 흥미로운 일들을 무시해서는 안 된다고 깨달았을 것이다. TV 시리즈 〈엑스파일〉이 엄청난 인기를 끈 것도 이 때문이다. 훌륭한 팀워크를 자랑하는 멀더와 스컬리 요원은 이곳에서 일어나는 이상한 일들은 저 너머에 존재하는 세력의 조종 때문이라는 의심을 깔고 수사를 진행한다. 하지만 여기서 발생한 일 가운데 가장 매력적인 일은 사실 일어나지 않은 일, 그러니까 멀더와 스컬리가 동침하지 않았다는 점이다. 만약 그랬다면 두 스타의 인기는 크게 하락했을 것이다. 지구에서 사람들이 외계인과 뒤섞여 살아간다는 사실을 잊어버리고, 외계인의 침입은 늘 그렇듯 인간을 납치하기 위해서일 뿐이라고 생각하는 편이 낫다. 상당수 미국인들에게 영향을 미치는 이러한 사건의 발생은 보기만큼 단순하지 않을 수도 있다. 연구를 통해 밝혀내야 하는 부분은, 외계인에게 납치되었다고 주장하는 사람들의 비율과 ET를 믿는다고 주장하는 사람들의 비율이 같으냐이다. 그렇지 않다면, 외계인 납치는 야근을 비롯한 여러 가지 변명 목록에 추가해야 할 하나의 항목일 뿐이다.

인간이 그토록 두려워하는 간극은 낯선 욕망의 출현과 연관될지도 모른다. 물론 우리는 이를 전혀 의식하지 못하지만 말이다. 이질적인 욕망이 드러나면, 인간은 스스로를 통제할 수 없게 되며 분열

되고 나뉘는데, 라캉은 이를 소실이라고 표현했다. 많은 사람들이 보도블록 사이의 틈새를 밟지 않으려는 데에는 그만한 이유가 있을 것이다. 정신분석가들이 처음 이 문제에 관심을 기울였을 때, 그들은 이 일상적인 반감이 일종의 미신임을 밝혀냈다. 금을 밟으면 자신 또는 사랑하는 사람에게 무언가 나쁜 일이 일어난다고 믿는 것이다. 이로써 실제로 그 사람에게 해를 끼치고자 하는 무의식적인 욕망이 존재함을 쉽게 추론할 수 있고, 그렇기 때문에 이러한 행동은 사악한 생각을 쫓아내려는 시도로 볼 수도 있다. 보다 일반적인 차원에서 생각해보면, 난처하게 만들고 불안스럽게 하는 욕망이 틈새에 도사리고 있다는 걸 보여주기도 한다. 그렇기에 욕망을 피하고자 틈을 없애려는 것이다. 틈이 꼭 필요할 때는 말을 덧붙이기도 하는데, 문에다가 작은 좌우명이나 메시지를 써두는 이유도 그래서다. 문은 일종의 틈이며 내부와 외부 사이의 공간이기 때문에 행운을 비는 말이나 유명한 글귀를 새겨놓음으로 사악한 기운을 막으려고도 한다. 여기서 막고자 하는 것은 두 영역 사이의 공간에만 상주하는 욕망의 존재다.

생각과 계산으로 남성들이 이러한 국면을 피하려 하면 역설적인 상황이 발생한다. 언어로 인간의 살아 있는 욕망을 막기 위한 요새를 만들 수는 있지만, 이로 인해 그러한 욕망이 되살아나기도 한다. 프로이트의 환자인 쥐인간은 불쾌한 소망을 쫓으려 끊임없이 기도하고 간청했지만, 그가 언어로 성적인 생각을 없애려 기도하고 노력할수록 그것은 부메랑처럼 되돌아와 그를 분열시켰고 그의 말 틈새를 파고들어 모욕과 부인을 일삼았다. 그가 "신이시여 그를 보호하소서"라고 말하면 정체를 알 수 없는 힘이 '마소서'라고 부정어를 끼워넣었고, 그가 자위를 할 때 사촌에 대한 부적절한 생각이 떠오르는 것을 막기 위해 글레이자멘Glejisamen이라는 방어용 주문을 만들어내면 자멘samen(seman, 정액)이라는 말이 되살아나 주문을 더럽혔다. 심지어 한동안 대화 상대에게 그가 뭐라고 했는지를 자신이 제대로 이해했다고 100퍼센트 확신할 때까지 문장을 되풀이해달라고 요청하는 당황스러운 증상을 보였다. 말에는 항상 다양한 의미가 담긴다는 걸 끊임없이 깨닫게 되는 포스트모던 시대에 이러한 증상을 가지고 살아가기란 무척이나 힘들다. 만약 그가 후기 구조주의자들의 모임에 참석해 모든 말은 한 가지 의미로만 압축된다고 주장했다면 무슨 일이 일어났겠는가? 모든 것을 사고로 단순화한다면 애써 욕망을 잊을 수 있고, 욕망을 부정함으로 사고하는 이는 불안감을 덜 것 같지만, 앞서 소개한 사례들이 보여주듯이 이는 절대 간단치가 않다.

관념론자인 버클리 주교가 주치의를 불렀을 때, 의사는 스스로가 아프다는 관념을 가진 그에게 사실은 그가 건강하다는 관념을 받아들이게 하느라 많은 노력이 필요했다고 적었다. 제대로 지각하지 못하는 이 남자는 세상이 관념으로 이루어지며, 그러한 관념이 끊임없이 움직인대도 관념 사이의 간극을 없앨 수는 없다고 여겼다. 버클리 주교는 관념은 어디든 존재할 뿐만 아니라 각 관념에는 그 관념을 가진 주체가 있다는 교리를 편 걸로 잘 알려져 있다. 이 논리를 따르다 보면 '우리가 보지 않아도 별은 존재하는가?'와 같은 상당히 추상적인 성격의 여러 가지 의문이 발생하게 된다. 실제로 상당수의 아이들이 특정한 형태로 이러한 질문을 던진다. "밤이 되어 아무도 안 보면 가구는 낮과 다르게 행동하나요?" "장난감들이 살아나서 무언가를 계획하나요?"

이러한 탐구의 이면에는 자신의 눈에 안 보이는 집안의 다른 영역에서는 무슨 일이 일어나는가라는 실질적인 질문이 자리한다. 예를 들어 부모님의 침실 같은 곳에서 말이다. 그 구역에 대한 흥미가 집안의 가재도구로 옮겨가서 보다 매력적으로 나타나는 것이다. 아니면 자신의 몸에 대한 흥미가 가재도구로 옮겨가기도 한다. 시키지도 않았는데 제멋대로 살아나는 성기처럼 가구도 그럴까? 정신분석학자 메리 채드윅이 소개한 사례에서, 한 어린 소녀는 "네가 태어나기도 전에, 아니 네 생각을 하기도 전에"라는 표현을 자주 사용하는 엄마 때문에 자신은 부모님의 관념이 합쳐져 태어났다고 결론지었다. 그러고는 부모님이 자기를 생각해야만 자신이 계속 존재할 수 있다는, 버클리 철학과 일맥상통하는 믿음을 갖게 되었다. 이는 어린 시절의 집착과 철학 이론 사이의 유사성을 보여줄 뿐만 아니라 많은 사람들이 자손에게 갖는 이상한 관계를 이해하는 단서도 되어준다. 아이를 낳고 싶다는 욕망을 먼 훗날까지 기억되고 싶다는 희망의 형태로 표현하는 사람들이 종종 존재한다. 일단 자신의 존재는 사라져도 후손들의 마음속에서 추억으로 간직될 수 있다는 논지다. 이런 기이한 발상은 소실을 회피하려는 성향과 연관되며, 하나의 생각으로서 끊임없이 존재하며 간극을 없애려는 의지에서 기인한다. 따라서 근사한 묘지와 기념비를 세워야 한다고 목소리를 높이는 게 주로 남성이라는 사실은 그리 놀랍지 않다. 남성에게는 모든 것을 생각으로 정리해 언어로 흡수하기가 매우 중요하므로 자신의 죽음이라는 단절도 같은 방식으로 취급하려 한다. 버클리가 세상을 떠났을 때의 상황은 이러한 관념론적 질문에 대해 한 가지 답을 제공해주었다. 그는 의자에 앉아서 차를 마시던 중 아무 소리도 안 내고, 심지어 동석한 사람들조차 알아채지 못하게 숨을 거두었다. 따라서 버클리의 생각은 주변 사람들의 생각에 구애받지 않았으며, 세상을 떠나는 순간 아마도 처음으로 진정한 생각을 할 수 있었다.

버클리가 보도블록 틈새 밟기에 대해 특히 신경썼는지는 알 수 없지만 그가 쇠퇴의 가능성에 대해 상당히 불안해했음은 분명하다. 이런 불안은 '존재의 중단'이라는 종교적 논쟁에 대한 흥미로 나타났다. 죽음과 부활의 순간 사이에는 무슨 일이 벌어질까? 가톨릭 교리에서 말하는 중간기라는 개념을 받아들이지 않는다면 대답하기 상당히 까다롭다. 예를 들어 영혼은 계속해서 생각을 하는 걸까, 아니면 그저 잠을 자는 걸까, 만약 잠을 잔다면 그것을 사고의 한 형태로 보아야 할까 같은 의문이 생긴다. 버클리의 공책에는 '존재의 중단' 가능성이라는 이 주제에 대한 고찰이 빼곡했다. 여기서 중요한 문제는 잠이 들고 깨어나는 순간 사이에 약간의 간극이 존재하듯이, 죽음과 부활 사이에도 작은 간극이 존재하느냐다. 혹자는 영혼은 실제로 죽는 순간 끝나지만, 이는 신이 생명을 몸에 되돌려줄 때까지의 일시적인 현상일 뿐이라고 보기도 한다. 그게 아니라 최후의 심판일이 올

때까지 영혼은 무의식 상태로 유지된다는 견해도 있다. 이러한 논쟁의 세부사항에는 다양한 요소가 개입되며 매우 복잡하지만, 이 논쟁은 주체의 쇠퇴, 의식이 사라지는 시점, 죽은 후 일련의 종교적 사건을 통해 등장하는 간극이라는 관념이 진정한 핵심이라고 주장할 수도 있다. 실제로 주교의 삶에서도 이러한 쇠퇴와 관련된 일화를 찾아볼 수 있다. 학생 시절, 처형 장면을 목격한 그는 교수형을 받는 사람이 어떤 생각을 할지 궁금해졌다. 친구인 콘타린과 함께 줄을 풀라고 신호할 때까지 목매달기에 도전했지만, 미래의 주교는 이 신호를 제대로 못하는 바람에 기절하여 땅에 떨어져버렸다. 관념에 대한 갈증에 죽음이라는 극한 경험마저 사고의 영역으로 흡수시키려 했지만, 관념을 습득하기는커녕 주체만 쇠퇴할 뻔했다. 존 클리스는 드라마 〈폴티 타워스〉에서 이와 일맥상통하는 장면을 연출했다. 손님의 이름이 기억나지 않자 그 대신 실신하는 척하는 마임극을 보여줬던 것이다. 말이 결여된 곳에서 주체는 쇠퇴하며, 그렇기에 강박적인 남성 입장에서는 숫자뿐만 아니라 이름을 기억하는 게 결코 사소한 일이 아니다.

주교가 모든 것을 관념으로 만들기 위해 그토록 열심이었다면, 그가 과연 식료품 쇼핑을 까먹은 적이 있을까라는 의문을 추가로 던져볼 수 있다. 왜 그토록 많은 남성들이 간극을 피하기 위해 최선을 다하면서도 사소한 집안일에 있어서는 허점투성이일까? 남성들은 모든 물건을 두 배로 비축해둬야 한다고 주장하면서도 꼭 한 가지 항목은 빠뜨린다. 이는 물건이 닳거나 없어질 때를 대비하여 같은 물건을 두 개씩 사는 과도한 쇼핑과 대조된다. 값비싼 물건이든 사소한 가정용품이든, 남성들은 지나치게 물건을 많이 구매한다. 하지만 여기서 이런 문제점이 발생한다. 이렇게 과도한 쇼핑을 하는 사람들은 많은 상품을 두 배씩 구입하지만, 늘 최소한 한 가지 물건은 '깜박'한다. 항상 막판에야 구입하거나 기존에 쓰던 물건이 다 떨어져야 그제서야 사는 물건이 존재한다. 어떤 사람들은 담배가 떨어지지 않도록 열 갑씩 사두는 반면, 구매할 능력이 충분해도 담배가 떨어져야만 사러 가는 사람들도 있다. 한쪽은 담배가 너무 많고, 다른 쪽은 너무 적다. 버글러는 이러한 패턴을 '사소한 부족의 메커니즘'이라고 불렀다. 양쪽 모두에겐 무언가 부족하다는 관념이 잠재해 있다. 따라서 왜 간극을 피하고 결핍이라는 관념이 솟지 못하도록 그렇게나 애쓰는 사람들이 특정 상황에서는 무언가가 실제로 빠졌음을 확인해야 할까라는 의문을 던질 수밖에 없다. 혹자는 의식적으로 결핍을 목표로 하는 것이 아니라, 사고만으로는 간극을 없앨 수 없고 이는 어떤 형태로든 다시 생겨나는 법이기에 이러한 현상이 나타난다고 답할지도 모른다.

이러한 메커니즘은 사소한 물건에만 국한되지는 않는다. 남녀 모두 살아 있는 배우자를 상대로 이러한 메커니즘을 작동시키기도 한다. 현재의 관계가 상당히 만족스럽다고 공언하면서도 '예비로' 다른 여성을 두어야만 하는 남성들이 있다. 이들은 반드시 그 제3의 여성과 자지는 않지만, 해당 여성은 반드시 '거기서' 시간을 비워두고 기다려야 한다. 마찬가지로 남성들을 '수집'하며 다른 사람을 찾고서야 현 남자친구와의 관계를 끝내는 여성들도 있다. 따라서 두 관계 사이에는 늘 중첩되는 시기가 존재하며 한 명 이상의 남성이 존재하게 된다. 남녀의 이러한 상황은 분명 대칭적이지만 완전히 동일한 구조라고는 할 수 없다. 여성의 경우, 다음 남성으로 상대만 바꾸어 남성의 욕구가 향하는 대상이라는 위치를 유지하기 위해 예비로 다른 남성을 준비해둔다. 이로써 여성은 계속해서 '나는 그에게 어떤 존재인가?'라는 질문을 던질 수 있게 된다. 혹은 여성이 음경에 집착한다면, 상대가 바뀌더라도 음경은 계속 그곳에 존재한다. 여기서는 남성의 개성보다 욕망(및 또는 특정한 신체기관)을 상징하는 누군가의 존재가 더욱 중요시된다. 이 때문에 독신 남성들에 대해 그들과 같이 살 수도, 그들 없이 살 수도 없는 법이라고 표현하는 것이다. 그러나 남성의 경우, 예비로 두는 이 여성은 연애 게임에 관여하지 않는 외부인이라는 가치를 지닌다. 남성은 이 여성과 자지 않을지는 몰라도, 다른 누군가가 그러면 불같이 화를 낸다. 따라서 이 여성은 항상 그 자리에 있으며, 다른 남성과 이어지지 않고, 그 남성과도 잠자리를 갖지 않는 여성으로 역할하게 된다. 이러한 현상의 면면을 잘 살펴보면 어머니의 특징과 연관됨이 분명히 드러난다. 엄연히 아버지가 존재하는 실제 오이디푸스 상황과는 대조적으로, 이 여성은 분명 가까이에 있지만 떨어져 있으며 남성이 정중하게 손대지 않는 사람이다. 하지만 이러한 현상을 단순히 부모와 연관짓기보다는 예비로 둔 여성을 남근 그 자체와 동일시할 수도 있다. 연인 사이의 게임에서 제외되어 안전한 곳에 위치한 이 여성은 무슨 수를 쓰든 보존해야 하는 잃어버린 요소를 상징한다. 일단 이렇게 중요한 부분을 숨기고서야 남성은 비로소 다른 여성에게 정력에 대해 어느 정도 과시할 수 있게 된다. 자신이 잃어버릴 수도 있는 것은 안전한 곳에 적절하게 보관되어 있는 셈이니까.

하지만 예비로 다른 여성을 두는 것은 사실 남성만의 특권은 아니며, 아미앵에서 일어난 비타 색빌웨스트•와 관련한 유명한 일화는 그 여성 버전에 해당한다. 비타 색빌웨스트와 바이얼릿 트레푸시스는 1920년에 아미앵에서 음경과 접촉하지 못하도록 여성을 분리시킨다는 바로 이 문제 때문에 격론을 벌였다. 바이얼릿이 데니스 트레푸시스와 결혼한 직후 두 여성은 각자의 남편에게서 벗어나 프랑스로 즉흥적인 여행을 떠났다. 데니스는 아미앵을 떠나서 런던으로 돌아갔지만 구출 작전을 위해 비타의 남편을 데리고 돌아왔으며, 제시간에 도착하기 위해 용감하게 직접 비행기를 조종하기까지 했다. 이런 과감한 모험 끝에 불안해 보이는 두 남자가 호텔에 나타났지만 아내들은 그들을 비웃을 뿐이었다. 그러자 비타의 남편인 해럴드가 비장의 카드를 꺼내놓았다. 해럴드는 아내에게 "바이얼릿이 당신에게 충실하다고 확신해?"라고 질문한 것이다. 바이얼릿이 결혼하기 전, 두 여성은 남편과 성교하지 않기로 굳게 약속했었다. 데니스의 음경은 절대 건드려서는 안 되는 영역이었지만, 그렇지 않을지도 모른다는 가능성을 해럴드가 제시한 것이었다. 그 말에 비타는 걷잡을 수 없이 분노했다. 바이얼릿은 앞서 몇 달 동안 그녀의 마음을 움직이려

• 영국의 여성 시인으로 비타 색빌웨스트와 바이얼릿 트레푸시스의 관계를 토대로 버지니아 울프의 『올랜도』가 쓰여졌다고 알려져 있다.

고 갖가지 수단을 동원했고 심지어 그녀를 차지하려고 데니스와 결혼식까지 올렸지만 이는 전혀 예상치 못한 전개였다. 비타는 아래층으로 달려가서는 데니스에게 바이얼릿과 "진짜로 결혼했는지"를 알려달라고 요구했다. 비타는 뒤이어 "만약 당신이 그랬다고 답한다면, 절대로 다시는 바이얼릿과 눈도 맞추지 않겠다고 맹세해요"라고 말했다. 하지만 이 모든 소동에도 불구하고, 비타는 바이얼릿이 처녀였음을 알고 있었다고 한다. 즉 그녀에겐 실제 성교보다는 음경과의 접촉이 관건이었다. 비타는 절대적인 헌신을 원했다. 그녀의 말대로 바이얼릿이 온전히 자신에게 속해 있는지가 중요할 뿐이었다. 자신은 상대 여성에게 완전히 속할 생각이 전혀 없었음에도 말이다. 따라서 실제 음경과 상징적인 희생의 원칙은 구분되며, 비타는 무슨 수를 써서든 후자를 유지하고 싶어했다. 원칙이나 상실의 조짐, 포기한 것들과 비교할 때 신체기관은 밀릴 수밖에 없다. 바이얼릿이 이러한 원칙과 희생의 원칙에 불충했던 것처럼 보이는 순간, 그야말로 지옥과 같은 상황이 펼쳐졌다.

불쌍한 해럴드와 데니스. 두 사람은 과감하게 비행기 여행까지 감행했지만 아내들의 생기발랄한 모습과 비교해볼 때 이들의 모습은 굴욕적이다. 하지만 이러한 사기 저하를 단순히 남성의 특징이라고 추정하기보다는, 그 기원을 파악해보려 할 수도 있다. 어린아이가 지나치게 순종적인 경우, 이를 천성으로 치부하기보다 오히려 왜 그렇게 행동하는지 의문을 품어야 하듯이 말이다. 활기가 없고 옹졸하며 지나치게 깔끔하고 까다로운 듯한 남성을 일반적으로는 항문성 성격을 지녔다고 본다. 전통적인 정신분석학 관점에서는 이러한 특징을 억압된 적대감의 결과로 이해하고 자신을 돌보아주는 사람에게 해를 끼치기 위해 배설물을 배출하는 어린 시절의 항문기와 관련된다고 받아들인다. 어니스트 존스는 이 주제에 대해 수차례 논문을 발표했으며 미움과 괄약근의 역사는 분리시킬 수 없다고 결론내렸다. 그는 배변 훈련 과정에서 사랑하는 부모가 아이의 즐거움을 막게 되고 이로 인해 반감이 생기는데, 이는 남자아이에게 타격이 더 크다고 여겼다. 여자아이의 경우에는 '정상적인 발달'과정에서 어머니에 대한 적개심이 어느 정도 자연스럽게 포함되니 말이다. 남자아이의 경우에는 그렇지 않기에 자신의 양가감정에 대처하기를 상대적으로 더 어려워하며 이러한 감정 때문에 평생 괴로워하기도 한다. 하지만 이런 해부학적 관점으로 모든 것이 설명 가능할까? 오히려 반대로 단순히 몸과 그 메커니즘이 아니라, 부모와의 관계, 생각과 의미, 욕망과의 관계에 얽힌 방식이 중요한 듯하다.

아이가 성장하면서 부모는 아이에게 몸에 대해 설명해주며, 신체기관의 조절에 관련해 부모가 정한 규칙을 명확히 제시해준다. 따라서 대변 배출과 대변 참기에는 좋은 것과 나쁜 것, 바람직한 것과 꾸지람을 듣는 것 같은 식으로 어른들이 정한 특별한 의미가 부여된다. 무력하고 의존적인 아이의 입장에서, 부모가 아이에게 주체성을 발휘하도록 지시하는 순간은 무척 특별하다. 돌봐주는 사람이 아이에게 말을 잘 들으라고 이르면, 아이는 이를 권력의 첫번째 형태로, 거절할 수 있는 가능성으로, 부모의 의지와는 다른 개별화된 의지를 행사할 수 있는 기회로 받아들인다. 그리고 일반적인 의미에서 주체성의 탄생은 거절과 늘 무관하지 않다. 아이에겐 그것밖에 없기 때문이다. 아나톨 프랑스는 주어진 주제에 대해 부모와 정반대의 입장을 취함으로써 자신의 의견을 형성했다고 상당히 진지하게 말하기도 했다. 심지어 부모와 관점이 같다 해도, 그 자신의 관점이므로 엄연히 다르다. 어른이 아이에게 무언가를 그만두라고 하면 아이는 어른의 지시 때문이 아니라 자신의 의지로 멈추는 양, 그 금지된 행동을 딱 한 번 더 하고는 그만둘지도 모른다. 아동 발달을 연구한 저명한 정신분석학자 르네 스피츠는 아이에게 잠재한 생각에 대해 이렇게 표현했다. "내가 하고 싶으니까 이렇게 행동하는 것이지 당신이 원해서 하는 게 아니예요. 나는 스스로 의지를 가지며 설사 그게 당신의 의지와 같더라도 내 의지이므로 엄연히는 달라요." 이 때문에 아이들을 관찰하는 모든 정신분석가들이 항문기 때의 아이들은 고집스럽다고 입을 모은다.

신체 메커니즘과 부모와의 관계 사이의 연관성을 이해하는 데에서 핵심 개념은 바로 요구다. 부모가 시키는 일을 아이가 거부하거나 일부러 늦게 따르면서 주체성은 발현된다. 그리고 이러한 맥락에서 부모의 요구는 매우 가치가 특별해지기도 한다. 라캉의 주장대로 아이는 부모의 요구를 찾아 헤맬 수도 있으며, 요구가 없을 경우 어찌

할 바를 몰라 하기도 한다. 다시 말해 어떤 사람의 존재가 다른 사람들의 요구에 달려 있다는 의미다. 주체가 다른 사람의 요구에 너무나 몰두한 나머지 욕망의 대상으로 기능하기도 한다. 그 결과 주체는 무언가를 하라고 요구받고 싶어하게 된다. 라이크에 따르면, 이렇게 요구를 바로 이행할 준비가 된 남성들의 경우 요구가 없을 때 뭘 해야 하는지 모른다. 이들은 무언가를 하도록 지시하는 모종의 요구가 있어야만 제 기능을 한다. 뿐만 아니라 히스테리 증상을 가진 사람과는 반대로 그런 과정에 상당히 만족해한다. 히스테릭한 사람에게 무언가를 부탁하면 즉시 거절할 가능성이 높지만, 반대로 강박적인 사람이라면 오히려 자신이 그 일을 얼마나 잘하는지 보여주려 할 것이다. 하지만 항문기의 성격 형성에는 이 이상의 요소가 관여한다. 교육자의 요구가 그토록 중요하다면, 한때 그러한 요구의 중심에 놓였던 그 고약한 배설물과 관련해서는 어떤 일이 벌어질까?

배설물은 나쁜 것으로 간주되며 부모들은 이를 부적절하다고 거부하지만, 그래도 이는 아기가 선의로 행한 중요한 활동의 부산물이다. 아기는 '착한' 소년 소녀처럼 행동했음에도 부모는 그들이 배출해낸 물질을 불쾌해하며 처리한다. 배설물을 둘러싼 이러한 이중성은 이성관계에서도 찾을 수 있다. 젊은 시절 마르셀 파뇰은 처음으로 이상형의 소녀를 발견하고는 애정을 키워나간다. 그러다 그녀가 화장실 물 내리는 소리를 듣고는 이 아름답고 빛나는 생명체도 자신과 마찬가지로 배설한다는 사실을 깨닫는다. 그의 사랑은 완전히 박살나버리고 그를 그토록 즐겁게 했던 몽상도 갑작스럽게 끝나버렸다. 화장실 물 내리는 소리가 그의 머릿속에서 울려퍼지면서, 그 소녀와 그녀의 가족들 주위에 쌓아올렸던 사랑의 구조물도 사라져버렸다. 시인인 그녀의 아버지는 우울한 압생트 중독자에 불과했으며, 완벽한 그녀의 어머니는 가식적이고 소란한 위선자로 변모했다. 프로이트 역시 자신의 환자인 늑대인간이 예수에게 엉덩이가 있었느냐에 의구심을 품고 고통스러워했다며, 항문에 대한 집착 때문에 그가 가장 신성시하던 대상이 오염됐다고 말한 바 있다. 적잖은 어른들을 계속해서 괴롭히는 이러한 의구심에 대해서 아이들 역시 상당히 분명하게 의문을 표현하곤 하며, 한때 신학자들도 이에 대해 진지하게 논쟁을 벌였다. 천국에도 배설물이 있을까? 하느님의 아들도 다른 인간들과 마찬가지로 배설을 했을까? 토마스 아퀴나스조차도 궁금해했던, 부활의 순간에 신성한 존재에게는 과연 장이 달려 있었을까라는 중대한 문제도 있다. 이것은 배설물을 신체의 일부로 볼 것이냐가 핵심임을 보여준다.

이러한 항문기를 보내는 과정에서 소통의 언어적인 측면과 '대상'이라는 측면 간의 갈등이 발생한다. 여기서 언어적인 측면은 교육자가 명확하게 지시하는 요구를 나타내며, 대상이란 말 그대로 치워버리고 거부해버리는 요소를 의미한다. 언어 자체는 우리를 인지하지 않으며, 인간의 특수성과 개별성을 나타내기 위해 탄생한 것이 아니라 우리에게 지워진 것임을 깨달을 때 이는 매우 중요해진다. 우리는 어디까지나 진정한 개인이며, 주변 사람들의 말이나 이상, 꿈과 동일한 존재가 아니다. 어떤 의미에서는 이 방면에서 거부당하거나 배제됐으며, 그렇기에 주체와 그 배설물 사이에는 일종의 동격관계가 성립될지도 모른다. 어떤 면에서 아이는 마음속 어디선가 자신이 그야말로 배설물과 같은 존재, 남은 음식, 퇴짜 맞은 재고품이라고 생각할 수도 있다. 그리고 바로 여기에 무의식적인 즐거움이 자리잡는다. 엄마가 예상대로 반응하지 않을 때, 상냥한 미소 대신 의미를 알 수 없는 침묵으로 반응할 때, 아이는 자신의 몸으로 이에 반응한다는 아동심리학자들의 관찰 결과를 떠올릴지도 모른다. 엄마가 이상하게 행동하면 아이는 자신의 몸을 만지고, 엄지손가락을 빨거나 어떤 식으로든 피부를 자극하려고 한다. 다시 말해 제대로 인정받지 못할 때 신체의 일부분이 특별한 가치를 갖는다.

누군가가 언어의 세계에서 하나의 위치를 차지해야 할 때, 새로운 자리에 임명될 때, 중요한 사회적 활동을 할 때, 또는 단순히 공공장소로 이동할 때에도 이러한 행동은 분명하게 드러날 수 있다. 이렇게 특별히 허가된 공간에서 주체는 학생들이 소위 부적응자라고 일컫는 하나의 얼룩이 된다. 이러한 순간에 강박적인 성향의 사람은 자신을 있어서는 안 될 자리에 있는 사람, 설 자리가 없는 사람, 잘못된 때에 잘못된 장소에 놓인 배설물 같다고 설명할 것이다. 또한 달갑지 않은 일이나 예상치 못한 일이 일어날 때, 들어설 자리가 없는 무언가에 대해서 '제길•! 같이 표현하는 것도 우연이 아니다. 지금까지의 상황에서 구조는 동일하다. 자신이 있을 곳이 아닌 장소에 있다는 기분

• Shit, 대변이라는 뜻을 가지고 있다.

은 강박적인 사람의 가장 핵심적인 특징으로, 강박증을 가진 사람은 언어와 사회적 관계로 구성되며 자신을 중심에 두지 않아 본인의 진가가 전적으로 인정받지 못하는 곳에 있을 때 더욱 이러한 기분을 느낀다. 라이크가 지적한 바 있듯 우리는 대변과 소변 사이에서 태어만 나는 게 아니라 거기서 살아가는 셈이다.

얼룩이라는 이러한 요소는 청교도였던 크롬웰 장군의 유명한 더럽히기 일화에 규칙적으로 등장한다. 크롬웰은 사회적으로 중요한 역할을 하는 자리에서 '배설'을 하여 자기 옷에 배설물을 묻히고는 다른 사람들을 더럽히려고 그들과 함께 춤을 추었다. 훗날 딸의 결혼식 날에도 아버지로서 상징적인 역할을 해야 한다는 걸 알면서도 결혼식에 참석한 숙녀들에게 우유술 포대를 던져 그들이 차려입은 옷을 더럽혔으며, 숙녀들이 앉으려 하자 의자에 과자를 묻히기도 했다. 얼룩을 구현하는 이러한 행동은 왕의 사형집행장에 서명하는 중요한 순간에도 마틴의 얼굴에 잉크를 묻히는 식으로 재등장했다. 크롬웰은 이렇듯 매번 이런 일이 있을 때면 거기에 있는 어떤 대상을 거기에 있어서는 안 될 대상으로 만들어버렸다. 상징적인 위치를 차지한다는 문제가 대두될 때마다 배설물은 재등장했다. 마치 말이 아닌 얼룩이 모든 외부 대상들과의 관계를 구현하며, 이 얼룩은 세상이 그에게 부여하지 않은 위치에 남기는 자신만의 작고 독특한 서명인 양 말이다. 여기서의 관계는 단순히 사회적 집단과의 관계뿐만 아니라 좀 더 일반적인 의미에서 언어와의 관계를 의미한다. 어딘가에 언어가 구현되면 거기에 있지 말아야 하는 요소도 존재하게 된다. 이를 통해 왜 도서관 장서에서 그토록 주기적으로 점액이 발견되는가라는 별개의 의문에 대해서도 해답을 얻을 수 있다. 일종의 배출물인 점액은 얼룩이라는 형태로 주체가 언어 세계에 존재함을 나타내며, 인쇄된 페이지의 공간 내에서 주체성을 언어로 완전히 축약하기란 절대 불가능하다는 걸 보여준다. 그렇기 때문에 배설물은 언어 근처에서 발견되고 동시에 언어가 배설물 근처에서 발견되기도 한다. 그렇지 않고서야 화장실에다가 낙서하는 인간의 이상한 성향을 어떻게 설명하겠는가?

많은 이들이 화장실에 갈 때 뭔가를 읽는다는 것도 같은 맥락이다. 크롬웰은 그야말로 오물을 묻혔지만, 언어 자체로 언어에 얼룩을 남길 수도 있음을 보여주는 또다른 예가 있다. 사람들은 극장에 갈 때 무대에서 무슨 일이 일어나는지에 대해서는 그리 신경쓰지 않는다. 라캉의 지적대로, 공연이 마음에 들든 아니든 관객들은 그날 일어난 일들, 자신의 다양한 문제점들, 나중에 해야 할 일들에 관심을 쏟기 마련이다. 그리고 남성들의 경우에는 감정을 크게 분출하거나, 무대 위로 뛰어올라가서 조용한 순간에 무언가를 소리치고, 고함쳐 모든 관객들의 관심을 끌어볼까 잠시나마 상상하는 경우가 상당히 흔하다. 이러한 현상은 앞서 논의했던 것과 같은 맥락에서 간극을 피하기 위해 하는 행동이라고 이해할 수 있다. 대화 도중 잠시 침묵이 찾아오면 남성은 이를 언어의 간극으로 받아들이며, 더 많은 말을 함으로 그 틈을 채워야겠다고도 생각한다. 그러나 중단이 폭발적이고 감탄조라는 특징은 중요한 단서가 된다.

라이크는 빈 국립 오페라 극장에서 〈파르지팔〉의 가장 장엄한 장면이 펼쳐지는 동안 "무교병● 경단!"이라고 목청껏 외치고픈 강렬한 충동에 사로잡혔던 한 환자의 사례를 소개했다. 그 충동이 어찌나 강렬했던지, 객석에서 도망치는 것 말고는 예상된 행동을 했을 때 야기될 추문을 피할 방법이 없었다. 라이크는 그 충동은 왜 그토록 강렬했으며 그 기원은 무엇인가라는 의문을 제기했다. 라이크는 그게 그날 밤 오페라 관람을 왔던, 유대인 출신임을 포기하고 개종한 그의 가족에게 하고픈 말이라고 봤다. 이러한 관점에서 볼 때 무교병 경단은 침묵할 수 없는 가족의 진실과 종교적 신념에 대한 부모의 배신 행위를 나타낸다. 하지만 그와 동시에 크롬웰과 비슷한 심리도 자리한다. 그러니까 그는 이 장면을 상상하면서 자신이 있지 말아야 할 곳에 있으면서 자신의 목소리로 하나의 존재가 된다는 사실을 깨닫는다. 자신의 존재는 숨겨야 하지만 그것이 밖으로 드러나면 얼룩으로 역할하는 셈이다.

온순한 사람들이 돌변한다는 잘 알려진 현상도 이로써 설명 가능하다. 어떤 사람들은 항상 타인의 말을 잘 따르며 거기에 만족한다. 이들은 다른 사람들의 요구를 분명 소중히 여기지만 가끔씩 이상한 방식으로 폭발하기 때문에, 단순히 분노를 축적했다가 발산한다는 기계론적인 개념보다는 훨씬 복잡한 무언가가 작용됨을 알 수 있다. 에드먼드 고스는 구약성서의 내용을 인용하면서 무언가를 지시하는

● 누룩을 넣지 않고 구운 빵이나 과자로 유대인들이 유월절에 먹는다.

아버지에게 "저는 그 규칙이 정말 싫어요"라며 갑자기 폭발했다. 이 단순한 외침에는 주체성의 발현, 얼룩, 그리고 폭발적이라는 특징이 전부 결합되어 있다. 이는 항문기가 어떻게 작용하는지를 보여주며, 변덕을 단순히 억압된 적대감의 관점에서 이해하는 이 같은 정신분석학적 해석에 미묘한 차이가 있음을 암시한다. 프로이트의 제자들이 기록한 바대로, 잠재적인 적개감을 강박성의 원인으로 해석하여 치료해도 임상 효과가 거의 없다는 사실이 이에 대한 임상적인 증거다. 물론 많은 분석가들이 오랫동안 이러한 견해를 견지해왔지만 말이다. 그렇더라도 상당한 적대감이 자리한다는 점을 부인하지는 않겠다. 다만 여기에 영향을 미치기 위해서는 다른 영역도 살펴보아야만 한다.

이러한 잠재적인 적대감 때문에 사랑하는 사람의 상실을 극복하기가 어렵다는 주장도 자주 제기된다. 떠나버린 연인에 대한 부정적인 생각이 갑자기 떠오르는 것보다 참기 힘든 일이 어디 있겠는가? 프로이트는 떠나간 사람에게 적대감이 쏠리면 애도과정이 점점 더 힘들어지기 때문에 이를 문제시했다. 의식적인 차원에서는 이러한 부정적인 생각이 나타날 때 애원이 잇따르는데, 무덤을 찾아간다거나 혹은 아직 상대가 살아 있다면 우호적으로 행동하는 것이 이에 해당한다. 이러한 적대감 다스리기는 물론 애도과정에서 매우 중요하지만, 이 과정의 다른 측면, 즉 세부사항을 무시하는 경우가 많다. 연애관계의 시작과 끝에서 세부사항이 얼마나 중요한지는 앞서 살펴보았지만, 실연의 슬픔을 겪는 과정이래도 세부사항의 중요성이 절대 줄어들지는 않는다. 사랑하는 사람이 죽거나 곁을 떠났을 때, 사람들은 특정한 세부사항들을 되짚으면서 상대를 애도하고 그리워한다. 여기서 왜 깨진 사랑을 되돌아볼 때 사람이 아니라 작은 특징에 초점을 맞추는가라는 의문이 생긴다. 마치 애도과정 자체가 선택인 것처럼 보이니 말이다. 스탕달은 긴 여행에서 돌아와 연인과 재회한 친구 이야기를 한 적이 있다. 그 친구는 연인의 시골집 마당에서 그녀를 만났는데, 그녀가 그에게 손을 내미는 순간 그는 그녀가 자신을 사랑한다고 확신했다. 두 사람은 정원 길을 따라 산책했는데 그러던 중 그녀의 드레스가 아카시아 덤불에 걸려버렸다. 이후 연인의 부정을 알게 된 스탕달의 친구는 그녀와 재회했을 때의 세부사항은 전혀 기억하지 못하면서도 그녀의 인사가 분명히 사랑을 보여주는 증거였다고 우겼으나, 스탕달에게 이는 사랑하지 않았다는 증거였다. 하지만 이렇게 세부사항을 전혀 기억 못함에도 불구하고 그는 아카시아만 보면 눈에 띄게 동요했다. 이에 스탕달은 그 친구의 일생에서 가장 행복했던 순간에 대한 분명한 기억으로는 그것이 유일하다고 말했다.

한 젊은 여성은 깨져버린 사랑의 구렁텅이에서 빠져나오려 할 때 특별히 잘 알지도, 좋아하지도 않는 작곡가인 모차르트의 곡을 콧노래로 불렀다. 여성이 일을 하든, 지하철을 타든, 집으로 걸어가든 그

선율은 머릿속을 떠나지 않았다. 며칠 후, 그녀는 갑자기 그 곡이 전 남자친구가 자신의 장례식에서 연주되었으면 좋겠다고 언급했던 곡임을 기억해냈다. 그때부터 애도 작업은 본격화되어 그녀의 고통은 줄어들었다. 왜 그녀는 그 사실을 기억해내야 했을까? 그녀는 처음부터 기억해낼 수도 있었고, 아예 기억하지 못할 수도 있었다. 왜 연관관계를 깨닫는 데 며칠이 걸린 걸까? 여배우 빌리 화이트로도 비슷한 경험을 글로 남겼다. 그녀는 〈유 아 마이 선샤인〉이라는 유명한 노래를 들을 때마다 불가해한 슬픔에 휩싸였다. 30년 후, 그녀의 어머니가 그녀에게 아버지가 죽은 뒤 그 노래를 들으면서 울었기에 그 노래를 들으면 그의 부재가 떠오른다고 이야기해준다. 어머니에게서 그 이야기를 들은 후 그녀의 슬픔은 사라졌다. 이 경우에도 연관관계를 파악하자 고통이 사라졌는데, 이는 애도라는 작업이 연관관계를 밝혀내는 과정과 밀접하게 연계됨을 의미하며, 본인의 감정 그리고 슬픔을 특정한 세부사항과 결부시키는 생각 사이의 교차점을 잘 보여준다.

이러한 작업에는 긴 시간이 소요되며, 프루스트가 그토록 긴 책을 쓴 것도 분명 이 때문이다. 프루스트는 젊은 시절의 사랑을 드러내는 각 특성에 대해 명확하게 기술하고자 했으며, 어떤 세부사항도 빠뜨리지 않으려고 애썼기에 페이지 수는 점점 늘어만 갔다. 그는 이 필생의 작품에 '끝'이라고 적고서도 계속해서 다시 살펴보면서 묘사를 수정하거나 퇴고했는데, 이는 그의 입장에서 세부사항의 선별이 완료되었다는 의미로 마침표를 찍기가 불가능했음을 보여준다. 여기서 과거는 현재가 되는 순간 사라져버린다. 감정과 생각 사이의 이러한 연관관계는 상당히 혼란스럽기 때문에 이를 오해하는 경우도 흔하다. 레베카 웨스트가 들쑥날쑥한 산맥을 보면 불편해진다고 토로했다고 해보자. 이는 그녀가 높은 곳을 두려워한다는 암시일 수도, 산꼭대기에서 트라우마를 겪은 적이 있다는 의미일 수도, 고르지 않은 산맥을 자신의 평탄하지 않은 감정 상태와 비슷하게 여긴다는 의미일 수도 있다. 많은 사람들이 어떤 식으로든 심리 치료를 받으면 이 같은 해석을 듣게 되지만, 쉽게 연상 가능한 개연성 있는 결론이어야 보다 쉽게 설득된다. 레베카 웨스트의 경우, 들쑥날쑥한 산맥을 보고 어린 시절 아버지가 근심스러운 표정으로 세심히 살피던 구리 가격의 상승 하락 그래프를 연상했음을 깨닫고 불편함이 가셨다.

상실의 고통은 인간의 정신 자체에 자리하는 간극, 즉 말이 결여된 영역을 떠올리게 한다는 관점으로 설명되며, 그 가장자리, 그러니까 윤곽을 나타내는 세부사항에 초점을 맞추는 게 유일한 대처법이라고들 한다. 이러한 과정은 정신분석학에서의 '훈습Durcharbeitung'과 동일하지만, 여기서 핵심은 과연 애도와 훈습이 같은 것이냐다. 애도는 정신분석과 상관없이 일어날 수 있지만, 훈습은 프로이트의 주장대로 정신분석과정에서만 볼 수 있는 고유한 특징이다. 양쪽 모두 세부사항을 중요시한다면 둘 사이에 무슨 차이가 있는 걸까? 프로이트가 다른 치료의 형태와 확연히 구분되는 분석방법이라고 여겼던 바로 그 과정이 제대로 된 관심을 거의 받지 못했다는 사실은 정신분석학사에서 매우 놀라운 일이다. 프로이트가 「회상, 반복 및 훈습」이라는 논문을 통해 '훈습working through'으로 번역되는 용어를 처음 소개했을 때, 이는 음악 이론 가운데 소나타의 제시부와 종결부 사이에서 일어나는 '전개working out'를 연상시켰다. 프로이트의 초기 제자들도 이 부분을 놓치지 않았다. 아마 이 용어를 'working out'이 아닌 'working through'로 번역한 것은 'working out'이 상담실이 아닌 체육관에서 하는 운동을 의미해서였을 것이다. 음악 이론에서 전개 혹은 발전은 곡의 시작부에서 소개된 주제를 다루는 부분이다. 최근에는 다양한 조성을 여러 형태로 다루면서 훨씬 더 복잡하고 정교해졌다. 주제가 구성 요소로 분리되고 그다음 이러한 요소들이 원래 조성으로 돌아가기 전에 결합 혹은 변형되다가 곡의 종결부에 이르러 제시부의 원래 조성으로 돌아간다. 따라서 전개와 반복 사이에 긴장상태가 조성된다. 음악학자들은 때때로 이러한 긴장상태를 소나타 형식의 핵심 역학으로 취급했고, 우리도 이를 프로이트의 논문 제목에서도 찾을 수 있다. 이는 음악적 전개든 한 사람의 인생에서 나타나는 패턴이든 반복되는 부분은 반드시 구성 요소로 분해한 뒤 그 요소들 사이에 새로운 관계를 확립해야 함을 암시한다.

음악 이론을 진지하게 고려하다보면 정신분석에서 훈습이 무엇을 의미하는가가 보다 명확해진다. 답은 지극히 간단하다. 훈습은 증상의 해석과 해소 사이의 시간일 뿐이다. 하지만 임상 결과가 이것의 오류를 입증했는데, 많은 사람들이 상담실을 한두 번 방문하고는 기적처럼 증상이 사라졌던 것이다! 이 환자들의 입장에서는 자신의 신경증을 들키지만 않는다면 몇 가지 증상을 없애는 것쯤이야 치러야 할 작은 대가에 불과하고, 게다가 증상이 사라졌다고 함으로 정신분석도 피할 수 있게 된다. 프로이트는 이를 '건강으로의 도피'라고 불렀다. 설령 상담실을 방문한 환자에게 일종의 해석을 제시한대도, 훈습이라기보다는 일종의 충격요법 같은 효과가 나타난다. 버글러는 다음과 같은 비유를 즐겨 했다. 어떤 남자가 근무하는 가게의 금전등록기에서 돈을 훔쳐왔다. 어느 날 아침, 전날 밤 친구들과 잔뜩 술을 마셨던 그를 보고 상사가 평소와 달리 핼쑥해 보인다고 말한다. 그는 곧바로 이 말을 상사가 자신의 도둑질을 알고 있다는 신호로 받아들였고, 그후 얼마간 돈을 훔치지 않았다. 상사의 개입은 일시적으로 효과가 있었지만 이는 도둑질을 인식하고 있다는 것이나 그 원인과는 전혀 관련이 없었다.

따라서 증상의 소멸만으로 훈습의 존재를 적절히 판단할 수는 없으며, 음악과의 유사성을 고려해볼 때 증상의 소멸보다는 증상의 재등장이 사실 정신분석과정이 제대로 작용중임을 증명해준다고 할 수 있다. 결국 악곡이 끝나는 부분에서 초반부의 조성은 재등장하여 종결부로 치닫기 마련이다. 처음에 등장했던 것이 돌아오는 현상은 흥미롭게도 임상에서도 관찰된다. 여러 정신분석가들은 왜 몇 년간 고된 정신분석 작업을 거쳐 가장 심각한 증상들이 사라졌음에도 불구하고 치료의 마지막 단계에서 왜 그 증상이 종종 재등장할까를 설명하려고 애썼다. 이 현상에 대해 루돌프 엑슈타인은 1960년대에 매우 흥미롭고도 이상한 해석을 제시했다. 그는 증상을 연극 무대에 선 배우들이라 여겼으며, 정신분석이라는 긴 연극이 진행된 후 마지막에 배우들이 무대로 다시 나와 관객에게 작별인사를 한다고 생각했다. 무척이나 호기심을 자극하는 발상이라 솔깃해지지만, 음악과의 유사성을 적용해보면 재등장하는 증상이 꼭 처음과 동일하지는 않다는 걸 알 수 있다. 근사한 음악 작품이라면 초반부의 모티브가 분해, 재결합, 재구성되는 동안 그 의미도 그렇고 청자에게 미치는 영향도 변하기 마련이다. 같은 모티브가 곡의 후반부에 다시 등장했을 때 그 울림이 초반부와 전혀 달라지기도 한다. 끝과 시작 사이에 무언가가 일어났으며, 덕분에 동일한 요소가 낯설게 느껴진다. 바로 이 점을 정신분석에서는 중요시한다. 초반부에는 의식적으로 품었던 생각도 정신분석과정에서 상징적인 작업을 진행하면서 조정되고 수정되어 완전히 새로워지기도 하는데, 이러한 전개 양상은 다른 연구 분야에서도 찾을 수 있다. 수학자들은 다면체라는 직관적인 개념을 바탕으로 다면체의 속성을 엄격하게 공식화하려는 과정에서, 평평한 표면과 직선 모서리로 구성된 입체라는 원래의 기본 이미지를 구체화하지 않고 장출성張出性과 투사성이라는 관점에서 독특하고 새롭게 정의하기도 한다. 마찬가지로 과학이 발달하면서, 딱딱하고 유리처럼 생긴 물체로 여겨졌던 결정체의 기본 이미지가 완전히 달라져서 한때 결정체로 분류되었던 많은 물체가 제외되기도 하고 일부 액체가 포함되기도 한다. 이것이 바로 훈습의 의미다. 기본 개념에 논리를 적용하여 모순과 불일치를 만들어내면 이 상징적인 작업의 결과로 새로운 관점이 모습을 드러낸다. 아마도 이러한 모순 및 불일치와의 직면이 애도와 진짜 훈습을 구분짓는 한 가지 요소일지도 모른다.

하지만 이는 절대 자신에 대한 인식과 의미가 같지 않다. 치료 초반부에 자신의 신경증에 대해 그럴듯한 설명을 늘어놓는 환자가 가끔 있지만, 잘 알려졌듯이 이러한 인식은 무용하다. 수년이 흘러 환자는 같은 지점으로 돌아오기도 하며 심지어 자신에 대해 이전과 똑같은 단어로 설명하기도 하지만, 이제 그 말들은 완전히 의미가 달라진다. 이 시점 사이에 무슨 일이 일어나는지는 철학자의 문제로 풀어볼 수 있다. 한 시청자와 그의 이웃이 테니스 코트에서 생중계되는 테니스 경기를 TV로 시청하고 있다. 하지만 두번째 시청자가 인식 못한 사이에 외계 우주선이 그의 집 지붕에 착지하여 진짜 방송을 가짜 테니스 시뮬레이션으로 바꿔치기한다. 코트에서는 C 선수가 승리를 거두고, 시뮬레이션에서도 C 선수가 승리를 거둔다. 이에 철학자들은 이러한 질문을 던진다. 두번째 시청자는 C 선수가 이겼다는 사실을 아는가, 아니면 단순히 그렇게 믿는가? 이 공상적인 예로 지식이 제대로 인정받으려면 올바르게 습득해야 한다는 걸 알 수 있다. 이 사례에서는 실제 코트부터 카메라, 그리고 TV까지 이어지는 경로가 올바른 인과관계의 경로다. 따라서 지식의 내용이 무엇인가보다는 어떻게 그걸 얻었는지가 관건이다. 물론 지식이 정신분석의 목표는 아니다. 그리고 정신분석이라는 맥락에서, 위의 예는 경로도 목적지만큼이나 중요하다는 걸 잘 보여준다고도 할 수 있다. 처음부터 줄곧 목적지였는데도 그걸 까맣게 몰랐을 수도 있기 때문이다. 지식이 중요한 역할을 하려면 적지 않은 대가를 치르고 얻어야만 한다. 표면적으로는 처음과 끝이 같을지라도, 음악의 구성에서 살펴봤듯이 그럼에도 차이가 존재하기 마련이다.

강박증을 치료할 때는 이러한 경로, 그러니까 철학자의 예에서 테니스 코트와 가정의 시청자를 잇는 경로를 검토하고 밝히는 데 기본적인 방해물이 존재한다는 점과 동일한 문제점이 두드러진다. 강박증 환자들의 말은 어떤 측면에서는 정신분석가에게 필요한 모든 정보를 제공하기 위해서 수많은 말을 쏟아내지만, 동시에 다른 필수 요소에 접근을 차단하기도 한다. 전문가는 환자에게 받은 정보만 해석하기 때문에, 강박증 환자는 정보 제공의 간격을 계산하고 연관성을 보여주지 않음으로써 자신이 정한 규칙에 따라 구성된 미로로 전문가를 유도하려 애쓴다. 따라서 전문가는 제대로 해석하기 위해서 환자가 미처 생각지 못했거나, 아주 오래전 상담 시간에 다루었던 요소들 간의 연결고리를 찾아내서 이를 제시한다. 이럴 때 사람들은 남다른 반응을 보인다. 마음먹은 대로 일이 흘러가지 않으면 사람들은 화를 내지만, 정신분석과정에서 이러한 일이 발생하면 사람들은 분노하기보다는 분하게 여긴다. 이들은 '당신 말이 맞을지도 몰라. 하지만 당신은 그걸 알아서는 안 되니까 사실을 파악할 권리도 없어'라고 생각한다. 환자가 말로 닦아놓은 길을 따라 결론에 도달하지 않았으니 정신분석가에게는 그럴 자격이 없다는 것이다.

잘 알려져 있듯이 법정에서도 이 같은 상황은 발생한다. 경범죄로 기소를 당했고, 명백히 유죄인 사람이 너무 열성적으로 자신을 변호하다보면 자신은 진짜 결백하다고 믿을 수도 있다. 제공된 정보에 비추어볼 때 자신이 결백하다는 논리인 것이다. 본인은 이 정도만 말했고 증거도 그 정도밖에 없기 때문에, 객관적으로는 유죄래도 타인이 그를 추궁할 권리는 없다고 여긴다. 자신이 유죄라는 사실을 타인은 알 권리가 없다고 하는 셈이다. 주체가 저지른 잘못은 타인에게 전가되는데, 독립적으로 판단함에 있어서 타인이 잘못했기 때문이다. 분노와 분개를 구분짓는 것은 바로 이런 체계이며, 이는 항상 인식과 연관된다.

이와 같이 시작과 끝의 대칭은 복잡한 양상을 띤다. 똑같은 요소가 시작과 끝에 모두 존재하기도 하지만, 주체와 이 요소의 관계는 변한다. 테세우스는 다이달로스가 만든 미로에 들어갔다가 똑같은 곳으로 다시 나왔지만, 그의 삶 그리고 입구와 출구의 의미는 완전히 달라졌다. 미로는 영원히 미로로 남아 있겠지만 그 안에서 헤매는가, 아니면 그 위에서 내려다보는가에 따라 주체가 느끼는 혼란스러움의 정도는 완전히 달라진다. 따라서 이러한 관점에 따라 그것이 얼마나 주체를 당혹스럽게 하는지가 결정된다. 사랑의 미로라는 모티브는 중세에 상당히 인기였는데, 현대의 많은 미로와 달리 전통적인 미로는 문이 하나뿐이다. 입구와 출구가 동일한 것이다. 게다가 선택의 여지도 없다. 미로에 들어간 사람은 하나의 경로를 따라야 하며 미로 안에서 어디로 갈지 선택할 수는 없다. 따라서 실제로는 미로 안에서 어디로 갈지가 아니라 미로에 들어갈지 말지를 결정해야 한다. 또한 전통적인 미로에서는 중심에 도달하기 위해 가장 먼 경로를 따라야 하는데, 이러한 세부사항과 사랑 사이의 연관관계는 전통적인 미로의 경우 도착을 지연시킨다는 사실에서 찾을 수 있다. 그 중심부에 뭐가 자리하든 미로에서는 그것과의 만남이 지연되며, 이는 먼 곳에서 누군가를 사랑하는 사람이 사랑하는 그 대상과 맞닥뜨리는 것을 피하고자 늘 주의하는 것과 마찬가지다.

더들리 무어는 영화 〈10〉에서 정말이지 오랜 시간을 쏟아 사랑하는 여성을 좇지만, 최종적인 만남이 아니라 계속되는 지연에서 즐거움을 찾는다. 마침내 그는 보 데릭과 함께 침실로 향하지만 그게 그가 원했던 마지막이 아니었음이 밝혀지면서 욕망과 그 대상이 어떻게 다른지가 잘 드러난다. 영화 제목으로 사용된 10이라는 숫자는 자신이 좇는 여성에게 더들리 무어가 매기는 점수라고 줄곧 추정되지만, 흥미롭게도 영화에서는 그 사실이 단 한 번도 언급되지 않는다. 사실 그녀에게는 '11'이라는 숫자가 붙는다. '10'이라는 숫자는 실제로 이제는 소원해진 그의 여자친구 줄리 앤드루스가 무대 리허설 도중 휴식을 취할 때 유일하게 사용된다. 여기서 '10'은 일시 정지('테이크 5'처럼), 즉 대상에 대한 평가보다는 지연을 나타내며, 그렇기 때문에 '10'이라는 제목은 의미를 갖는다. 10은 숫자로 나타내는 여성의 가치가 아니라 무언가를 지연시키는 사람, 영화가 진행되는 대부분의 시간 동안 욕망이 충족되지 않은 채 미로를 헤매는 사람을 지칭한다. 그렇기에 이 영화의 속편 제작이 논의됐던 것도 무리는 아니다.

미로를 돌아다니는 과정이 반드시 그 중심부에 도달하는 것을 목표로 하지는 않는대도, 결국 거기에 도착했을 때 미로를 헤매던 사람에게 어떤 운명이 기다리느냐 하는 문제가 남는다. 더들리 무어의 경우 자신의 환상이 헛된 것임을 깨달았으며, 마약을 하며 침대에서 자신을 기다리는 괴짜와 대면하자 그가 끊임없이 이상화했던 여성의 이미지는 일그러져버렸다. 더들리 무어는 망원경으로 정력적인 이웃의 성행위를 몹시 흥미진진하게 지켜보았지만, 환상이라는 틀이 벗겨지고 외부에서 지켜보거나 기다리는 입장이 아니라 틀 안에 들어있는 입장이 되자 욕망은 무너진다. 이렇게 입장이 바뀌는 현상은 실제로 욕망을 추구하거나 대상을 좇다가 마침내 목적지에 도달한 것 같을 때 빈번히 일어난다. 대프니 듀 모리에가 노르웨이의 피오르 끝자락에서 부유한 오토 칸에게 구애받았을 때, 그가 원하던 것을 그녀가 제공하자 그의 열망은 혼돈에 빠져든다. 그녀가 그 자리에서 옷을 벗어던지고 물속으로 뛰어들자, 부호는 당황해하며 다른 구애 대상을 찾을 수밖에 없었다. 고대의 여성 철학자 히파티아의 일화는 욕망의 근간에 무엇이 도사리고 있는지를 더욱 분명하게 보여준다. 한 제자가 플라토닉 철학의 모든 미사여구를 동원해 사랑을 고백하자, 그녀는 생리혈이 묻은 천을 보여주며 이렇게 말했다. "당신은 이것과 사랑에 빠져 있소, 젊은이. 아름다운 여성이 아니라." 사랑이 진행되면서 모호해지는 플라톤의 이데아가 아니라 지독한 물건을 제시한 셈이다. 어쩌면 이 일화 때문에 중세시대의 의사 버나드 고든이 사랑의 열병에 대해 나이든 여성의 성기와 생리혈로 얼룩진 천을 자세히 보라고 처방을 내린 걸지도 모른다. 아무리 사랑에 푹 빠진 연인이래도 그러고 나면 계속 헛된 환상을 쌓아가기가 어렵다. 미로의 중심부에 그러한 물건들이 놓여 있다면, 누군가가 무엇보다도 열심히 찾아 헤매는 뭔가가 반드시 그에게 유익하지 않다는 걸 의미한다.

그리고 전통적인 미로의 중심부에는 사랑과는 성격이 매우 다른 무언가가 기다리고 있다. 사랑이 아니라 미노타우로스의 공포로 상징되는 죽음이다. 라캉은 강박적인 신경증을 미로와 비교했으며, 미로의 중심부에는 무슨 수를 써서라도 피해야 하는 대상이자 삶의 구성요소인 죽음이 자리한다고 주장했다. 프로이트와 그의 제자들은 강박증의 이러한 측면을 사랑하는 사람의 죽음을 향한 바람이 만들어낸 결과라고 해석했다. 이러한 생각을 물리치기 위해, 주체는 스스로의 고행을 무릅쓰고서라도 포괄적인 의식儀式 체계를 세우게 된다. 그러나 아이러니하게도 이로 인해 다른 종류의 죽음이 찾아온다. 의식이 복합적이고 더욱 억압적으로 변하면서, 활기가 사라지고 삶은 통제되며 동시에 수많은 강박적 의식으로 점철된다. 뿐만 아니라 많은 사람들이 자신의 존재를 삶이라기보다는 일종의 시간표처럼 느끼게 된다. 또한 그로 인해 때때로 충만함이라는 환상이 생겨나는데, 이러한 환상은 억압과는 정반대 같지만 그만큼이나 곤혹스럽다. 라이크는 어린 아들을 해칠지도 모른다는 불안감에 시달리는 한 남성의 사례를 소개했다. 방에 들어갈 때 문손잡이로 아들의 머리를 다치게 하지 않았는지 의심한 순간부터 이러한 불안감이 그의 인생을 파고들어 그를 괴롭혔다. 이에 그는 아이를 해치지 않게끔 스스로 예방조치를 취했다. 그는 곰곰이 이렇게 생각했다. '내가 말을 하다 말고 팔을 뻗어 문까지의 거리를 재면 친구나 동료들이 어떻게 생각할까?' 하지만 이런 즉흥적인 측량법을 동원해서라도 그는 자신을 괴롭히는 의구심에서 벗어나고 싶어했다. 이 문제를 해결하려면 전혀 다른 사람이 되어야 했다. 그는 이제 말할 때 팔을 뻗으며 몸짓을 크게 한다. 무언가에 대해 이야기하거나 어떤 물건의 크기를 묘사할 때 동작을 활발히 하며, 친구를 만났을 때에는 팔을 넓게 펴고 과장되고 익살스럽게 감정을 표현했다. 동료들은 그를 참신하고 명랑하게 봤지만 그는 그저 나쁜 바람을 고통스럽게 위장할 뿐이었다. 그의 활달함은 앞에서 살펴본 것처럼 생기를 앗아가는 규칙 때문이며, 이러한 규칙은 다른 사람에게는 매력적일지 몰라도 그 자신에게는 혹독하고 단호하게 느껴지기 마련이다.

미로를 통과한다는 것은 훈습이라는 개념과 적잖이 연결된다. 연관관계가 성립되고, 익숙한 것이 생소해지며, 자신이 가진 관점의 틀을 수정함에 따라 혼란스러움이 명확해지기도 한다. 미로에 비유한 것은 관점 변화의 중요성을 보여주지만, 라캉의 말에 따르면 이는 사물을 새로운 방식으로 바라보기가 아니다. 결국 자기계발서에 등장하는 원칙과 다름없다. 자기계발서에서는 몇 가지 금언만 기억하면 매사가 달라질 것이며, 결국엔 사물을 새로운 관점에서 보게 된다고 주장한다. 여기서 분명히 구분해둬야 하는 건, 미로가 갑자기 명확해지는 시점은 미지의 시점이 아니라는 사실이다. 이러한 관점은 자기 자신의 관점이자 타인의 관점이기도 하다. 놀랍게도 여러분의 인생은 타인의 관점으로 구성되며, 심지어 이를 의식도 못한다고 주장한다. 세네카는 열번째 편지에서 자립의 미덕을 강조했으면서 자신의 모든 행동을 지켜보는 다른 소중한 존재를 생각하라고 조언해 독자들을 어리둥절케 했다. 많은 사람들이 자기 사업을 운영하면서 어려움을 겪는 이유도 이와 마찬가지다. 경제적인 어려움은 둘째치고, '스스로를 위해 일한다'는 게 무슨 의미인가에 대해 의문을 품기때문이다. 엄밀하게는 스스로를 위해 일하기란 불가능하며, 고용주의 존재가 없다면 새로운 형태로 노동의 결실을 바칠 소중한 존재를 만들어내야 한다. 자립과 존재에 대한 의존은 불협화음을 일으키는 것 같아도 실제로 둘 사이에는 모순이 존재하지 않는다. 정신분석학적 관점에서 보면, 이 특별한 관점 그러니까 처음부터 존재해온, 자신의 관점에 통합된 타인의 관점이 명확히 파악되는 순간 혼란스러운 미로를 구성하는 논리가 밝혀진다.

대프니 듀 모리에의 작품에서 다시 한번 이러한 예를 찾을 수 있다. 『레베카』는 다른 여성의 자리를 대신해 죽은 전처가 살던 집에 들어가고 심지어 그녀의 드레스까지 입게 되는 한 여성에 대한 이야기이다. 만약 이 이야기에 어떻게든 실존 인물이 존재한다면 원작자가 이야기를 창작했다고 볼 수 없는데, 그리 놀랍지 않게도 1938년에 이 책이 출판되자 선취권 논쟁이 일어났다. 브라질 작가 나부쿠와 미국 작가 에드위나 맥도널드가 이 이야기를 자신의 것이라 주장한 대표적인 인물이다. 이들 사이의 분쟁은 『레베카』 내러티브에 포함된 또다른 버전, 즉 한 여성이 다른 여성의 자리를 주장하는 이야기에 해당한다. 이야기의 구조가 너무나 평이하여 최종적으로 작가를 판가름할 수 없는 경우, 이 분쟁은 누가 먼저 이론을 내놓았는지가 관건인 일반적인 선취권 논쟁과는 매우 다른 양상을 띠게 된다. 뉴턴과 라이프니츠가 미적분학의 발명을 두고 논쟁했을 때, 이는 성적 정체성의 문제라기보다는 계보의 문제였다. 『레베카』는 각 여성의 이야기였지만, 그렇기에 자신의 소유라고 상정하는 건 잘못이었다. 여성의 정체성 결핍과 관련하여 『레베카』에서 제시된 문제는 선취권 논쟁이 벌어진 법정에서도 그대로 반복되었는데, 듀 모리에가 재판 참석차 배를 타고 뉴욕으로 오면서 새로운 국면을 맞이했다. 그녀는 자신에게 배정된 선실 문을 열고는 자신 쪽 출판인의 아내 엘런 더블데이를 보자마자 사랑에 빠진다. 선취권 재판까지 이어진 논쟁이 '이 여성은 누구인가', 나아가 진정한 여성, 진짜 저자는 누구인가라는 문제를 중심으로 펼쳐졌다면, 듀 모리에가 엘런 더블데이를 마주한 순간 이러한 모든 불확실성이 '바로 이 여성이다'라는 확신으로 굳어졌다. 여성과의 위대한 로맨스가 시작되기에 이보다 더 적절한 순간이 또 있을까? 레베카가 여주인공보다 더 '완전한' 여성의 자리로 규정됐던 것처럼 듀 모리에는 엘런을 "나는 결코 될 수 없던 완전한 여성"이라고 묘사했다.

듀 모리에의 말에 따르면 엘런은 메리 스튜어트 여왕, 더 나아가 레베카 자체였다. 어떤 글을 적든 듀 모리에는 그것을 그녀에게 보내고 싶어했고, 이러한 행동은 '엄마 손에 데이지 꽃다발을 떠안기는 아이'와 다를 바 없었다. 듀 모리에는 그녀의 딸이 되면 어떨까 상상하면서 자신의 엄마를 공격하는 폭력적인 꿈도 꾸었다. 그리고 엘런의 등장에 듀 모리에는 추구 대상을 둘로 나누었다. 그 여성과는 애정 어린 이상적 관계를 공들여 쌓아가면서 한편으로는 또다른 여성과 성적 관계를 맺었다. 바로 듀 모리에의 연극 〈어머니〉에서 엘런을 모티브로 한 배역을 연기했던 거투르드 로렌스였다. 듀 모리에는 자신에게 엘런은 어머니와 같으며 항상 그녀를 원한다고 단언하면서도 거투르드의 어머니가 되고 싶다고도 말했다. 그야말로 사방이 어머니 천지다! 그리고 이 모든 일은 『레베카』의 재판중에 벌어졌다. 왜 듀 모리에는 이 시기에 두 여성과의 관계를 유지했을까? 왜 한 명으로는 충분하지 않았던 걸까? 듀 모리에는 엘런을 이상화하는 동시에 거투르드와 잠자리를 함께했으므로 거투르드는 엘런의 자리를 대신한다는 가치를 지녔던 것으로도 보인다. 그러나 문제는 좀더 복잡하다. 거투르드는 사실 한때 듀 모리에 아버지의 상대역을 한 적이 있으며, 그녀의 말에 따르면 '아버지가 사랑한 마지막 여배우'였다. 거투르드는 한 작품에서는 듀 모리에의 아버지와 결혼한 보드빌 여배우 역할을, 다른 작품에서는 그의 정부 역할을 맡았다. 어느 날 브라와 거들만 입고서 거투르드를 놀래키다가, 듀 모리에는 갑자기 아버지가 예전에 자신에게 설명해주었던 진실, 즉 남성이 결혼하는 여성과 결혼하지 않는 여성의 차이를 깨달았다. 따라서 애정관계를 둘로 쪼갠 그녀의 행동은 남성에게서 빌려온 것이나 다름없었다. 이 갑작스러운 깨달음은, 비록 두 여성이 어머니의 이미지와 모종의 관계가 있다 해도 그것이 근본적으로는 중요하지 않다는 걸 보여주었다. 중요한 것은 듀 모리에가 누구를 원하느냐보다는 누구의 입장에서 원하느냐였고, 앞에서 살펴보았듯이 여기서는 듀 모리에의 아버지 제럴드의 입장에서 원하느냐였다. 듀 모리에가 자신의 관점이라고 추정했던 것은 자신의 관점이자 타인의 관점이었던 셈이다.

한 젊은 여성이 겪은 일시적인 증상을 통해 이 원칙과 그 논리의 복잡성을 보다 상세히 이해할 수 있다. 어느 날, 회사 여자 화장실에서 그녀에게 한 여성 동료가 다가와서는 그녀의 남편과 불륜관계라고 고백한다. 그 동료는 그를 진심으로 사랑한다고 단언하다가, 흥분한 나머지 그가 자신에게 안겨준 성적 즐거움을 떠올리며 이렇게 말한다. "그는 손가락으로 절정을 맛보게 해줬어요." 충격을 받은 이 젊은 여성은 집으로 돌아가 남편과 이야기를 나눈다. 그는 아내를 사랑한다고 맹세하며 자신의 행동이 죄스럽고 부끄럽다며, 다시는 그런 일이 없을 것이라며 용서를 구한다. 며칠 뒤 기이한 일이 일어났다. 여성의 오른손이 따끔거리기 시작했고, 점점 증세가 심해져 도저히 손을 못 쓸 정도가 되었다. 계속되던 이 증상은 직장에서 들은 "그는 손가락으로 절정을 맛보게 해줬어요"라는 말과의 연관관계를 알아채자 사라졌다.

이러한 증상을 여성의 방어기제로 해석할 수도 있다. 손을 쓸 수 없다면 그 손으로 다른 사람에게 성적 쾌락을 줄 수도 없다. 그러나 이 증상은 그보다 구체적인 것을 나타내며, 손의 '따끔거림'이라는 증상이 성적 의미를 내포한다는 점에서도 이는 드러난다. 따끔거리는 손은 자위시 사용되는 남성의 손이다. 따라서 여성의 관점은 타인의 관점이며, 이를 통해 훨씬 심오한 문제가 연관됐음을 알 수 있다.

이 사례를 단순히 이 젊은 여성이 자신을 남성과 동일시했다는 명제로 결론내리며 분석하는 것은 옳지 않다. 발상 자체는 그릇되지 않았지만, 실제로 의문을 던져야 할 부분은 그 동일화가 무엇의 자리를 대체했느냐다. 남성과의 동일화를 찾는다고 해도 왜 그런 동일화가 일어나는지는 설명되지 않으며, 이 경우에는 여성을 크게 상처 입힌 "그는 손가락으로 절정을 맛보게 해줬어요"라는 연적의 감탄은 너무나 명확한 사실을 감춘다. 남성이 손가락으로 그녀에게 성적 쾌락을 안겨준 것은 다른 방법으로는 불가능했기 때문이었다. 따라서 이 사례에서의 동일화는 단순히 남성이 아니라 발기불능, 거세, 무언가 결여됐다는 특징을 가진 남성과의 동일화다.

이는 동일화의 진정한 문제점을 보여준다. 몸짓이나 버릇처럼 동일화를 나타내는 특징을 파악하기란 늘 그리 어렵지 않지만, 동일화가 일어난 논리를 이해하기란 결코 쉽지 않다. 누군가가 자신을 타인과 동일화한다는 사실은 항상 왜 동일화가 일어나는가라는 의문을 야기한다. 동일화는 문제에 대한 해결책이 아니며 문제를 명확히 드러내는 하나의 방식일 뿐이다. 샬럿 브론테가 브뤼셀에서 에제가 운영하는 학교에서 공부를 하고 학생들을 가르쳤을 때, 두 사람은 특별한 관계로 발전했고 일부 평론가들은 이를 연애관계로 부르기도 한다. 실제로 샬럿이 집필한 네 권의 소설에서 여성은 한 남성에게 사랑받으며, 그중 적어도 세 권은 샬럿이 에제에게 제출했을 법한 학생 때 쓴 작문을 토대로 했다. 그는 샬럿에게 글쓰기 실력을 더욱 갈고 닦도록 격려했을 테고 에제 부인은 틀림없이 이에 크게 불만을 품었을 것이다. 그리고 고향인 영국 하워스로 돌아온 샬럿은 자신과 에제의 관계를 자매들과 그대로 재현했다. 이제 그녀가 여동생들에게 글쓰기를 장려했고 자매들의 시를 출판할 계획도 세웠다. 샬럿이 고향에 돌아와서 보인 이상한 행동을 에제와의 동일화라는 관점에서 설명한다면, 애초에 왜 이러한 동일화가 시작되었는가라는 진짜 의문이 생긴다. 이것이 샬럿에게 무언가 중요한 의미를 갖는 건 분명했는데, 동일화를 하고서야 남동생인 브랜웰에게 아무것도 알리지 않고 그를 출판 계획에도 끌어들이지 않으며 그를 '포기'했었기 때문이다. 앞서 소개한 임상 사례와 마찬가지로 동일화를 파악하게 되면 왜냐는 의문이 생겨난다. 동일화는 무엇에 대한 대응이었을까? 그리고 동일화를 가능케 한 조건은 무엇이었을까?

동일화 증상을 야기하는 연관관계는 무의식적으로 이어지지만, 가끔씩 정신분석의 맥락과는 완전히 동떨어진 곳에서 갑자기 분명해지기도 한다. 앞에서 살펴본 레베카 웨스트와 산맥 모양, 빌리 화이트로와 노래 간의 예가 이에 해당한다. 이러한 연관관계를 통해 무언가가 일어나야 두 요소 사이에 연결고리가 만들어진다는 것과 이러한 준비상태가 되려면 그 나름의 조건이 필요하다는 것을 알 수 있다. 이렇게 연관관계를 간파하는 일은 상당히 드물지만, 꿈을 기억할 때에도 똑같은 의문이 생긴다. 대부분의 사람이 꿈을 절대 기억 못하거나 금세 망각한다고 가정한다면, 왜 가끔씩 꿈속 이야기나 꿈의 단편, 그중에서도 특히 고통스러운 부분을 기억할까라는 의문이 생길 수밖에 없다. 여기서도 기억하려는 준비상태가 틀림없이 작용하나,

늘 존재하는 건 아니다. 연관관계가 이미 파악되고 심리학적인 문제도 상당히 단순해 보일 때에도 성격이 전혀 다른 활동들이 벌어지고 있을지도 모른다. 만약 레베카 웨스트와 빌리 화이트로가 연결고리를 파악했음에도 불구하고 불안함과 슬픔이 사라지지 않았다면, 거기에는 더 깊숙이 숨겨진 다른 연관관계가 자리할 가능성이 크다. 어떤 남성은 에밀 졸라의 소설을 영화화한 작품에서 자신이 성적으로 광분해 아내를 목 조를지도 모른다는 두려움에 사로잡혀 아내와의 잠자리를 피하는 남편의 모습을 보고 엄청나게 불안해했다. 그후 자신의 침실에서 똑같은 상황이 발생하자 그는 주치의를 찾아갔고, 환자가 자신을 미래의 살인자와 동일시하는 듯하다고 여긴 의사는 그를 정신분석가에게 보냈다. 그러나 정신분석가는 그 중요한 동일화가 실제로 영화 속 남편을 대상으로 생겼더라도 환자가 그것을 의식하지 못했을 것임을 알아챘다. 즉, 이 환자가 무의식적으로 동일화를 했다면 그 대상은 남편이 아닌 위험에 빠진 아내였다.

이 사례에 대해 논한 후, 버글러는 프로이트 이전 시대의 가장 유명한 오이디푸스 콤플렉스 사례에 같은 원리를 적용했다. 1835년에 스탕달은 어머니와 잠자리를 함께하고 싶었고 아버지를 없애고 싶었다고 고백했는데, 이는 현재는 정상적으로 작용하는 무의식적 콤플렉스에 대한 명확한 묘사라기보다 무언가의 2차적 산물 같았다. 솔직하고 통찰력 있는 스탕달의 고백은 왜 애초에 그가 이를 의식하게 되었는가라는 진짜 문제를 모호하게 감췄다. 버글러는 오이디푸스 콤플렉스가 아니라 그 부정적인 본질을 핵심이라 여겼다. 그는 스탕달의 보다 마음 깊은 곳에는 어머니에 대한 적개심과 수동적이며 여성적인 아버지와의 관계가 자리한다고 여겼다. 버글러의 이러한 인간 정신 모델을 비판할 수도 있다. 그의 다른 연구에서 볼 수 있듯이, 그는 정신이 여러 개의 깊은 층으로 나뉘며 각 층은 다른 층보다 '더 진실하다'고 상정했다. 버글러는 이러한 다층 개념을 토대로 무의식이 커피 케이크 같은 구조라고 봤으며, 라캉은 그의 유명한 공식으로 무의식이 언어의 구조를 가진다고 주장했다. 그럼에도 불구하고, 어떻게 주체가 그러한 구체적인 특징들을 의식하는가라는 근본적인 의문은 여전히 유효하다. 만약 앞에서 살펴본 사례들에서 산맥 모양 그리고 노래와의 연관관계가 밝혀졌음에도 관련된 감정이 사라지지 않았다면 다른 무의식적인 요소가 이 문제와 연관된다고 추정할 수도 있다. 그러나 연관관계가 이미 제대로 파악됐을 가능성 역시 남아 있다. 프로이트의 설명대로, 연관관계가 파악되고 그게 정확하다 해도 증상이 무조건 사라지지는 않는다. 여기서는 증상의 의미와 효용을 구별해야 한다. 증상은 특정한 무의식적 흐름을 표현할 수도 있지만 고통을 주는 역할처럼 누군가의 삶에서 모종의 역할을 할 가능성도 있다. 이를 해결하려면 제대로 된 연결고리를 찾아내야 할 뿐만 아니라 증상의 역할을 무효화시키고, 주체와 고통 사이의 끈을 끊어야 한다. 따라서 주체가 왜 특정한 증상을 보이는지 파악하는 것만으로는 불충분하다. 주체가 그 증상에서 무엇을 얻는지, 무의식적인 차원에서 어떻게 증상을 즐기는지, 의식적으로 무엇을 진정한 고통으로 여기는지 등의 추가적인 의문들을 탐구해야 한다.

프로이트와 그 제자들은 이러한 유형의 고통을 제물과 비슷하게 여겼다. 예를 들어 근친상간에 대한 환상을 품었다면 그에 대한 대가를 치러야 하며, 초자아의 매개체에게 제물을 바쳐야 한다. 그들은 증상으로 인한 고통이 일종의 뇌물 같은 역할을 하며, 의식적인 고통을 요구하는 정신의 특정 영역에 작용한다고 믿었다. 따라서 증상을 개선하려면 초자아와의 관계를 어떻게든 바꿔야 하는데, 버글러는 이에 대해 좋은 안을 내놓았다. 버글러는 초자아를 스위스인처럼 만드는 것을 정신분석의 목표로 삼아야 한다고 했다. 프로이트 학파들은 초자아를 항상 마음의 경찰에 빗댔지만, 버글러는 이를 제대로 비유하려면 어떤 경찰과 가장 닮았는지를 분명히 해야 한다고 생각했다. 같은 경찰이래도 제각각이니 말이다. 마음씨 좋은 경찰 아저씨가 있는가 하면 고약한 경찰 간부도 있다. 버글러는 제정러시아 경찰과 스위스 경찰을 예로 들었다. 그가 보기에 제정러시아 경찰은 잔인하고 부패한 반면, 스위스 경찰은 냉정하지만 청렴하다. 그렇기 때문에 이 둘 중 뇌물이 통하는 제정러시아 경찰에게 접근하기가 보다 용이하다. 인간의 정신이라는 맥락에서 살펴보면, 초자아에게 제공하는 이 뇌물에 해당하는 것이 바로 고통이다. 초자아가 스위스 경찰처럼 될 수 있대도 이전보다 덜 가혹해지지는 않으며, 오히려 더이상 예전의 방식대로는 움직이지 않을 것이다. 어쩌면 이렇게 변한 초자아는 비참한 증상보다는 승화의 형태로 대가를 요구할지도 모른다. 이상주의를 피하고자 노력했던 버글러는 고문의 한 방식이 다른 방식으로 바뀔 뿐이라고 결론내렸다. 초자아 자체는 크게 바뀌지 않은 채 작동방식만 새로워진 셈이라고 말이다. 이제 초자아는 더이상 잔인하고 부패한 모습이 아니라, 잔인하면서도 청렴해졌다. 그러면 이는 올바른 연관관계를 찾아낸 후 추가적으로 취해야 할 두번째 조치를 가리킨다. 실제로 이것이 어떻게 목적을 이루는가라는 문제에 많은 연구가 필요하지만, 이것으로 핵심 문제가 어디에 위치하는지는 알 수 있다. 또한 이것은 연애가 끝난 후 왜 어떤 사람들은 고통을 그 자체로 즐기는 반면 어떤 사람들은 잘 지내기 위해 조금 더 많은 기간을 필요로 하는지 설명해주기도 한다.

6장

남자와 여자의 시간은 다르게 흐른다

...

누군가 약속 시간에 늦는 경우, 상대방이 죽거나, 납치당했거나, 교통사고를 당했다고 생각하는 사람과 단순히 늦게 출발했을 거라고 추정하는 사람은 분명 다르다. 기다림은 유익한 활동이며, 여러 가지 형태의 기다림은 충분히 검토해볼 가치가 있다. 대다수의 사람들은 기다림을 불안해하지만, 잠깐 동안의 기다림도 좀체 참지 못하는 사람들이 절대 일어나지 않는 무언가를 기다리면서 인생을 설계하기도 한다. 늦는다는 개념과 인간이 시간을 느끼는 방식은 상당히 다양하다. 어떤 사람들은 단순히 시간을 때워야 할 것이라고 생각하지만, 어떤 사람들은 매 순간을 만끽해야 한다고 여긴다. 누구나 귀중한 시간을 누리고 싶어하지만, 이러한 시간은 현재보다는 미래로 언급되는 경우가 많다.

빅토리아 시대의 저술가들은 초기 영국 법령의 세부사항을 논의하면서 이렇게 적은 바 있다. “세상 모든 사람 가운데 현재시제와 미래시제를 정확하게 구분할 가능성이 가장 낮은 것은 연인들이다.” 연인들이 “나는 항상 당신을 사랑할 거야”나 “나는 절대 당신을 떠나지 않을 거야”라고 말할 때, 성경 주석자들이 그러한 단어에 어떤 의미를 부여했는지 떠올려보는 것도 도움이 된다. ‘항상’은 ‘하나를 제외한 모든 경우’를, ‘절대’는 ‘특정한 시기가 될 때까지’를 의미할 수도 있다. 그렇기에 연인이 하는 약속에 ‘항상’과 ‘절대’라는 말이 들어간다면 이는 여러모로 기만적이다. 어떤 남성이 여성에게 1년에 두 번씩 꽃을 준다고 가정해보자. 여성은 그가 절대 꽃을 안 준다며 비난하겠지만, 같은 상황에서 남성은 꽃을 두 번밖에 못 받았다며 불평할 가능성이 크다. 만약 남성이 꽃을 주는 쪽이라면 이 ‘두 번’은 ‘항상’으로 둔갑해 “당신은 절대 나에게 꽃을 안 주잖아”라고 말하면 “내가 항상 꽃을 가져다주는데 무슨 소리야”라고 대꾸하는 익숙한 대화가 전개되기도 한다. 이때 여성은 꽃을 몇 번 받았는지 정확히 알고 있음에도 일부러 말하지 않으며, 남성은 숫자를 잘못 알고 있음에도 개의치 않고 같은 숫자를 반복해서 외치기에 문제는 더욱 복잡해진다.

이러한 불일치를 엿볼 수 있는 또하나의 시간상의 불일치 상태가 있다. 남성이 “난 준비 다 됐어”라고 말하면 많은 여성들이 “딱 5분만 더”라고 대꾸한다. 이때 남성은, 자신은 제대로 된 시간, 제대로 된 장소에 있는데 여성은 자신과 다른 장소에 있다고 추정한다. 여성의 준비가 조금 늦어짐에 따라 발생하는 이러한 부분적 비대칭 구조는 많은 남성들의 삶에서도 찾을 수 있다. 많은 남성들이 저녁 약속 시간은 엄수하면서도 본인의 인생에 대해서는 '앞으로 딱 12개월 안에' 상황이 바뀌어 자신의 일, 연애, 경제 사정이 달라질 것이라 믿으며 수십 년을 살아간다. 버지니아 울프는 집필중인 소설 속 등장인물을 식당에서 응접실로 이동시키려고 6주 동안 노력했으나 몇몇은 아직도 식당에 있다며 불평했는데, 전반적인 시차에 비하면 이 정도 지체는 그리 대수롭지 않다. 딱 5분이라는 시간을 더 요구한 것이 여성의 잘못이라면, 남성의 지연은 몇 분이 아니라 평생 지속된다. 애초에 이러한 불일치는 저녁 외출을 위한 준비과정이 여성에게는 실제 저녁 외출의 일부라는 사실을 남성들이 잘 이해하지 못하기에 발생한다. 적당한 옷을 고르고 화장을 하는 것도 여성에겐 저녁 외출이 주는 즐거움의 일부인 것이다.

또한 남성은 미래에 무언가 좋은 일이 일어날 것이라고 영원히 기대하는데, 그러한 기대는 남성의 현재를 구성하는 하나의 요소임을 보여줄 뿐 아니라, 가장 중요한 이유를 위해서 행동을 나중으로 미루는 남성의 성향을 나타내기도 한다. 로마의 시인 호라티우스가 작가들에게 최소한 9년 동안은 작품 발표를 미루라고 조언했을 때, 그의 지혜에는 그저 펜으로 뭔가를 해야 하는 상황을 미래로 미루는, 행동에 옮기는 데 뭔가 문제가 있었던 본인의 경험이 녹아 있었다. 여성이 지나치게 성급한 행동을 할까봐, 행동에 옮기고도 기대만큼 만족스럽지 못해 자신의 행동을 후회할까봐 걱정한다면, 남성은 대개 행동하지 않고 미루고 기다리는 생명체다. 라캉은 심지어 한 세미나에서 신경증을 주체와 시간의 관계라고 정의하기도 했다. 주체가 추구하는 목표는 항상 한 박자 빠르게, 또는 한 박자 느리게 나타나는데, 둘 다 손에 닿지 않기는 매한가지로 지나치게 빠른 경우는 히스테리, 지나치게 느린 경우는 강박증에 해당한다. 여성은 남성과 연애를 시작한 후, 좀더 기다렸어야 했다거나 자신이 찾던 사람이 아니라며 불평한다. 반대로 남성은 아무 일도 일어나지 않는다거나, 일단 알맞은 사람을 찾으면 전화번호를 물어보고 데이트 약속 등을 잡기 위해 적절한 순간을 기다려야만 한다고 불평한다. 두 경우 모두 욕망이 얼마나 핵심 요소인지를 보여준다. 인간은 계속해서 욕망을 드러내려 하며, 욕망이 붕괴되게 위협하는 것이라면 뭐든 반드시 뒤로 미루려 한다. 따라서 소망의 내용과 소망의 역할은 다르며, 소망의 역할은 계속해서 주체가 욕망을 발휘하게끔 허용하는 것이다. 일부 남성은 이와 상충되는 대담함을 보이지만, 차례차례 여러 여성과 연애하는 것은 결국 장차 알맞은 사람과 만난다는 동일한 목적으로 귀결된다. 즉 사실상 계속해서 기다린다는 의미다.

여기서 바람둥이 돈 후안과 좀처럼 무언가를 행동에 옮기지 못하는 남성이 명백히 대조된다는 사실보다 지나치게 신중해 행동을 삼가는 남성이나 참을성이 무척 많아서 평생 동안 무언가를 기다릴 수 있는 남성이 정작 삶의 상당 부분을 차지하는 사소한 지연은 참지 못한다는 사실이 아이러니하다. 실제로 무언가를 할 순간만을 꿈꾸며 하루하루를 보내는 남성이래도 원하는 순간에 커피를 못 마시거나 전화 걸었을 때 상대방이 통화중이면 폭발해버린다. 가족이 체념했음에도 불구하고 중요한 시험을 치르고자 몇 년씩 기다리는 학생이나, 제대로 된 직업을 가지려 오랫동안 허송세월하는 한량의 이야기는 익숙한 모티브다. 이러한 사람들 가운데 부지기수가 사소한 지연을 거의 참지 못하며, 이 때문에 이들의 인내심에는 미로같이 복잡한 숨겨진 구조가 생긴다. 작은 일을 좀처럼 기다리지 못할수록 이들의 기다림은 무언가 다른 대상을 중심으로 모인다. 여기서 핵심은 그다지 문제가 안 되는 자발적인 기다림과 문제가 될 수밖에 없는 강제적인 기다림 간의 차이다. 자발적인 기다림은 주체성을 표현하는 방식이지만, 강제적인 기다림은 그와 정반대다. 우리는 자신에게 결정권이 주어지기를 바란다. 하지만 정확히 무엇을 자발적으로 기다리며 무엇을 강제적으로 기다리는 걸까? 자발적인 기다림은 이성과의 만남 같은 형태를 띠는 경우가 많다. 시험이나 고난, 여성을 만나는 일처럼 남성에게 어떠한 위치를 부여하는 무언가, 남성을 특정한 지위에 앉히고 상징적인 역할을 맡기는 식의 형태를 띠기도 한다. 남성은 누군가로 '변신'해야 하지만, 이 변신은 미래를 위해 유보해둔다.

1세대 정신분석학자들은 이러한 지연 문제로 관심을 돌려 몇 가지 해석을 제시했는데, 대부분 숨겨진 공격성으로 추정되는 요소에 초점을 맞추었다. 일부 이론가들은, 삶이 흘러감에 따라 공격적인 사람은 주변 사람들을 향한 자신의 적대적인 충동을 미처 깨닫기도 전에 세상을 떠날까봐 두려워하므로 시간과의 관계가 어긋난다고 생각했다. 또한 소위 양가감정이 너무나 강력하여 같은 사람에 대해 사랑과 미움을 오가며 계속해서 꼼짝달싹하지 못하게 되므로 아무것도 할 수 없다고 보기도 한다. 프로이트의 환자인 쥐인간은 길가에 놓인 돌을 보고서는 만약 마차가 거길 지나간다면 사고가 날지도 모른다며 돌을 치웠다. 그러고는 너무 터무니없는 생각이라며 돌을 다시 길에 올려둔다. 그러고는 또다시 돌을 길옆으로 치워놓는 식의 행동을 반복했다. 이렇게 사소한 물건에 집착하며 우왕좌왕하는 행동의 이면에는 사랑하는 사람에게 무언가 해로운 일이 생겼으면 하는 바람이 자리하며, 그렇기 때문에 방해하려는 행동도 나타난다. 이러한 우유부단함에는 지연 때문에 초조해진 살인 욕구가 감춰진 셈이다.

하인이 실수로 와인잔을 깨뜨리자 칸트는 만찬에 온 누구도 다치지 않게 유리 조각들을 조심히 파묻어야 한다고 고집 부렸다. 칸트는 그 일을 하인에게 맡길 수 없다며 손님들에게 직접 정원에서 적당하게 먼 장소를 찾아달라고 부탁하나, 그들이 묻을 만한 장소를 제안할 때마다 고개를 가로저었다. 누군가가 베이지 않을 리가 없다고 확신한 칸트는 결국 오래된 우물 옆에 깊게 구멍을 파고 모두가 지켜보는 가운데 깨진 유리 조각들을 적절하게 묻었다. 칸트의 이러한 우려가 그의 부정적인 성향을 분명히 나타낸다고 상정할 때, 그가 거절하며 내세운 이유는 합리적이라기보다 항상 무의식적인 희망을 없애려고 하는 합리화에 가까웠다. 지극히 애정 어린 걱정에도 어두운 기류가 숨어 있을 수도 있다. 엘리자베스 배럿 브라우닝은 자신이 아끼는 사람에게 작별인사를 해야 할 때마다 두려워했는데, 그녀의 이러한 우려에는 살인 충동이 반전되어 표현된 셈이었다. 또다른 예를 들자면, 발자크는 자신의 아버지가 세상을 떠난 다음, 아들이 어쩔 수 없이 아버지의 목을 베는 단편소설을 집필하고서야 자신의 전체 이름을 필명으로 사용할 수 있었다. 우리는 걱정을 소중히 여기지만, 이 걱정은 상당히 이질적인 무언가를 바탕에 두는 경우가 많다. 그리고 남성이 이상적인 사랑을 보여줄 경우 여성은 거기에 정반대의 의미가 포함되었음을 금세 이해하기 마련이다.

사람들이 기다림에 매료되는 이유에 대한 또다른 보편적인 해석은 항문기와 연관된다. 항문기에서는 대변을 배출하는 행위를 미룸으로써 즐거워하며, 이로써 연기에서 즐거움을 찾는 패턴도 형성되곤 한다. 키르케고르는 약혼녀 레기네 올센을 〈돈 조반니〉 공연에 데려가나 서곡이 끝나자 "이제 나갑시다. 즐거움에 대한 기대라는 최고의 순간을 맛보지 않았소"라며 일어난다. 사실, 이 덴마크 철학자가 얼마나 현재보다 미래를 중시했는가는 약혼과 관련된 또다른 일화에 잘 나타난다. 그는 약혼녀와 함께 사륜마차를 타고 교외에 나갔지만, 두 사람이 사는 도시의 경계를 지나자마자 마차를 되돌렸다. 약혼녀가 교외에서 즐거운 하루를 보낼 수 있다며 이루 말할 수 없을 정도로 행복해한다는 게 이러한 전환의 원인 중 하나였다. 그는 약혼녀가 자신의 즐거움을 부인하는 데 익숙해지게끔 마차를 돌린 거라고 해명했다. 중단에 대한 이러한 집착은 두 사람의 약혼에도 영향을 미쳐 결국 파혼으로 이어졌고, 이는 항상 이 철학자의 기질을 흥미로워했던 코펜하겐 사람들을 깜짝 놀래켰다. 이 정도까지 특이하지는 않더라도 많은 사람들이 식사시에 가장 좋아하는 음식 조각을 끝까지 남겨둔다는 것으로 지연하는 성향이 얼마나 보편적인지를 잘 알 수 있다. 좋아하는 음식 조각을 남겨두어도 그다지 좋은 일이 없음을 고려할 때(음식이 식을 수도 있고, 형제가 뺏어 먹을 수도 있으니 말이다), 상당히 이해하기 힘든 습관이다.

또한 이는 왜 생각보다 섹스가 덜 일어난다고들 하는지에 대해서도 단서를 제공해준다. 기다리는 사람에게 섹스는 미래에 일어나는 일이자, 다른 모두가 수시로 즐겨 하는 일이다. 남녀가 뭘 하는지 불확실한 경우 대부분의 사람들은 무언가 성적인 일이 벌어진다고 짐작한다. 이러한 가정이 터무니없다는 걸 깨달아도 자꾸만 같은 생각이 떠올라 이들을 괴롭힌다. 이는 주변에 아무도 없는 틈을 타 사람들이 사랑을 나눈다고 생각해서가 아니라 주변에 아무도 없다는 사실에 성적 의미가 담겨 있다고 받아들이기 때문이다. 초기 정신과 병원 중 한 곳의 피고용인들은 열쇠 구멍으로 진료실 내부를 엿보는 일을 좀처럼 그만두지 못했다. 병원 직원들이 지시했음에도 불구하고, 이들은 남녀가 단둘이서 한방에 있다는 사실과 성적인 행동을 도저히 분리시키지 못했다. 이러한 의심은 정신분석 상담실에서만 일어나는 게 아니다. 남직원과 여직원이 어떤 이유로 사무실에서 눈에 띄지 않는 장소에 함께 있다면, 어떤 직원들은 섣불리 결론 내릴 가능성이 높다. 하지만 막상 그런 기회가 있더라도 그런 사람들이 직접 행동에 옮길 가능성은 낮다. 다른 사람들이 항상 성관계를 맺고 있다면 자신들이 관계를 맺을 여지가 줄어들고 기다려야 할 여지가 많아지므로, 모든 사람이 항상 섹스하기란 불가능하다는 걸 알 수 있다. 타인이 섹스하고 있다고 상상해야 하는 사람들도 있기에, 칸막이 없이 탁 트인 사무실은 장단점을 동시에 가진다. 이러한 구조를 고안한 인테리어 전문가들은 심각한 실수를 한 셈이다. 우선 직원을 끊임없이 감시하면 그가 더 좋은 성과를 올릴 것이라는 가정이 잘못됐다. 사람들은 물리적으로 옆에 동료가 없더라도 누군가 자신을 지켜본다고 생각하며, 실제로 누군가가 계속 지켜본다면 오히려 이러한 무의식적인 원칙을 약화시킬 뿐이다. 두번째로, 여닫는 문이 없다면 닫힌 문 너머에서 사랑을 나누고 있다고 상상하기가 더욱 어려워진다. 따라서 탁 트인 사무실은 환상을 구성하는 버팀목 하나를 없애는 것과 마찬가지인데 이는 부당하면서도 현명하지 못한 일이다. 환상은 업무를 방해하기보다는 지탱해주며, 이를 무시할 경우 직원뿐 아니라 고용주에게도 바람직하지 않은 반작용이 일어날 위험성이 있다. 만약 여러분이 탁 트인 사무실에서 일하는데 여러분의 고용주가 이 책을 읽지 않는다면, 일상을 보다 흥미진진하게 만들고자 달콤한 간식을 사러 나가볼 수 있다. 매일매일 잠깐 외출할 시기를 살피다가 사무실을 살짝 빠져나가 새로운 간식을 사와서 동료들과 나눠 먹는 것이다. 빠져나갈 시간을 살피는 일도 재미있지만 매일 새로운 간식을 먹게 될 테고, 그중에는 동료들이 처음 보는 신기한 제품들도 있을 것이다.

이를 실천하기에 지나치게 소심하다면 그냥 생각만 해보자. 앞서 살펴보았듯이, 생각만 하면서 시간을 보내는 사람이 부지기수다. 라캉이 억제에 대한 가장 유명한 희곡인 『햄릿』을 연구하며 흥미로워한 것도, 바로 사소한 일조차 행동에 옮기지 못하는 성향이었다. 많은 셰익스피어 연구자들에게 시간은 큰 화두였다. 햄릿은 무엇 때문에 그토록 오랫동안 복수하지 않은 걸까? 햄릿의 우유부단함을 남성의 전형성으로 받아들인다면, 남성은 어떤 대상에 대해 마음의 결정을 내리는 데 8주가 걸린다고 자기계발서 내용을 수정해야 할 것이다. 평론가 존 도버 윌슨은 『햄릿에서 일어난 일들』이라는 유명한 저서를 집필했지만, 그 내용을 전혀 손대지 않고 제목을 『햄릿에서 일어나지 않은 일들』로 바꿔도 위화감은 없을 것이다. 햄릿에겐 사악한 숙부이자 의붓아버지인 클로디어스를 살해할 기회가 수차례 있었지만 극 후반부에 레어티스의 독이 묻은 양날 검에 본인이 치명적인 부상을 입고서야 그를 공격할 수 있었다.

전형적인 정신분석학에서는 이 희곡을 오이디푸스 콤플렉스 관점으로 해석한다. 햄릿은 자신의 아버지가 클로디어스에게 살해당했다고 생각하는데, 모든 소년은 무의식적으로 이와 동일한 행동을 감행하고 싶어하므로 클로디어스는 감히 햄릿이 못한 행동을 실행한 셈이다. 라캉의 설명대로, 이 주장에 따르면 클로디어스는 햄릿의 욕망과 동일한 존재다. 따라서 클로디어스를 공격하는 것은 햄릿 자신을 공격하는 것이나 마찬가지다. 의붓아버지와 이런 식으로 동일화되어 있을 뿐만 아니라 클로디어스를 죽일 경우 다시 한번 죄를 저지르는 셈이기 때문에 그의 죄는 더욱 무거워진다. 따라서 햄릿은 행동을 한없이 미룰 수밖에 없으며, 라캉은 이 희곡을 욕망보다는 남성과 욕망의 관계, 특히 시간에 따른 관계라는 관점에서 읽어보기를 권했다. 『로미오와 줄리엣』에서는 모든 일이 너무 빨리 일어난다면, 『햄릿』에서는 모든 일이 너무 느리게 일어난다. 『햄릿』이라는 희곡 자체가, 한 경비병이 다른 경비병에게 마침 정시에 왔다고 말하는 식으로 시간에 대한 모티브에서 시작된다. 이 첫 대사들을 의미심장하게 받아들인다면, 이러한 도입부는 나머지 부분과 극명하게 대조된다. 희곡 전반에 걸쳐 햄릿은 정반대로 행동하기에 제때 어딘가에 존재하지 못하기 때문이다.

『햄릿』은 다소 식상한 주제 같지만, 이 희곡은 계속해서 배우와 관객 모두에게 현실적인 영향을 미쳤다. 주인공 햄릿 역할을 맡았던 배우 가운데 한 명 이상이 아버지의 혼령이 등장하는 장면에서 실제로 의식을 잃었다. 또한 그 배역을 맡게 되면 배우로서의 성공은 보장되지만 그에 상응하는 불길한 일들도 겪게 된다. 명배우 토머스 베터턴이 주인공을 맡았을 때, 그는 아버지의 혼령을 보고는 죽은 사람처럼 안색이 창백해져 혼령 역을 맡았던 부스가 대사를 잇지 못할 정도였다. 프로이트는 『꿈의 해석』에서 오이디푸스에 대한 구절 이후 이 희곡을 언급했으며, 고전극에서는 살인과 근친상간이 비교적 공공연하게 다뤄진다면 셰익스피어의 희곡에서는 억압을 통해 이것이 보다 복잡한 양상으로 나타난다고 적었다. 따라서 햄릿이라는 캐릭터의 미스터리한 면을 지성의 과도한 발달이나 뒤틀린 기질로 보기보다는, 무의식적인 영역이 분리된 결과로 이해하는 것이 타당할 듯하다. 클로디어스가 어떤 의미에서는 "햄릿 본인의 것"인 범죄를 저질렀기 때문에 "햄릿은 그야말로 자신이 벌하려는 죄인보다 더 나을 게 없는 존재다".

라캉은 이 희곡에서 두 가지 문제에 초점을 맞추었다. 우선, 햄릿의 아버지가 자신의 죽음에 대한 세부사항을 잘 아는 듯하다는 게 이상하다고 봤다. 그는 자다가 살해당했음에도 자신이 어떤 식으로 살해되었는지 안다. 그리고 아들에게 말했듯이 아무런 준비도 못한 채 죄를 지은 상태에서 잔인하게 세상에서 떨어져나갔다. 속죄할 시간도 없었기에 햄릿은 극 후반부에서 클로디어스가 기도하고 있을 때 그를 죽이지 않았다고 설명했다. 무방비 상태였기에 그를 죽일 완벽한 순간이었으나 햄릿은 클로디어스가 준비되지 않은 상태, 그러니까 아버지와 똑같은 죄인인 상태가 되기를 바란다는 이유로 살인을 미룬다. 라캉은 아버지와 아들의 이런 관계에서 특히 지식의 과잉에 주목했다. 오이디푸스는 주변에서 무슨 일이 일어나고 있는지를 거의 몰랐던 반면 햄릿은 알고 있다. 그리고 그의 지식은 아버지의 죄, 아버지에게서 아들로 전해지는 빚이라는 무게를 가진다. 소포클레스 버전의 『오이디푸스 왕』이 자기 인식에 관한 비극이라면, 『햄릿』은 아버지의 죄로 인한 비극이라 할 수 있지만, 소포클레스가 아닌 다른 비극 작가들은 오이디푸스 이야기도 마찬가지라고 해석했다. 도대체 이 가족은 왜 그렇게 가혹한 운명을 겪게 된 걸까? 아이스킬로스와 에우리피데스 버전의 단편 요소에 따르면, 오이디푸스의 아버지 라이오스가 펠롭스의 아들인 크리시포스를 강간하면서 모든 비극이 시작된다. 이에 펠롭스가 라이오스의 아들을 저주하고, 이것이 신탁이 되어 이 소년은 부모에게 위해를 끼칠 것이라는 유명한 예언이 나온 것이다.

따라서 꼬리를 무는 일련의 비극적인 사건들은 아버지 라이오스의 죄에서 출발하며, 에우리피데스 버전에서는 오이디푸스가 실제로 크리시포스를 두고 다투다가 라이오스를 죽이기도 한다. 좀더 친숙한 오이디푸스 이야기에 이런 배경이 있음은 잘 알려졌으나 가끔씩 왜 이 부분이 그렇게나 자주 간과되느냐고 지적하는 사람도 있다. 이러한 질문을 던지는 사람들은 대개 얼토당토않은 주장을 펼치지만 그렇다고 해서 이를 무시할 이유는 없다. 다른 무엇보다도 이러한 배경은 애초에 아버지가 지은 죄를 라캉이 강조한 이유를 설명해주며, 아들은 아버지의 죄로 구축된 영역에 서 있을 수밖에 없기 때문이다. 햄릿의 아버지는 너무나 많은 것을 알던 혼령이었고, 우리 문화 속의 수많은 이야기를 보아도 지나치게 많이 아는 사람은 원만하게 살지 못한다. 따라서 햄릿을 고통에 빠뜨리는 죄책감은 부적절한 욕망을 품었다는 지극히 평범한 오이디푸스적인 죄책감이 아니라 존재에 대한 죄책감이다. 정신분석학적 관점에서 보면, 부모가 진 빚 때문에 감옥에 갈 수는 있지만 그들의 죄를 물려받을 수는 없다는 옛말은 잘못됐다. 이러한 죄야말로 후대가 어떻게든 대처하고 파묻어야 한다. 하이네는 최근의 종교 운동에서는 기적이 전혀 나타나지 않았다고 경탄하면서, 유일한 예외라면 생시몽주의인데 그가 죽고 10년 뒤에야 생시몽이 늙은 재단사에게 지불하지 않았던 돈을 제자들이 현금으로 지불했기 때문이라고 했다. 오이디푸스와 햄릿의 이야기는 우리에게 이러한 청산은 깔끔하지도, 그리 기적적이지도 않음을 보여준다. 갚지 않은 빚은 기적보다는 신경증의 원인이 될 가능성이 높다.

이러한 전달 사례 가운데 가장 극적인 예는 키르케고르와 그 아버지의 고통스러운 관계다. 키르케고르의 아버지는 어린 시절에 호젓한 언덕에서 양떼를 돌봤다. 지칠 대로 지치고 배가 고팠던 그는 절망에 빠져 신을 저주했다. 훗날 그는 상인으로 크게 성공하지만 그후에도 단 하나의 죄는 그를 괴롭혔고 이 끔찍한 유산은 아들에게 상속된다. 키르케고르가 레기네 올센과의 약혼을 깼을 때, 코펜하겐의 호사가들은 그의 현상황에서 이 괴상하고도 예상치 못한 행동의 모티브를 찾으려 했지만, 사실 핵심 요인 중 하나는 가족의 과거에 대한 이러한 비밀이었다. 키르케고르는 도저히 이 비밀을 약혼녀와 공유할 수 없었기에, 그 대신 결혼 자체를 포기한 것이다. 이러한 패턴은 안티고네의 이야기를 다룬, 마찬가지로 독특한 해석에 반영되어 있다. 키르케고르는 안티고네를 아버지인 오이디푸스가 아무 말 없이 죽었음에도 그가 저지른 끔찍한 죄의 진정한 본질을 발견한 사람이라고 봤다. 안티고네는 죽은 아버지의 비밀을 배신하지 않기로 굳게 마음먹었기 때문에 자신도 마음 깊이 끌렸던 남성의 구애를 거절한다. 자식으로서의 의무에 얽매인 안티고네는 죽을 때야 비로소 자유롭게 사랑을 할 수 있었다.

안티고네의 이야기를 이렇게 매우 개인적인 것으로 해석했다는 점에서 키르케고르가 겪은 전달의 문제는 잘 드러나며, 레기네 올센과의 약혼 파기도 그래서였다. 조카딸이 그에게 『햄릿』이 근사하지 않느냐고 묻자 키르케고르는 그 작품을 좋아하지만 그녀가 아는 이유에서는 아니라고 수수께끼 같은 답을 했다. 아버지의 죄와 관련된

이 비밀이 아들에게 전달되었으며, 이제 아들은 그 죄의 대가를 치러야 함은 물론이고 햄릿과 마찬가지로 혼란스러워하면서 그 무게를 계속 어깨에 져야 한다. 여기서 이러한 죄의 전달이 유대감을 무엇보다도 굳건하게 형성할 수도 있음에 주목해보자. 진정한 충성심은 연인 간의 약속이 아니라 그와는 사뭇 성격이 다른 것, 즉 약속이 아닌 공동의 범죄가 보장해줄 가능성이 높다. 아테네의 과두제 집권층들이 히페르볼로스를 죽였을 때, 이들의 개인차는 부차적 요소가 되었고 함께 저지른 범죄 때문에 서로 간의 충성심이 싹텄다. 보니와 클라이드는 서로에게 달콤한 말을 속삭였지만, 그들의 사랑이 어려움 속에서도 그토록 굳건했던 것은 아름다운 시를 나눠서라기보다 함께 법을 어겨서였을 가능성이 높다. 범죄는 사람들 사이를 멀어지게도 하지만, 강력하고 오래가는 유대감을 형성하기도 한다.

『햄릿』에서 아버지의 역할이 그토록 중요하다면 어머니의 역할은 어떨까? 전남편의 장례식 후 너무나 빨리 재혼해버린데다가 남편의 살해에도 관여했던 어머니의 죄도 아들에게 마찬가지로 끔찍한 영향을 미칠까? 전통적인 관점에서는 『햄릿』에 전형적인 오이디푸스적 배치, 즉 아들, 어머니, 아버지가 등장한다고 해석하곤 한다. 이러한 관점에서 볼 때, 햄릿의 모든 문제점은 그가 아버지에 대한 반항이라는 오이디푸스 콤플렉스에 기인한 행동을 못했기 때문으로, 클로디어스는 아버지를 상징하는 인물로, 거투르드는 욕구와 열망의 대상인 어머니로 본다. 그러나 라캉은 매우 다르게 결론내렸다. 그는 어머니에 대한 햄릿의 욕망보다는 강력하고 파괴적인 어머니 자신의 욕망이 더 중요하다고 보았다. 거투르드는 애도에는 별 관심이 없지만 성적 관계에는 무척 의미를 두는 여성이다. 그녀는 남성들과의 잠자리를 즐긴다. 도라의 사례에 등장했던 K의 완벽한 여성 버전으로, 그녀의 즐거움에는 '내 남편은 나에게 아무것도 아니야'라는 메시지가 내포된다. 심지어 죽은 왕조차도 아들에게 어머니의 화를 너무 돋워서는 안 되며 어머니에게 상냥하게 굴라고 끊임없이 이른다. 어머니의 욕망이 무언가 거리를 두어야 하는 대상인 양 말이다. 심지어 저세상 사람이 된 후에도 죽은 왕의 사랑에는 일종의 경외심이 담겨 있으며, 이렇게 아내의 욕구를 고려하다보면 복수에 관한 명령에도 한계가 있을 수밖에 없다. 이에 햄릿이 혼령을 만나서 아버지 살해에 얽힌 전모를 자세히 알게 된 후 어머니와 대면하는 장면이 중요해진다. 햄릿은 어머니와 클로디어스의 잠자리를 금하지만, 갑자기 명확한 이유도 없이 이러한 금지를 철회하고 평소대로 그와 자는 게 낫겠다고 말한다. 라캉의 말대로 햄릿은 어머니가 가진 욕망의 자율성을 허락했고, 그로 인해 햄릿 자신의 욕망은 짓눌리거나 파괴되며 햄릿은 초조해진다.

따라서 이 욕망의 드라마를 아이가 부모에 대해 부적절한 욕망을 품는 전형적인 오이디푸스 이야기라고 정리할 수는 없다. 오히려 부모도 생생한 욕망을 가진 존재이며, 이러한 욕망이 너무나 강한 나머지 아이를 인지하지 못하기에 아이는 주체로서 제 위치를 찾지 못한다. 이러한 욕망의 존재를 고려할 때, 오이디푸스의 여정은 욕망과의 관계에서 제 위치를 찾으며 어머니의 욕망에 간단히 짓눌리지 않는 자기 자신의 욕망을 이루려는 여정이라 할 수 있다. 하지만 애초에 어머니의 욕망이 아이를 인지하지 못한다면 이것이 어떻게 가능하겠는가? 라캉은 주체가 이런 빈 공간, 그러니까 인지되지 않는 이 지점에 리비도를 자극하는 중심축이 될 이미지를 채워넣는다는 개념을 첫번째로 제시한다. 그가 인지되지 않을 때, 주체는 자신을 매료시키는 이미지를 선별하며, 이는 방향을 제시하는 일종의 나침반 바늘, 즉 탈출구 역할을 한다. 『햄릿』에서는 오필리아라는 아름다운 여성이 이러한 이미지로 등장한다.

라캉이 제시한 개념의 독창성을 제대로 파악하려면, 오이디푸스 콤플렉스에 대한 기존의 견해와 이 새로운 주장이 암시하는 바를 비교해보아야 한다. 전통적으로 어머니와 오이디푸스적인 관계는 하나의 욕망 그러니까 아이가 어머니에게 욕망을 품었다고 간주한다. 그러나 여기서 어머니의 욕망에 대한 언급은 전혀 찾을 수 없다. 반면 라캉은 어머니의 욕망을 강조하며, 아이는 그 안에서 스스로의 자리를 마련해야 한다고 주장한다. 아이에겐 적어도 두 가지 선택지가 있다. 어머니의 욕망과 비교하면서 자신의 욕망을 구축할 수도 있고 어머니의 요구에 맞춰 자신의 욕망을 형성해갈 수도 있는데, 후자의 경우 그가 원하는 것은 항상 다른 사람이 원하는 바에 따라 달라지기 마련이다. 햄릿의 문제에 대입해보면, 그는 적당한 시기에 행동을 할 수도, 계속해서 타인의 시간에 맞춰 살 수도 있다. 라캉의 말처럼 후자의 경우에는 자신이 아니라 누군가 다른 사람에게 적당한 시기일 때만 행동할 수 있다. 기나긴 기다림이 필요한 것이다. 햄릿이 마침내 자기 자신의 욕망을 인지하고 공격을 하면 그 행동은 항상 너무 뒤늦은 것이 된다.

햄릿은 기다리는 동안 이상한 아이디어를 구상한다. 유랑 극단의 배우들이 궁전을 방문하자 그는 자신이 구성한 살인담을 무대에 올리고, 이를 본 숙부의 반응이 그의 유죄에 대한 증거가 될 것이라 여긴다. 많은 학자들은 이 연극 속의 연극을 수수께끼처럼 생각해왔으며 그 기능을 분명히 하고자 여기에 신화라는 정체성을 부여하기도 했다. 신화가 어떤 역할을 하는지는 모순이나 부조리의 존재를 출발점으로 삼아 고찰할 수 있다. 민담에 등장하는 동물 출산이라는 이상한 모티브가 좋은 예다. 많은 민담에서 남편이 집을 떠나 있는 동안 여성이 임신한다. 그러면 못된 시어머니는 아이의 탄생을 두고 며느리가 괴물을 낳았다고 주장하는데, 보통 그 아이는 반인반수의 모습이다. 학자인 마거릿 슐라우흐가 지적했듯이, 여성은 늘 부정한 행동 때문이 아니라 동물을 낳았다는 사실 때문에 비난받으며, 부정적인 행동 때문에 비난받는 모티브는 훨씬 후대 버전의 민담에서나 등장한다. 상당히 이상한 일이다. 일반적으로 아내에 대한 언급 가운데 그의 아내가 부정을 저질렀다고 주장하는 것만큼 남편의 화를 돋우는 데 효과적인 게 없다. 그러나 아내의 부정보다는 사람이 동물을 낳는다라는 '불가능한' 일이 언급되며, 성적 경쟁보다 훨씬 복잡한 무언가가 작용하고 있음을 보여준다.

여기서 두 가지 문제에 대한 설명이 필요하다. 우선, 이러한 민담에 가족 간의 적대감이 드러난다는 점이다. 의붓어머니는 의붓딸을 미워하고, 어머니는 딸을 미워하며, 시어머니는 며느리를 미워한다. 오이디푸스 콤플렉스에 대한 프로이트의 주장을 고려할 때 이는 그다지 놀랍지 않은 모습이라 할 수 있으나, 이보다 더욱 알쏭달쏭한 두번째 요인이 있으니 바로 동물의 탄생이다. 이 괴상하면서도 이질적인 요소는 사실 무슨 일이 일어나는지를 이해하기 위한 진짜 단서다. 동물의 탄생은 모순을 상징한다. 반은 인간, 반은 짐승, 즉 두 가지 영역의 불가능한 결합인 것이다. 이것이 모순이기 때문에 가치 있다는 점을 이해하는 순간 앞뒤가 맞아떨어진다. 프랑스의 인류학자 레비스트로스가 신화에 대해 뭐라 했는가? 그는 여러 종류의 신화가 있으며, 레비스트로스식 신화는 문제에 대한 모종의 해결책을 제시하는 것이 아니라 문제를 다른 형태로 분류한다고 말했다. 레비스트로스는 신화란 불가능이나 모순에 대한 일종의 치료법이라고 생각했다. 지구에서 태어난다는 생각과 인간 부모에게서 태어난다는 생각 사이의 모순이 좋은 예다. 신화는 최초의 모순을 받아들여 그것을 새로운 형태로 구성함으로써 A와 B 사이의 모순이 C와 D 사이의 모순과 연계되도록 한다. 이 둘은 모두 같은 식으로 모순을 나타낸다. 신화를 해석하기 위한 방법치고는 쓸데없이 복잡하고 추상적으로 보이겠지만, 정신분석을 진행하는 과정에서 동일한 현상이 나타나기 때문에 이는 흥미로워진다. 결국 우리는 부모의 성관계, 출생과 죽음이라는 사건, 알 수 없는 욕망이라는 정도 등 자신이 이해할 수 없는 대상에 대한 인간의 반응을 다뤄야 한다. 아이가 이렇게 이해할 수 없는 일과 직면하는 순간, 그 혹은 그녀가 기존에 가졌던 생각과 고통스러운 충돌을 일으키지 않고서는 눈앞의 일에 의미 부여를 할 수 없는 순간, 위에서 설명한 논리 구조가 발동된다. 의미의 공백이 발생한 곳에 논리가 개입되어 최초의 모순을 새로운 패턴으로 만들어낸다. 달리 설명하자면, 무언가를 말로 명쾌하게 표현할 수 없을 경우 그것이 사물 사이의 관계라는 형태로 나타난다는 뜻이다(예를 들어 A:B C:D).

이를 통해 이중 플롯이라는 극 기법의 논리를 보다 명확하게 이해할 수 있다. 수많은 연극, 그중 특히 엘리자베스 1세 시대의 연극 중에는 유사하거나 미묘하게 다른 두 개의 플롯이 서로 얽히며 전개되는 작품이 많다. 이러한 장치를 불필요한 기교라고 묵살하기도 하고, 중심 내러티브의 '진실'을 드러낸다며 가치를 인정하기도 한다. 이중 플롯으로 구성된 연극의 주된 특징을 살펴보면, 여러 차례 같은 주제가 반복됨을 알 수 있다. 두 명의 아내가 간통의 유혹을 느끼며 두 쌍의 연인이 부모의 반대 때문에 좀처럼 맺어지지 못한다. 레비스트로스의 주장에 따르면, 두 개의 플롯이 공존한다는 사실은 결코 우연이 아니다. 이는 최초의 불가능한 일에 대한 반응으로, 이중 플롯의 단골 주제만 보아도 알 수 있듯이, 여기서 불가능한 일이란 로맨스 및 금지와 관련된 오이디푸스 콤플렉스를 가리킨다. 이렇게 되면 이제 『햄릿』에 등장하는 유명한 '연극 속의 연극'의 의미는 분명해진다. 『햄릿』의 중심 플롯은 살해당한 아버지에게 복수를 명령받은 아들의 이야기인데, 우유부단하고 계속해서 망설이는 아들은 죄를 저지른 클로디어스 숙부에게 살인 장면이 담긴 연극을 보여준다는 생각을 해낸다. 다만 중심 플롯에서는 동생이 왕을 죽이지만, 이 연극 속의 연극에서는 조카가 왕을 죽인다. 따라서 이 두 이야기는 아들이 아버지의 살인자를 대신한다는 불가능한 일, 즉 도저히 견딜 수가 없기에 생각조차 못할 일을 암호로 바꾼다. 이는 또한 왜 햄릿이 행동에 나서지 않고 기다렸는지도 보여준다. 그는 어떤 괴로움을 겪지 않고는 주체적으로 상정할 수 없는 일을 눈앞에 뒀기 때문에 행동 대신 암호화를 했던 것이다. 따라서 무의식적인 욕망은 '나는 무엇무엇을 하고 싶다(아버지를 죽이고 싶다, 어머니와 잠자리를 하고 싶다 등)'의 형태가 아니라 두 항목 사이의 관계라는 형태로 드러난다. 이러한 관계는 욕망 자체를 표현하기 위한 내재적인 어구가 불가능하기 때문에 등장한다. 무언가를 생각조차 할 수 없는 경우, 그 대상은 두 항목이나 두 부류의 요소 사이의 갈등을 통해서만 재구성된다. 이것은 많은 민담에서 발견되는 기이한 특징에 대한 해답을 제시해주기도 한다. 신부를 얻고 싶다면 용을 죽여야 하지만, 때때로 수수께끼를 풀고 신부를 얻기도 한다. 용을 죽이는 것과 수수께끼를 푸는 것이 이렇게 대칭적인 관계라면 도대체 둘 사이에는 무슨 공통점이 있는 것일까? 지금까지 논의해온 논리를 적용하면, 모순이나 도저히 참을 수 없는 무언가를 배가시킨다는 관점으로 이해할 수 있다. 주관적으로 살인을 상정할 수 없는 경우, 살인은 언어로 된 퍼즐이나 부조리의 형태를 띠며, 살인 자체가 신화적 괴물을 죽이는 행동으로 바뀐다. 연인에게 접근하려면 먼저 부모 중 한쪽을 죽여야 한다는 잠재된 오이디푸스적 발상을 상정하기가 불가능하기 때문에 이러한 두 가지 모티브로 불가능함을 암호화한다. 따라서 거의 모든 문화권의 민담에서 아버지와 아들 간의 다툼은 매우 드물지만 수수께끼를 풀거나 괴물을 죽이는 모티브는 빈번한 것이다.

『햄릿』이 언제나 지나치게 늦는 사람에 대한 비극이라면, 언제나 지나치게 빠른 사람의 경우는 어떨까? 많은 남성들이 매번 시간을 지키지 않는다며 아내를 책망하지만, 남성들의 행동도 이와 유사한 비난의 대상이 될 때가 있다. 절대 늦지 않는 남성, 항상 정확히 제시간을 지키는 남성은 침실에서 적절치 않을 때 사정하는 남성일 수도 있다. 이러한 증상이 얼마나 보편적이었던지 킨제이는 대량의 섹스 보고서를 취합하면서 어쩌면 조루는 사랑을 나누는 '정상적인' 방식일지도 모른다고 내세웠다. 조루 증상이 너무나 흔하기에 통계적 규칙성을 '정상'이라고 언급했던 것이다. 그러나 그토록 지나치게 빨리 사정해버린다면 애초에 왜 발기를 하려는 것일까? 발기하고 제대로 사용을 못하는 것과 발기 자체를 못하는 것에는 분명 차이가 있다. 또한 첫번째 범주에 해당하는 남성들은 섹스가 끝나면 잠드는 경향이 있다. 따라서 제때 쾌감 얻기와 제때 잠들기라는 복수의 문제점이 발생한다. 많은 남성들은 너무 빨리 잠에 빠지는 증상에 시달린다. 이들은 '토끼처럼 섹스한다●'라는 이미지에 매료될 수도 있지만, 토끼는 교미를 마치고 잠들지 않는다는 것이 둘 사이의 큰 차이점이다. 어떤 여성은 이러한 남성의 특성을 악용한 경험담을 털어놓기도 했다. 그녀는 결혼생활 도중 옆집 남성과 불륜관계를 맺었는데, 남편이 잠들었을 때만 그와의 밀회를 즐길 수 있었다. 따라서 그녀는 남편과 격렬하게 사랑을 나눠 의도적으로 그를 기진맥진하게 만들었고 그가 곯아떨어지면, 옆문으로 슬쩍 빠져나갔다가 새벽이 되어서야 부부 침실로 살며시 돌아왔다. 얼마나 수완이 좋았던지 무려 3년 동안이나 이런 식으로 남편을 속였다. 어쩌면 대다수의 다른 여성들과는 달리 남성의 탈진은 그녀에게 비극이 아닌 구원이었을 것이다.

왜 시간이 늦어지면 남성이 잠드는가 하는 문제는 보기보다 훨씬 설명하기 힘든 미스터리라, 이 문제를 다루는 정신분석가들도 종종 있다. 도대체 왜 남성은 다른 어딘가로 가고 싶어할까? 남녀 간에 섹스가 끝나는 시점이 서로 다르다는 점을 고려하면, 잠은 자연스럽게 친밀함을 와해시킨다. 남성은 '끝났다'고 생각해도 여성은 이제 막 몸이 달아올랐을 수도 있다. 그렇기 때문에 섹스를 마치고 담배를 피운다는 일반적인 이미지는 경험이 만족스러웠다는 증거라기보다는 어떻게 해서든 깨어 있으려는 필사적인 노력에 가까울 것이다. 마찬가지로 남성이 깨어 있다면 아마도 더 많은 성적 행위를 즐길 수 있

● 토끼는 교미 시간이 짧지만 여러 차례 쉬지 않고 교미를 할 수 있다고 알려져 있다.

을 것이다. 어떤 이론에서는 잠을 탈출로로 본다. 고통스럽거나 슬픈 일을 겪으면 잠으로 도피해버리는 사람들이 있는데, 성교 후 잠드는 남성들의 행동도 이와 마찬가지라고 본다. 섹스가 끝나고 남성이 잠드는 것은 만족했기 때문이 아니라 불안한 상황에서 도피하기 위해서다. 하지만 어떻게 성관계가 고통스러운 경험으로 해석될 수 있을까? 이는 생각만큼 이상한 일은 아니다. 어쨌든 경험이란 결코 동떨어지지 않으며, 무언가를 환기시키고, 반복하며, 암시하기 마련이다. 스탕달의 친구가 연인의 부정을 알게 된 후 아카시아 덤불을 전처럼 바라볼 수 없게 된 것과 마찬가지로, 객관적으로는 행복해 보이거나 즐거워 보이는 일도 그것이 무엇을 환기시키느냐에 따라 실질적인 가치가 결정된다. 따라서 성행위는 단순히 기억만 남기는 것이 아니라 일련의 만족스러운 경험이 끝난 뒤 만족감의 부재가 찾아온다는 걸 재차 환기시킨다는 점에서 더욱 중요하다. 이는 오이디푸스적 사랑이라는 이루어지지 못한 로맨스 그리고 어린 시절 가운데 가장 중요한 순간들을 구성하는 즐거움의 상실에 뿌리를 둔다. 따라서 섹스는 많은 남성들에게 '끝나지 않은 일'이란 인상을 남긴다. 우리 인생사도 이처럼 잃어버린 만족감에 대한 기억들로 구성되며, 아마 이는 처음부터 그리 많이 존재하지 않았을 수도 있다. 삶의 주요 교차점은 항상 무언가가 깨지거나 유실되는 순간, 무언가가 빠져나가거나 분리되는 순간이다.

성관계 후 잠에 빠져드는 이 이상한 현상에 관한 정신분석학적인 추론에 회의적이라면, 진화론적인 주장을 제시해볼 수도 있다. 만약 섹스 후 잠이 찾아온다면 거기에는 그럴 만한 이유가 있을 것이다. 그리고 섹스 후에는 생식이 일어나니 섹스의 진정한 목적은 생식이라고 주장하는 것처럼, 섹스 후에는 적잖은 사람들이 잠드니 섹스의 목적은 끝나고 잠들기라는 주장도 가능하다. 물론, 남성이 잠들었다면 그는 일시적으로나마 다른 잠재적인 이성에게 접근할 수 없고 상대 여성 곁에 머무르므로 여성의 입장에서는 진화론적으로 가치 있는 일이다. 목적론적인 사고방식을 가진 이의 생각을 바꿀 방법은 별로 없지만, 이러한 주장은 런던의 교통이 왜 그토록 형편없는가에 대해 버스정류장에서 사람들끼리 대화를 나누게끔 장려하기 위해서라고 얘기하는 것이나 다를 바 없다. 라이프니츠가 콘웨이 부인에게 두통은 보다 철저한 완벽함을 위한 지름길이므로 지나치게 두통을 걱정할 필요가 없다고 설명했을 때 그녀는 미래에 큰 의미를 부여하는 이러한 태도에 실망했겠지만, 그래도 성교 이후의 잠과 완벽함은 어떤 관계인가라는 문제는 남아 있다. 모든 완벽함은 완벽함의 결여에 근간을 두므로, 누군가가 섹스는 완벽함이라고 생각한다면 정확히 어디에서 결여를 찾을 수 있는지 의문을 던져보아야 한다. 여기서 사용 후 줄어드는 이상한 성질을 가진 음경이 중요한 의미를 갖는다. 이러한 수축은 남성에게 발기의 존재 뒤에는 늘 발기의 부재가 따른다는 사실을 환기시키며, 그 흐늘거림은 마음속에 자리잡은 남근의 이상의 붕괴와 굳게 연결된다. 달리 말하면 소위 오르가슴과 이를 만들어내는 수단이 분리되어 있다는 의미다. 이러한 비극적인 패턴은 잠으로의 도피부터 잘못된 상황에서 자율성 찾기까지 다양한 반응을 이끌어낸다. 한 젊은 남성은 정신분석학자 카를 아브라함에게 신혼 여행은 성공적이었으며, 여행 기간 동안 하룻밤에 다섯에서 일곱 차례 관계를 가졌다고 털어놓았다. 그러고는 이렇게 덧붙였다. "게다가 아브라함 박사님, 아침엔 아내 앞에서 자위를 했어요." 왜 그랬느냐고 묻자 그는 이렇게 답했다. "제가 아내에게서 독립적이라는 걸 보여주고 싶었거든요."

이러한 적반하장의 상황은 또다른 정신분석 사례에서도 발견된다. 누군가의 소개로 빈 정신분석 클리닉을 찾아온 한 남성은 자신의 발기불능을 치료해주지 않으면 자살하겠다고 엄포를 놓았다. 몇 달간 치료하자, 그는 점점 아내에게 성적 흥미를 갖게 됐고, 어느 날 아침 마침내 난생처음으로 정상적인 성관계에 성공했다. 아침 7시 반에 관계를 가진 그는 잔뜩 고무되어서는 상담 약속 시간인 9시에 나타나서는 급기야 정신분석가의 손에 입을 맞추려 했다. 같은 날 오후 2시, 환자는 병원의 보다 높은 사람을 찾아가 자신의 치료에 대해 불평했다. 그는 성공적으로 관계를 가졌다는 사실을 언급하지 않았으며 아무런 차도가 없기 때문에 시간만 낭비하고 있다고 주장하면서 그들의 대화는 절대 그 분석가의 귀에 들어가서는 안 된다고 덧붙였다. 물론 이런 불평을 들은 병원 동료는 환자에게 다음날 분석가와 이 모든 문제에 대해 의논해야 한다고 주장했다. 환자는 심하게 저항하다가 결국 그 사실을 분석가에게 털어놓았고, 분석가는 이렇게 물었다. "왜 하필이면 난생처음으로 성관계에 성공한 바로 그날 불만을 털어놓은 거죠? 왜 성관계에 성공했다는 사실을 제 동료에겐 말하지 않은 거죠?" 환자는 싱긋 웃으며 대답했다. "섹스가 진짜 그렇게 중요한가요?" 어떤 의미에서는 그 말이 옳다. 성공과 실패는 그러한 차원을 넘어선 문제에 적용된다. 환자의 불신감은 모든 것이 섹스로 귀결될 수 없음을 보여주며, 보다 일반적으로는 증상이 사라졌대도 문제가 사라지는 것은 아님을 보여준다. 분명 그의 인생에서 중심축이었을 증상이 사라지자, 그는 잠에 빠져드는 대신 그 자리를 대체할 다른 극적인 사건을 찾아 나섰던 것이다.

물론 성관계 후 잠에만 빠져드는 건 아니다. 많은 남성들이 성관계가 끝난 후 자고 나면, 설명할 수 없이 동요한다고 토로한다. 잠에서 깨면 밤새 깜박 잠들었다가 불안함에 깨어나기를 반복한다. 이러한 순간에 남성들은 특히 소리에 민감하게 반응한다. 연인들뿐만 아니라 상당수의 사람들이 한밤중에 들려오는 작은 소음 때문에 잠에서 깬다. 놀랍게도 이러한 소리를 듣고 도둑의 위협을 떠올리는 경우도 무척 빈번하다. 이는 늦은 시간에 즐거움을 누렸다면 누군가가 그 대가를 받으러 찾아와서는 무언가를 앗아가리라 여기기 때문이다. 이것이 바로 거세 콤플렉스의 논리다. 이런 증상은 만족스러워했던 시간만큼 대가를 치러야 한다는 파우스트 이야기의 축소 버전이라고도 할 수 있다. 따라서 신경증 환자 입장에서 모든 즐거움에는 심판이 따르기 때문에 성관계를 하면 모든 골칫거리가 사라지기는커녕 도둑맞을 확률만 높아진다.

자고로 이렇게 밤에 신경질적으로 소리에 예민해지는 것은 프로이트가 말하는 '원색 장면', 즉 부모가 사랑을 나누는 장면에 대한 판타지와 연관된다. 아이들은 이를 별로 달가워하지 않는다. 어렸을 때 이와 관련하여 불쾌했던 기억이 없다 해도, 성인이 타인의 성교에 반응하는 방식으로 이를 이해할 수 있다. 성인도 타인의 성행위를 그리 좋아하지 않는다. 대다수 사람들은 꽃다발을 들고 거리를 걸어가는 연인의 모습은 흐뭇하게 바라보지만, 섹스를 원하는 사람, 욕망이 주는 기대감보다 성행위만 중시하는 사람에게는 시선이 곱지 않다. 키스라는 행위에는 별 문제가 없지만, 어떤 사람들은 살아 있는 두 사람이 눈앞에서 키스하면 크게 화를 낸다. 키스하는 장면을 보러 극장에도 가면서, 정작 바로 옆에서 누군가가 그러면 성을 낸다. 밤에 정체를 알 수 없는 희미한 소음이 들려오면 이에 특정한 이미지가 형성되어 거기에 의미를 부여한다. 즉 사랑을 나누거나 도둑이 들어서 나는 소리라고 해석하는 것이다. 혹자는 실제로 이 두 가지 일이 밤에 가장 보편적으로 일어나니까 딱히 틀린 가정은 아니라고 반박한다. 하지만 사실 밤에 가장 흔하게 일어나는 일은 낮 동안 가장 흔하게 화제로 오르내리는 일, 바로 날씨 변화다. 이러한 작은 소음들은 이웃 사람들이 서로에게 약속을 속삭이는 소리일 가능성도 충분한데, 성관계와 도둑질 쪽으로만 추측이 기우는 것은 이러한 두 가지 가능성 사이의 연관성을 보여줄 뿐이다. 즉 자신과는 동떨어진 즐거움 그리고 그 즐거움을 도둑맞을지도 모른다는 불안감이다.

무임승차를 근절하기 위한 런던교통국의 전략이 바뀐 배경에도 이러한 발상이 자리한다. 기존에는 무임승차를 하다가 잡히면 무슨 일이 일어나는지로 위협하고 죄책감을 자극하는 이미지가 담긴 포스터로 무임승차를 방지하려 했다. 가족의 수치가 되고, 직장에서 창피를 당하며, 평생 없어지지 않는 범죄 기록이 남는다는 점 등을 강조했다. 그러나 이러한 위협이 별로 효과적이지 않았는지, 캠페인의 어조가 완전히 바뀌었다. 이제는 무임승차자가 치를 대가보다는 검표원의 주관성, 즉 검표원은 무임승차자를 잡아내길 원한다는 사실을 강조한다. 즉 승객의 굴욕에서 검표원의 즐거움으로 이동된 것이다. 무임승차자가 무의식적으로 자신의 처지를 즐거워한 적이 있다면, 이제는 법 집행자 쪽으로 즐거움이 옮겨간 셈이다. 따라서 이는 소위 즐거움의 도둑질로, 이렇게 되면 검표원은 밤잠을 설치게 하는 도둑과 정확히 동일한 위치에 놓인다. 이러한 즐거움이 이웃이나 검표원처럼 항상 다른 편에 있다면, 어떤 이유로든 이것이 사라진다면, 우리를 불안하게 하는 경계 신호는 약해지고 지루함과 따분함이 우리를 지배하게 될까? 우리가 밤에 잠 못 이루는 이유가 이러한 즐거움의 요소들 때문이라면, 이런 요소들이 없는 삶은 어떤 모습일까?

20세기의 한 신학자는 에덴 동산에서 원죄가 발생한 건 지루함 때문이라는 주장을 상당히 진지하게 폈다. 에덴 동산에서는 정말이지 할 일이 전혀 없었기 때문에 이브가 잘못을 저질렀다는 것이다. 이러한 주장을 옹호할 수도, 조롱할 수도 있겠지만, 최소한 이 주장은 지금 논의중인 문제, 즉 시간을 죄와 성별과의 관계라는 맥락에서 바라

보고 있다. 그런데 지루함은 좀처럼 쉽게 설명할 수가 없다. 지루함은 단순히 무언가가 일어나기를 기다리는 상황과는 다른데, 대다수 사람들이 무언가가 일어나기를 기다리며 일생을 보내지만 그렇다고 해서 모두가 지루해하지는 않기 때문이다. 파스칼은 동시대인들은 방에 가만히 못 있기에 불행하다고 생각했고, 이는 지루함에 대한 표현이라고도 해석된다. 이와 관련된 실험은 매우 최근까지도 계속되었다. 샌디에이고에서 실시된 실험에서는 열 명의 지원자들을 각각 한 명씩 방에 고립시키고 열 시간 동안 지루함에 대해 실험했다. 5분마다 호루라기 소리가 들리면 지원자들은 무슨 생각중인지 적어야 했다. 나중에 제삼자가 그 메모를 살펴보면서 그 내용을 지루함에서 생생한 공상까지 등급을 매겼다. 그러나 이러한 실험방식에는 한 가지 문제점이 있었다. 만약 실험 참가자가 전부 지원자였다면 이들은 틀림없이 시작부터 상당히 지루해했을 테고, 빈방으로 들어가는 일은 자연히 매우 흥미로울 뿐 아니라 (아마도 경제적인 면에서) 가치 있는 일이라고 느꼈을 것이다. 실제로 이 실험은 지루함보다는 다른 사람의 생각을 알고자 하는 욕망에 대해 더 많은 것을 보여주었다. 호루라기가 울릴 때마다 고립된 참가자들은 실험자가 무엇을 원하는가라는 의문을 강하게 떠올렸으나, 여기에는 항상 악의적인 뉘앙스가 담기기 마련이다. 프랑스 혁명 당시 로베스피에르 당파에 속한 어떤 사람이 골똘히 생각에 잠긴 것처럼 손으로 머리를 받치고 있었다. 그때 로베스피에르의 시선이 자기 쪽을 향하자 그 사람은 샌디에이고의 참가자들처럼 무슨 생각을 하는지 적어내려가지 않고 곧바로 손을 그 자리에서 내렸다고 회상했다. 그의 말에 따르면, 만약 안 그랬다면 로베스피에르가 자신이 무언가를 생각한다고 믿었을지도 모른다고 했다. 자신의 생각에 대한 의문이 독재자의 생각에 대한 의문으로 이어졌고, 양쪽 모두 본인들도 알지 못하는 생각이 상대방을 파멸시키는 쪽으로 기운다고 추정했다. 그리스에서 신탁이 내려올 때는 최소한 무언가 말로 제시되었다. 신탁이 침묵인 것은 말로 제시된 예언을 받아들이기보다 분명 훨씬 견디기 힘든 일이었을 것이며, 오이디푸스가 들은 끔찍한 답변조차도 무응답에 비하면 훨씬 나았다.

지루함에 대해 가장 절묘하게 정의한 사람은, 많은 오해를 샀던 정신분석학자 오토 페니헬이다. 페니헬은 지루해하는 사람을 이름이 뭔지 까먹은 사람에 빗댔다. 지루함의 정의라는 측면에서 본다면 이는 정확지 않겠지만, 이 독창적인 생각은 올바른 방향으로 나아가게끔 많은 것을 암시해준다. 혀끝을 맴돌면서 좀처럼 생각나지 않는 이름처럼 무언가 손에 닿지 않는 대상이 존재한다. 이것이 지루함의 특징과 비교할 만한 대상이 아니라면, 지루해하는 사람은 사실 무언가 구체적인 것을 좇지만 그 정체를 모르는 사람이라는 주장도 가능하다. 이러한 탐색 끝에 아무런 성과를 못 거뒀다는 사실이 지루함이라는 의식적인 감정으로 바뀌는 것이다. 어느 통계에 따르면, 프랑스 남성 중 23퍼센트와 프랑스 여성 중 31퍼센트는 사랑을 나누는 동안 지루해한다. 실제로 이 23퍼센트와 31퍼센트의 남녀가 서로 잠자리를 하는 게 아니라면, 이성애자를 기준으로 할 때 사랑을 나누면서 둘 중 하나는 지루해하는 커플이 프랑스에선 절반 이상이라는 의미다. 그리고 지루함에 대한 페니헬의 정의를 적용한다면 상황은 더욱 악화된다. 지루함이 이름을 찾는 것과 마찬가지라면, 지루해하는 이 모든 연인들은 아마도 다른 사람을 생각할 것이다. 비록 각자가 이름을 아직 못 찾았기에 지루해하지만 말이다. 이는 관계를 맺는 상대와 자신에게 맞는 사람이 어떻게 명확히 분리되어 있는지를 보여준다.

이름을 못 찾는다는 것은 무언가가 혀끝을 맴돌지만 꼭 집어낼 수가 없는 것이다. 다시 말해 명확한 묘사가 빠져 있는 것이다. 지루해하는 사람들이 대부분 먹고, 마시고, 담배를 피우는 식으로 행동하는 이유도 이러한 사고의 간극 때문일 것이다. 이렇게 입을 자극해야 하는 사람들의 성향 때문에 페니헬은 지루함은 구강이라는 토대를 둔다고 결론내렸다. 이는 누군가가 명백하게 지루해 보이는 경우 그를 자극하려면 외부에서 무언가가 생겨나야 하는 것과 마찬가지다. 이는 의학서에서 논의된 바 있는 '왜 스스로를 위해 하는 요리는 그토록 재미가 없는가?'라는 연구 주제에 실마리를 던져줄 수도 있다. 부엌에서 몇 시간씩 즐겁게 요리를 하다가도 음식이 완성되면 갑자기 넌더리나거나 무관심해지기도 한다. 이러한 현상은 스스로를 위해 무언가를 하는 것과 타인이 자신을 위해 무언가를 해주는 것 간의 차이를 능동성과 수동성으로 단순화할 수는 없음을 보여준다. 따라서 지루함에 대한 해결책으로 '혼자 즐거워하기'를 제안한대도 즐거움이란 타인이 제공해주는 것, 외부에서 유입되는 것이어야 하므로 문제는 해결되지 않는다. 이렇게 외부에 의존하는 전략은 일반적으로 바람직하지 않은데, 직접 일거리를 찾아 나서기보다는 누군가가 일을 맡겨주기를 온종일 기다리는 비즈니스 전문가들이라면 이를 너무나 잘 알 것이다. 다음으로 누군가가 지루해하는 이유는 분명 입안에 무언가가 빠져 있기 때문이라고 결론짓는 단계로 이어지는데, 각자의 정신분석학적 신념에 따라 이는 가슴의 형태일 수도 언어의 형태일 수도 있다. 이러한 연관관계가 잘못되었다는 말은 아니지만, 이렇게 입을 강조하는 것과 지루함을 보여주는 또하나의 이상한 특징인 시각적 의욕 상실을 비교해보는 것도 흥미롭다. TV를 즐겨 보거나 영화 애호가의 경우, 지루해할 땐 이렇게 행동해도 기분이 처진다. 이미지는 더이상 매력적이지 않으며 화면을 보아도 별 생각이 들지 않는다. 이것은 입이나 눈이 지루함에서 핵심적이라기보다는, 단순히 각 개인에게 고유한 만족감을 주는 특정 요소가 지루함과 연계된다는 의미일지도 모른다. 그렇다면 왜 사람들이 지금보다 더 자주 지루해하지 않는가라는 의문이 생긴다.

이는 지루함이라는 현상을 설명하기 위한 올바른 경로로, 여기서 절대 지루해하지 않는 사람은 누구인가라는 의문을 던져볼 수 있다. 한 이론에 따르면 건강염려증 환자와 비인격자는 지루해하지 않는다. 비인격자나 건강염려증 환자의 임상적 범주를 염두에 둔 이론은 아니겠지만, 이 둘을 동일 선상에 두고 해석해보면 몸이 그들에게 온전히 속하지 않은 사람이라고 볼 수 있다. 이를 액면 그대로 받아들인다면 지루해하려면 몸이 있어야 한다는 뜻이다. 무엇이 이렇게 이상한 방식으로 몸과의 관계에 영향을 미칠까? 자신은 잘못된 몸에 들어가 있으며, 자신의 이미지와 몸이 좀처럼 맞지 않는다고 불평하는 사람이 많다. 이러한 불평으로 이들의 머릿속에는 일종의 이상형이 작용할 뿐만 아니라 부적절함을 가늠하는 척도로 어떤 기준이 기능하고 있음을 알 수 있다. 이 이상적인 이미지와의 관계 때문에 자신의 몸을 탐탁지 않아 하는 것이다. 사실, 자신의 몸에 대해 추호도 의심하지 않는 것은 의심하는 것보다 더 심각한 문제가 있다는 신호다. 앞서 살펴보았듯이, 자신의 정체성을 확신하는 것은 광기의 증거 중 하나다. 그렇다면 자신의 몸에 대한 걱정을 지루함의 해소 방안이라고 결론지어야 할까? 그리고 만약 몸에 대한 걱정이 무언가 결여되어 있다는 느낌 그리고 무언가에 대한 열망을 나타낸다면, 지루함은 한마디로 욕망의 유예나 쇠퇴와 동일하다는 의미일까?

어쨌든 지루해하는 사람은 상당히 의식적으로 딱히 어떤 특정 요소를 원하는 건 아니라고 불평한다. 지루해지기 전까지 이들의 삶을 채웠던 특별한 열망이나 관심사가 제 기능을 하지 않게 된 것이다. 다만, 여기서 욕망이라는 개념이 중요해질지는 몰라도, 이는 이러한 상태의 특이성을 설명하기에 지나치게 보편적이다. 여러 해 동안 남자친구와 동거해온 한 여성은 한때 그토록 소중했던 이 남성에게 더 이상 아무 감정도 없다고 이야기했다. 하지만 그녀는 남성에게 실망하기보다는 자기 자신에게 더 크게 실망했다. 그녀는 남성에게 더이상 아무런 감정도 없어서 슬픈 것 같다고 털어놓는다. 여성 자신의 욕망이 서서히 감퇴되면서 이러한 결과로 이어졌지만 이를 지루함이라고 볼 수는 없다. 마찬가지로 호숫가에서의 파국 이후 프로이트의 환자였던 도라도 거의 지루해하지 않았으며, 오필리아를 단념한 후의 햄릿도 마찬가지였다. 욕망이 무너지거나 세심하게 짜놓은 시나리오가 산산조각날 때 지루함만큼이나 극적인 결과가 생길 가능성도 높다. 어쩌면 지루함은 욕망이 붕괴될 때가 아니라, 욕망은 평소대로 유지되지만 거기서 얻는 성적 흥분에 대해 의문을 제기할 만한 일이 발생할 때 생겨나는지도 모른다. 이는 욕망이 감쌀 수 있는 대상이 없다는 점과도 연관되는데, 이로 인해 마음의 동요가 발생하는 경우 외부로부터의 대응이 필요해진다. 이런 의미에서, 지루함은 항상 다른 일들 사이에서 일어나는 현상이라고 할 수 있다. 따라서 지루함을 욕망의 부재라기보다는 우리가 찾아 헤매는 목표물 사이의 변화 단계에서의 욕망 같은 것이라고 봐야 할지도 모른다. 욕망의 발생 원인은 변하지 않지만 그 추구방식이 조정을 거치는 셈이다. 따라서 지루해하는 사람들은 모든 대상들을 바로 옆에 둔 만족스러운 시기로 다시 회귀하는 것처럼 계속 조금씩 무언가를 먹는다.

지루함에 대한 버글러의 이론은 이보다 다소 정교하기는 하나 결국 크게 다르지 않은 주장으로 이어진다. 버글러는 현실에서 발생한 약간의 좌절로 스스로를 괴롭힐 기회가 우리에게 주어질 때 문제가 발생한다고 보며, 이러한 자해 행위는 승화를 막을 정도로 강하지는 않다고 여겼다. 자해는 당분간 승화 기제가 제대로 작동하지 못하게 하는데, 우리는 이를 지루함으로 간주한다. 따라서 지루함을 깊은 우울증에 빠지지 못한 상태라고도 할 수 있다. 지나치게 악화되는 상황을 막을 회복력은 충분하지만 새로운 승화가 일어나려면 아직 약간의 시간이 더 필요한 단계라 할 수 있다. 이러한 주장은 지루함을 서로 상충되는 원칙 사이의 갈등이 존재하는 상태의 중간에 놓는다는 점에서, 그리고 지루해하는 것은 무언가 다른 일이 일어나도록 하는 데 실패한 상태라고 본다는 점에서 흥미롭다. 임상 사례로 이 까다로운 문제를 연구해보는 것은 무척 유익하지만, 페니헬과 버글러의 저작을 제외하면 지루함을 다룬 정신분석학적 문헌은 좀처럼 찾기 힘들다. 그럼에도 불구하고, 영어권에서 발표된 정신분석학 문헌에는 잠에 빠져드는 정신분석가에 대한 언급이 몇 차례 등장한다. 반면 프랑스 쪽 문헌에는 내가 아는 한 이에 대한 언급이 없고, 다만 왜 환자들이 정신분석가들을 수면상태에 빠뜨리려고 시도하는가에 대한 설명만 제시되어 있다. 잠드는 것은 사실 연구해볼 만한 주제일지도 모른다. 빈의 초기 정신분석학자인 로베르트 벨더는 깜빡 잠들었던 일을 계기로 잠에 빠지는 현상에 대해 연구했다. 벨더는 동료 정신분석학자들에게 어떤 일이 일어나는지 파악하고자 자신의 연구를 일반화했는데, 그 결과 지루함이 적절한 표현은 아닐지 몰라도 이들의 생각이 이상한 방향을 향한다는 게 분명히 드러났다. 그들은 참석중인 강의에 집중하는 척했지만, 대부분은 자기 생각에 빠져 있었기에 거의 집중하지 못했다고 고백했다. 어떤 이가 벽에 걸린 그림의 개수를 세는 동안 어떤 이는 그 그림들에 총을 발사해 한 점도 빠뜨리지 않고 차례차례 명중시키는 상상을 했다. 세번째 청자는 자신이 죽고서 영혼이 열쇠 구멍을 빠져나가면서 커다란 휘파람 소리가 나는 광경을 상상했다. 문 너머에서 그는 다시 사람의 형상으로 변해 사무실로 들어간다고 말이다. 다음 고백은 더욱 괴상했다. 네번째 사람은 자신이 공중에 떠올라 탁자 위에 정지해 있음으로써 그 자리의 모든 사람들을 깜짝 놀래키고 충격에 빠뜨리는 광경을 상상했다. 벨더의 이 연구 결과를 안다면 그 어떤 화자가 강의에 제대로 집중하겠는가. 따라서 교수들이나 공개 석상에 자주 오르는 사람들의 눈에 이 논문이 들어가지 않는 게 모두에게 최선이다. 강사는 그저 청중 가운데 한 사람에게 집중해 강의하는 것이 훨씬 나으며, 그가 다른 누구보다 지루해한다고 가정하고 그가 최대한 재미있어하게끔 노력하는 편이 좋다. 그렇기 때문에 프로이트는 항상 눈을 뒀던 선택된 청자인 루 안드레아스 살로메가 시야에서 사라졌을 때 그토록 애석해했던 것이다.

몽상 도중에 방해를 받았다면 벨더의 동료들은 아마 불쾌해했겠지만, 방해 자체는 정신분석학에서 중요한 주제로 다뤄진다. 또한 열정도 중요한 역할을 한다. 예를 들어, 사랑을 나눌 때 피임이 개입되면 불꽃 튀는 열정이 사라진다고 불평하는 사람이 많다. 피임하기 전과는 절대 똑같지 않다고 말이다. 이러한 불만에 동조하겠지만, 왜 신경증 환자인 남성들이 자신의 몸과 상대방의 몸 사이에 장벽을 세우는 합리적인 방식으로서 콘돔을 환영하지 않는가는 아직 풀리지 않은 미스터리다. 사실 섹스는 항상 불연속적이며, 사랑의 매력은 영속성에 대한 약속에서 탄생한다는 견해도 적지 않다. 이러한 의미에서 연인의 약속과 콘돔은 실제로 상당히 유사하다. 둘 다 이전에는 없었던 것을 제시하며, 방해하지 않고 내버려두는 편이 더 좋아 보이는 무언가를 방해한다.

자신의 사랑에 대해 무언가를 말해야만 하는 상황에는 항상 그리 달갑지 않은 이유가 숨겨져 있기 마련이다. 연인들이 현재를 공유한다 해도, 약속에는 미래에 대한 요구가 개입되므로 현재는 절대 현재에 머물지 못하게 된다. 앞서 살펴보았듯이, 타인에게 미래의 상황에 대한 약속을 요구한다면 이는 자신의 의심을 드러낼 뿐만 아니라 상대방의 의심까지 불러일으킨다. 여기서 말은 방해를 하며, 연인의 말이 확실성에 대한 이상을 무너뜨리는 경우, 우리는 누군가의 말 외에 무엇을 신뢰할 수 있을까라는 질문으로 되돌아가게 된다. 앞에서 조르주 상드, 대프니 듀 모리에, 그리고 '제3의 힘'에 의지했던 여성은 모두 말이 더이상 확신을 보장해주지 못하는 자리에 다른 무언가를 개입시켰다. 하지만 방해는 도대체 왜 그토록 인상적인 영향을 끼칠까?

여러 곡의 노래를 골라넣은 테이프를 듣고 그중 한 곡이 담긴 다른 테이프를 듣는 경우 항상 조금 놀라게 된다. 그 곡이 끝난 후 어떤 곡이 이어지리라 예상했던 곡이 나오지 않았기 때문이다. 심지어 들은 지 여러 해가 지나고서도 여전히 이렇게 놀라기도 한다. 1929년에 이러한 패턴에 대해 연구한 러시아의 심리학자 블루마 자이가르닉은 연속성에 방해나 중단이 발생할 경우 기억할 만한 요소가 더 많이 생성되는 듯하다는 연구 결과를 내놓았다. 중단된 활동은 중단되지 않은 활동보다 기억에 더욱 강하게 흔적을 남기며 더 많은 연관관계를 만들어낸다. 짜증나지만 무시할 수도 없는 휴대전화의 폐해로 이러한 효과가 일상생활에서 어떻게 작용하는지도 엿볼 수 있다. 공공장소에서 두 사람의 대화를 엿듣는 일은 휴대전화로 통화하는 소리를 엿듣는 일보다 훨씬 편안한데 이는 휴대전화 통화의 경우 한쪽 이야기만 들을 수 있기 때문이다. 따라서 휴대전화 통화의 경우에는 단순히 엿듣는 대화에서만 배제되는 것이 아니라 불완전하게 들을 수 있는 대화에서 배제되는 셈이다. 하지만 자이가르닉 효과 때문에 이러한 단편적인 대화가 조각나지 않은 대화보다 훨씬 관심을 끌게 되며, 그 결과 우연히 엿들은 제대로 된 대화보다는 다른 사람의 휴대전화 통화 내용을 기억할 확률이 더 높게 된다.

자이가르닉 효과는 심리학에서 한때 유행처럼 논의됐으며, 라캉과 르네 스피츠도 이에 대해 고찰한 바 있다. 스피츠는 어머니들이 아이에게 많은 말을 해주지만, 아이의 보행 능력이 발달하면서부터 본격적으로 말이 는다고 생각했다. 일단 아이가 여기저기 돌아다니게 되면 어머니의 손이나 시선이 닿지 않는 곳으로 가게 되고, 이에 어머니는 아이를 위험하지 않게 가로막는 대신 "안 돼"라고 말하게 된다. 자이가르닉 효과와 연관지어볼 때 이는 아이의 행동이 감시된다는 이유에서 흥미롭다. 이동의 자유는 말로서 이러한 자유를 방해하는 어머니의 행위와 상관관계를 맺는다. 방해받은 순간은 방해받지 않은 순간보다 훨씬 더 강렬하며, 그렇기 때문에 어머니의 금지 행위와 전반적인 말이 특별한 가치를 갖는다. 이러한 요소가 특별한 반향을 일으키며 아이의 기억 체계에 아로새겨지는 것이다. 스피츠에 따르면, 어머니가 "안 돼"라고 하여 아이가 어떤 과업을 완수하지 못할 경우, 이때의 무력감과 중단된 행동은 매우 선명히 각인된다. 언어 능력이 급속도로 발달하는 시기도 금지가 시작되는 시기와 일치하며, 중단된 것에 부여되는 특별한 가치 때문에 아이의 마음속에서 이는 긴밀하게 연결된다. 스피츠의 발달 단계를 액면 그대로 해석하기란 그리 현명하지 않지만, 하나의 가설로 받아들인대도 상당히 도발적이긴 하다. 이 이론은 우리에게 가장 중요한 의미를 갖는 것들, 그러니까 과거의 가장 깊숙이 새겨진 추억과 흔적들이 실은 중단되고, 좌절되고, 끝내지 못한 행동, 즉 달리 말하면 실패를 연상시키는 일들이라고 암시하기 때문이다.

그렇다면 왜 깨지지 않은 약속보다 깨진 약속을 더 잘 기억하는 것일까? 부모가 자신들의 말을 어길 때 아이들은 특히 민감하게 반응하는데, 이러한 배신은 가족이 겪은 뜻밖의 상황 때문만은 아니며 말이라는 행위와도 관련된다. 어떤 여성은 어린 시절 식탁에 놓여 있던 빈 마멀레이드 병을 기억해냈는데, 머지않아 그 병에 얽힌 비밀스러운 역사가 떠올랐다. 그녀의 어머니는 쇼핑을 다녀올 때마다 거기다가 동전을 넣으면서 병이 꽉 차면 집을 나가버릴 것이라고 말했다. 그녀는 매일같이 두려워하면서 그 병을 지켜보았지만, 거의 꽉 찼다 싶으면 그 다음날 아침에는 텅 빈 채 그 자리에 놓여 있었다. 어머니의 위협에는 속임수와 악의가 모두 담겨 있었다. 일단 병이 꽉 차면 몰래 비우고는 다시 식탁에 놓아두어 자신의 힘을 딸에게 상기시켰다. 이러한 행동 이면에는 불안정한 어머니의 말, 즉 딸을 끊임없이 두려움과 무력감으로 몰아넣었던 거짓말이 자리잡고 있었다. 여러

해가 지난 후, 그녀는 어머니의 욕망을 자신의 것으로 상정하고 있었다는 걸 깨달았다. 남성들을 만날 때마다 그녀는 상대방과의 유대감을 쌓기 위해 계속해서 떠나버리겠다고 위협해왔던 것이다.

이러한 사례는 부모의 말이 무엇을 보장해줄 수 있는가 하는 문제의 중요성을 보여준다. 무엇을 믿고 무엇을 믿지 않을까라는 선택은, 섹스, 존재, 유한함 등 우리가 진짜 궁금해하는 질문에 대한 온전한 답을 말에서는 절대 얻을 수 없기 때문에 복잡해진다. 이렇게 말에서 대답을 얻지 못한다는 사실은 각자의 개인사 및 부모와 말의 관계, 그리고 부모가 어떻게 그들의 말을 지키거나 지키지 않았느냐에 따라 그 의미가 달라진다. 어린 소녀가 밤에 잘 준비를 마치고 엄마를 보면서 "아침에 봐요"라고 한다고 가정해보자. 엄마는 한 발짝 물러서면서 항상 똑같이 대답한다. "아마도." 이때 어머니는 존재와 부재를 조절 가능한 위치이며, 전능한 존재로서의 지위를 이용해 딸을 긴장시킨다. 어른이 된 후 그녀는 매일 밤 반복되던 어린 시절의 이 장면을 묘사하며 "공중에 떠 있었다"라고 표현한다. 어머니의 "아마도"라는 말 때문에 그녀는 '공중에 뜬 채' 남겨질 수밖에 없었다는 것이다. 이 이야기를 털어놓고 나자 그녀가 상담실을 찾게 했던 증상 중 하나에 차도가 생겼다. 바로 비행공포증이었다.

어머니와 아이 사이에서 발달할 수도, 그렇지 않을 수도 있는 신뢰에 관심을 두었던 위니콧도 말과 관련해 이러한 관계적 측면의 중요성을 언급한 바 있다. 라캉은 이 주제를 훨씬 더 자세하게 조명하면서, 궁극적으로 다른 이의 말을 보증해줄 것은 아무것도 없기 때문에 아이는 말의 저편에 존재하는 것, 언어의 영역을 초월한 것을 추구한다고 주장했다. 말이 제 역할을 못할 때, 다른 영역에서 온 무언가가 동원된다. 한 남성은 여러 해 동안 연애를 하면서 항상 한 가지 공통점이 있음을, 즉 특정한 음색을 가진 여성에게 끌린다는 사실을 깨달았다. 심지어 친구들과 함께 공공장소에 있을 때에도 어딘가에서 이 특정한 음색이 들려오면 갑자기 대화에서 벗어나 다른 생각에 빠졌다. 그 음색은 특별한 매력을 발산해 자석처럼 그를 끌어당겼다. 말은 불안과 확실성의 결여를 상징하지만 우리는 각자 무의식적으로 특별한 정신적 지주를 가지며, 이는 목소리든, 눈길이든, 또는 뭔가 다른 요소든, 언어가 아닌 신체의 일부를 중심으로 한다. 이 특정한 요소는 특별하게 취급되며 일종의 체계를 형성하는 구성 요소로 기능해, 이를 바탕으로 우리가 흥미를 느끼는 대상과 그렇지 않은 대상이 결정된다. 언뜻 같은 대상처럼 보여도, 해당 대상과의 관계는 매우 개별적이다. "전구를 교체하는 데 히피, 슬론족•, 정신분석가 등이 몇 명 필요한가?"라는 문제는 이러한 관점을 분명하게 보여준다. 전구는 늘 똑같겠지만, 우리와 전구의 관계는 제각각이며 실제로 어떤 의미에서 우리의 개성은 이러한 대상과의 관계로 정의될지도 모른다. 히피는 전구 교체에 대해 곡을 쓰는 사람이고, 슬론족은 진토닉을 만들고서 전기기술자에게 전화를 거는 사람이며, 정신분석가는 전구가 교체되길 원한다고 주장하는 사람이다. 전구와의 관계를 규정

• 런던의 유행을 선도하는 젊은 상류층 여성들.

하는 체계가 곧 우리의 모습으로, 자신의 삶에 대해 이야기하는 각자의 무의식에 자리잡은 관계의 공식을 파악하는 데 몇 년이 걸리기도 한다.

따라서 "전구를 교체하는 데 몇 명의 연인이 필요한가?"라는 문제에는 정해진 답이 없다. 연인마다 다르며 대상과의 관계도 제각각이다. 그리고 앞에서 살펴보았듯이, 이러한 대상과 타인은 절대 같지 않다. 굳게 약속한 사랑이나 정절보다는 절대적인 본질을 가진 환상이 더 오래가는 법이다. 사랑하는 사람이 빛을 잃은 것 같다면, 이는 전구를 교체해야 한다는 의미가 아니라 오히려 그 반대의 의미, 그러니까 상대가 더이상 전구 주변을 감싸는 상상 속의 빛무리 역할을 하지 않는다는 의미일 수도 있다. 따라서 여기서 변한 것은 대상이 아니라 사랑하는 사람이다. 이것은 전구를 교체하는 데 몇 명의 연인이 필요한가라는 최초의 질문에 새로운 대답을 제시해준다. "필요없다. 왜냐하면 연인들은 서로를 바꾸려고 노력하느라 여념이 없기 때문이다." 여기서 전구의 개념과 관련해서는, 정신분석가들도 나름의 의견을 가지고 있다. 라캉은 말이 제 기능을 못하고 약속이 깨지는 자리에 신체의 일부가 끼어들어 달라붙는다고 주장했다. 이러한 맥락에서 서로 학파가 다른 정신분석학자들조차도 정신분석의 어느 시점에서 신체의 일부가 해당 환자에게 특별한 의미를 가진다는 증거가 드러난다는 사실에는 의견을 모은다. 마치 환자와 세계의 전반적인 관계가 언어의 세계와는 동떨어져 있지만 지속적으로 거기에 관여하는 신체의 일부를 근간으로 구축된 것처럼 말이다. 이 대상은 빛으로 우리의 시선을 끌지만 궁극적으로는 아무런 의미가 없는 전구와 크게 다를 바 없다.

몇 년간 정신분석을 받았던 어떤 남자 환자는 거대한 가슴이 등장하는 꿈을 수차례 꾸었다. 그는 이전에는 그런 꿈을 꾼 적도 전혀 없었을 뿐 아니라 의식적으로 가슴에 그리 집착하지 않았으며 성관계를 가질 때도 가슴에는 별 관심이 없었다고 했다. 하지만 이런 독특한 꿈을 꾸면서 자신과 아내, 아이들, 부모, 일과의 관계도 같은 논리를 따른다고 생각하게 되었다. 그는 상대방에게서 무언가를 빨아먹고, 더이상 취할 것이 남지 않으면 그 상대를 미워했다. 이러한 생각을 좀더 가다듬어 가슴에 대한 생각이 거세 콤플렉스와 어떻게 연관되는가 같은 문제들을 살펴보고픈 이도 있겠지만, 꼭 그렇지 않더라도 이 사례는 신체의 일부가 어떻게 인간의 삶에서 강렬하게 중심축처럼 기능하는가를 보여준다. 말이 아니라 이러한 환상 속의 대상이 우리 마음속에서 무언가를 확실하게 보장해주며, 그렇기 때문에 사랑을 할 때 연인들이 많은 말을 주고받음에도 불구하고 말이 아닌 다른 어딘가에서 그 확실성을 찾을 수 있는 것이다. 키르케고르는 "굳게 결심한다는 것은 침묵을 지키는 것을 의미한다"라고 썼는데, 물론 말하는 존재의 입장에서는 침묵을 지키기란 무척 어렵겠지만 이는 그래도 사랑의 새로운 정의를 제시해준다. 침묵의 서약이 말을 대체할 수 있다고 주장하려는 게 아니라, 왜 말로 약속을 하는 것보다는 애초에 입 밖으로 낸 적 없는 약속을 지키는 게 사랑인지를 잘 보여주는 셈이니 말이다.

옮긴이 **구계원**
서울대학교 사회학과, 도쿄 일본어학교 일본어 고급 코스를 졸업했다. 미국 몬터레이 국제대학원에서 통·번역 석사과정을 수료하고, 현재 전문 번역가로 활발히 활동중이다. 옮긴 책으로 『우리가 사랑에 대해 착각하는 것들』『봉고차 월든』『스마트컷』『우리는 왜 짜증나는가』『엉터리 심리학』『자기 절제 사회』『결심의 재발견』『퓨처 사이언스』『2천 년 식물 탐구의 역사』 등이 있다.

사랑할 때 우리가 속삭이는 말들

초판인쇄 2016년 7월 20일 | 초판발행 2016년 7월 27일

지은이 대리언 리더 | 옮긴이 구계원 | 펴낸이 염현숙
책임편집 임혜지 | 편집 황도옥 | 모니터링 이희연
디자인 윤종윤 신선아 | 마케팅 정민호 이연실 정현민 김도윤 양서연
홍보 김희숙 김상만 이천희 | 제작 강신은 김동욱 임현식 | 제작처 영신사

펴낸곳 (주)문학동네
출판등록 1993년 10월 22일 제406-2003-000045호
주소 10881 경기도 파주시 회동길 210
전자우편 editor@munhak.com | 대표전화 031) 955-8888 | 팩스 031) 955-8855
문의전화 031) 955-1933(마케팅) 031) 955-2672(편집)
문학동네카페 http://cafe.naver.com/mhdn | 트위터 @munhakdongne

ISBN 978-89-546-4187-6 03180